A
CONSPIRAÇÃO
DO REI
JAMES

PHILLIP DEPOY

A CONSPIRAÇÃO DO REI JAMES

Tradução
Marcos Santarrita

Título original: *The King James Conspiracy*
Copyright © 2009 by Phillip DePoy

Todos os direitos reservados. Nenhuma parte desta obra pode ser reproduzida ou transmitida por qualquer forma ou meio eletrônico ou mecânico, inclusive fotocópia, gravação ou sistema de armazenagem e recuperação de informação, sem a permissão escrita do editor.

Direção editorial
Soraia Luana Reis

Editora
Luciana Paixão

Editor assistente
Thiago Mlaker

Assistência editorial
Elisa Martins

Preparação de texto
Nanci Ricci

Revisão
Luciana Garcia

Capa, criação e produção gráfica
Thiago Sousa

Assistentes de criação
Marcos Gubiotti
Juliana Ida

Imagem de capa: Mauritius/Mauritius/Latinstock

CIP-Brasil. Catalogação-na-fonte
Sindicato Nacional dos Editores de Livros, RJ

D469c	DePoy, Phillip
	A conspiração do Rei James / Phillip DePoy; tradução Marcos Santarrita. - São Paulo: Prumo, 2009.
	Tradução de: The King James Conspiracy
	ISBN 978-85-7927-022-2
	1. Ficção inglesa. I. Santarrita, Marcos, 1941-. II. Título.

09-2975.	CDD: 823
	CDU: 821.111-3.

Direitos de edição para o Brasil: Editora Prumo Ltda.
Rua Júlio Diniz, 56 – 5º andar – São Paulo/SP – CEP: 04547-090
Tel: (11) 3729-0244 – Fax: (11) 3045-4100
E-mail: contato@editoraprumo.com.br
Site: www.editoraprumo.com.br

Este livro, *A Conspiração do Rei James*, é dedicado ao Padre Coleman. Tomei as aulas de crisma com ele, quando eu tinha 11 anos. Naquela época, a notícia dos Manuscritos do Mar Morto começava a tornar-se popular. Lembro-me de como o padre ficou entusiasmado ao contar-me o que significariam. "Tão logo os traduzam, poderemos ver o que a Bíblia realmente diz." Quase cinquenta anos depois, enquanto continuo a esperar a tradução completa e as revelações dos manuscritos (e a da Biblioteca de Nag Hammadi, também conhecida como Evangelhos Gnósticos, descoberta em 1945 e não disponível de forma completa ao público), parece apropriado que este livro pertença ao Padre Coleman.

Agradecimentos

Obrigado a Keith Kabila pelas instruções específicas e pela ajuda em geral; a Maria Carvanis, pela crítica superior; a Lee Nowell, por ser o primeiro a ler e por apoiar-me constantemente; e, em especial, ao anônimo motorista de caminhão que parou à minha frente na via expressa e quase me matou. No para-choque do veículo, via-se um adesivo que dizia: "Se não for do Rei James, não é a Bíblia". Quando vi aquilo, deixei de querer explicar-lhe as regras da direção segura e passei a desejar dizer-lhe tudo o que havia de errado na frase. Em vez disso, vim para casa e comecei a escrever este livro.

Roma, 1605

— *Sangue!* — Essa palavra tão significativa amolgou o tampo da mesa; o punho bateu repetidas vezes na madeira, de forma arrasadora e sem parar. — Queremos *sangue*.

A sala secreta, menor que um quarto de dormir, devolveu um débil eco da palavra final. Nas sombras ao longo da parede de pedra fria, um pequeno besouro negro correu sem fazer barulho para a quina.

— Mas, Sua Santidade — gaguejou o cardeal Venitelli, a manga trêmula ao erguer a mão tão de leve, retorcendo duas vezes o solidéu roxo —, esse livro é em *inglês*. Quem dará atenção a ele?

— O livro é circunstancial! — interrompeu o Papa, aos berros. — Se queremos reconquistar aquela ilhazinha imunda, chegou a hora. Jamais teríamos tentado fazer isso com Elizabeth, mas entregaram o trono a James. Ele é um homem orgulhoso, e agora pôs os poucos talentos literários que possui para trabalhar nessa obra. É ao mesmo tempo muito seguro de si e desequilibrado mental. Chegou a hora.

— Mas... quando o senhor diz *sangue*...

Venitelli não fazia ideia de como terminar a frase.

O manto rubro do Papa Clemente subia e baixava a cada trabalhosa respirada. Um colarinho branco e translúcido aflorou da roupa de baixo no pescoço. O fogo chiou na lareira do outro lado do quarto.

— O sangue deterá o livro. Essa parada revelará o plano de James para a Inglaterra. O plano revelado constrói a ponte de Roma a Londres. Essa ponte trará a Inglaterra de volta à Igreja. O senhor deve ver pelo menos o humor de Deus, senão o plano, nisso tudo.

O quartinho de pedra no qual os dois se sentavam ficava bastante oculto. Ninguém o conhecia, além dos visitantes mais íntimos do Papa. Pelo lado de fora, não se via a porta, escondida pelas pedras no longo corredor. Do lado de dentro, mal havia móveis, a não ser uma mesa e duas cadeiras. Duas grandes velas presas ao teto iluminavam as paredes, cobertas por grossas tapeçarias de seda, que faziam o possível para absorver todo o som: cenas de caça de espantosa violência. As personagens pareciam movimentar-se aos arrancos à luz vacilante.

No piso, estendia-se um pesado tapete de complicados desenhos roubado durante as Cruzadas, dizia-se, do próprio Saladino. O cardeal Venitelli sempre imaginava sentir o cheiro do acampamento dele tão logo pisava ali. Muitas vezes esforçara-se para explicar a sensação a si mesmo. O motivo ficava-lhe sempre pouco além do alcance da mente. O próprio quarto parecia acostumado a palavras ásperas.

— Sim — conseguiu responder o cardeal —, mas o sentido exato...

— Não precisa se preocupar com sentidos exatos. — O Papa Clemente gostava de julgar-se impaciente: isso despertava rápida ação nos subordinados. — Já pusemos em andamento um certo plano, que envolve, em parte, o anfitrião dos tradutores na Christ Church, em Cambridge: um pastor chamado Marbury, protestante. Infelizmente, um homem inteligente num pântano de idiotas. Mas vamos ao que importa: um acadêmico do grupo de Cambridge vai ser esta noite... qual a melhor palavra? *Eliminado.* Quando isso acontecer, nós introduziremos no meio deles nosso anjo vingador.

Essa frase era um código bem conhecido para o cardeal, mas, querendo assegurar-se, ele começou a perguntar:

— Com o que o senhor quer dizer...

— Essas tapeçarias são elegantes, não são?

Clemente desviou os olhos.

O outro compreendeu. Sua Santidade não devia dizer o nome do principal assassino — o *anjo vingador.* Assim, poderia afirmar com toda a honestidade, em futuras conversas, que não o identificara — e que certamente jamais falara com ele. Essa tarefa cabia ao cardeal; tarefa de que não gostava. Ficou, portanto, com o rosto pálido e com a voz trêmula.

— Eu devo pedir... pedir ao homem em questão que vá à Inglaterra e mate...

— Decerto que não. — O Papa girou a cabeça em torno dos ombros. — Basta dizer-lhe que vai haver uma missão para os tradutores da Bíblia do rei James. Enfatize *Bíblia*. Depois diga estas *palavras exatas*: "A volta da roda na moagem do trigo".

Venitelli sentiu um punho apertar-lhe a barriga. Quantas vezes já havia transmitido essas frases em código ao tal homem, o que depois resultava em escabrosos assassinatos.

— A volta da roda na moagem do trigo — repetiu, balançando a cabeça.

Sua Santidade sorriu, mas não o olhou.

— Vamos usar o homem em questão pelo talento especial dele; capacidade que só ele possui. Ele possui um *telum secretus,* se Nos permitem um ar dramático.

— Mas a verdadeira tarefa de nosso irmão... a missão...

— O motivo de Nós atribuirmos essa tarefa ao senhor, meu irmão cardeal Venitelli — disse o Papa, num tom tranquilizador, como a um menino de sete anos —, é que o senhor raras vezes compreende a importância de qualquer situação. Mas atua com *discrição*. Deve entender que nada Nos impedirá de reivindicar a Inglaterra, trazê-la de volta à Madre Igreja. É o plano de Deus. Temos em mente uma série de fatos, na verdade, embora possa levar vários anos para que se desenrolem, que Nos levarão a esse objetivo.

— Sim.

A voz de Venitelli demonstrava absoluta confusão.

O Sumo Pontífice curvou-se para a frente, o rosto junto ao do subalterno, e mal falou acima de um sussurro, embora o som da sua voz parecesse o de um trovão.

— Este será o meu legado, entende? A História me registrará como o homem que devolveu a Inglaterra à Igreja Verdadeira. E isso *começa* com a destruição desse livro... Essa loucura a que James aspira.

O cardeal sentiu por um momento as narinas atacadas por um cheiro de camelos; ouviu fracas preces islâmicas. Embora não falasse árabe, acreditava que as rezas clamavam pelo sangue dos infiéis. Baixou o olhar para o tapete de Saladino, furioso. Seria possível uma maldição dos vencidos guerreiros muçulmanos permanecer ali, contaminando decisões tomadas naquela saleta? Talvez isso explicasse o cheiro antigo que sentia e a desconcertante veemência do Papa.

— Está tentando pensar? — Clemente fuzilou-o com os olhos. — Vai pensar duas vezes em Nossas palavras?

Venitelli apressou-se a empertigar-se.

— Mil perdões, Sua Santidade. — Estendeu a mão o anel Papal. — O plano de Deus é glorioso, e seu nome viverá para sempre.

O Papa ofereceu a mão com um suspiro — e o outro beijou o anel.

O cardeal fez uma mesura, voltou-se e encaminhou-se depressa à porta secreta. Só uma vez olhou por uma fenda nas pedras, frias e cinzentas, passando a mão, para ter certeza de que não havia ninguém no corredor do lado de fora. Como não viu coisa alguma, empurrou a porta e deixou atrás o seu Papa.

Uma vez no corredor, percebeu que suas mãos não paravam de tremer e que o suor não parava de escorrer-lhe da linha dos cabelos. Esforçou-se para sufocar o pior temor: que o Papa houvesse enlouquecido.

Reduziu o passo apenas um pouco, tentando decidir o que o perturbava mais: a conversa que acabara de ter com Sua Santidade ou a que teria com o mais frio homem da Itália.

2

Cambridge, Inglaterra

Sem aviso, o diácono Francis Marbury teve o sono despedaçado.

— Socorro! Assassinato! Alguém!

Abriu os olhos. O luar, suave e claro, banhava o quarto. A noite de abril era fria, o ar ainda retinha uma forte lembrança do inverno, embora essa estação já tivesse ido embora.

— Alguém! Socorro!

Marbury voou de debaixo das cobertas, envolveu-se numa capa acolchoada preta e enfiou a cabeça pela janela do minúsculo quarto. Uma a uma, todas as outras em volta passaram de negras a brancas; vozes puseram-se a gritar. Ele cambaleou de volta, parou para calçar as botas e mergulhou no corredor do diaconato, aumentando o passo enquanto voava escada abaixo.

Na noite do lado de fora, vários outros juntaram-se a ele; rostos borrados na escuridão. A paz do pátio comum, cercada por silenciosos prédios de pedra, fora destruída por homens que corriam em direção aos gritos.

Quando se aproximou do Grande Salão, de cujo lado vieram os gritos, Marbury viu que um dos acadêmicos, Edward

Lively, barrava a porta. Vestia fino brocado, um suave tom de prata que refletia a luz do luar na direção dele. Usava um chapéu de arminho, novo e ousado, e luvas de couro negro com abotoaduras que exibiam a letra *L*. Tinha a barba tão limpa e macia quanto a cama de um rico. Outros cercaram a entrada quando o pastor parou diante dele.

— Que foi que houve? — perguntou, sem fôlego, e tocou o ombro do outro.

— Um cadáver — conseguiu responder Lively, engolindo em seco.

Afastou-se e abriu a porta do salão, com uma voz que ecoou nas paredes sem vida. O restante dos homens passou por ele aos montes, velas acesas; faziam furiosas perguntas. O salão era uma caverna, fria e silenciosa. Uma obsidiana mais negra que a noite obscurecia os cantos mais distantes. O ar parecia tomado por lascas de gelo, que picavam os dedos e açoitavam as faces.

Os homens avançaram devagar. Alguma coisa terrível jazia numa pilha logo em frente. Após um instante, um dos homens gritou. Outro começou a tossir, ou a vomitar.

Marbury respirava forte.

— Deus do céu!

Um corpo ensanguentado estendia-se no frio piso de pedra perto da escrivaninha de um dos acadêmicos.

O pastor lutou para controlar a respiração, repetindo na mente sem parar que o que via na verdade não estava ali; era um fantasma. Mas a mente sabia que não.

Ao que parecia, Lively deixara cair a vela, que fora parar próximo à perna de uma escrivaninha e continuava a arder, de lado, e a lançar uma luz trêmula sobre o morto desabado embaixo da mesa.

Um cadáver, apenas, não teria aterrorizado tanto os estudiosos. Por causa da peste, cada um vira em seu tempo muitos corpos sem vida. Era o rosto do cadáver que provocava o impulso de gritar; a visão revirava o estômago.

Fora cortado talvez uma centena de vezes: lacerações longas esburacavam a carne até não restar traço algum; apenas músculos nus, pontas de ossos e sangue seco da cor de ameixas podres.

Com aquela face desfigurada, não havia como saber a identidade do homem.

— Vejam! — gritou Robert Spaulding, espantado.

Segundo no comando dos tradutores, ele ocupava uma posição mais de secretário que de qualquer outra coisa. Diante de tal cena, ele parecia mais fascinado do que revoltado. Seu casaco simples, cor de folha morta, parecia ter sido lavado com tanto vigor que talvez até tivesse sentido dor. Apontou a complicada cruz de espinheira no pescoço do morto.

— Creio que aquela seja a cruz de Harrison — sussurrou Marbury.

— E aquele, com a máxima certeza, é o colete de Harrison — continuou Spaulding, frio como uma pedra.

Não havia dúvida sobre quem era o morto.

O ministro protestante apoiou-se na escrivaninha e concentrou-se na respiração. Observou em silêncio os outros concordarem entre si sobre os detalhes das conclusões que haviam tirado.

— Como foi — começou Marbury a perguntar devagar a Lively — que o senhor encontrou este horror a esta hora da noite?

— Meu entusiasmo atraiu-me até aqui — apressou-se a responder o outro. — Estava ávido para trabalhar em minhas novas páginas… Elas exercem tamanha atração sobre mim que o senhor nem pode imaginar.

— É, mas o que não preciso imaginar — declarou o pastor com cuidado — é a raiva que Harrison teria demonstrado se soubesse que o senhor andava olhando o trabalho. O sujeito era dado a ataques de fúria. Todos sabemos disso. Talvez estivesse aqui, os senhores tivessem discutido, ele o tenha atacado...

Lively foi interrompido antes de começar a responder.

— Precisamos avisar o vigia noturno imediatamente — exigiu Spaulding.

— O senhor é um homem de letras, dr. Spaulding, e não saberia como proceder em assuntos deste tipo — respondeu Marbury, mal escondendo o tom de zombaria —, e nossos policiais aqui em Cambridge são todos, até o último, bastante inúteis. Permita-me cuidar deste caso de outro jeito.

— Revoltante — guinchou o outro. — Não devemos deixar que isso aconteça...

— Eu já pensei num método para investigar este horror — respondeu o pastor num tom tranquilizante, quase hipnótico.

— Mas...

Marbury voltou-se logo para o grupo e ergueu a mão.

— Com o seu perdão, cavalheiros, eu sugiro que avaliemos tudo por um instante antes de falarmos mais. Primeiramente, nosso dever cristão obriga-nos a oferecer, cada um de nós, uma prece em silêncio por nosso colega Harrison.

Viu cada rosto vivo registrar seu próprio tipo de religiosidade instantânea. Olhos fecharam-se, bocas mexeram-se; vozes sussurraram.

Ele usou o momento de silêncio para dar outra olhada no cadáver e tentou examiná-lo com mais atenção. O sangue no corpo não secara, mas não escorria. Quase não havia mancha no chão, na escrivaninha ou na cadeira próxima ao morto. O colete mostrava vários lugares rasgados, dois encharcados de sangue, mas era um sangue viscoso — não estava vazando, nem seco. Poderia Harrison haver sido morto em outro lugar e depois trazido para o salão?

Após um momento, obrigou-se a tornar a olhar a devastação que era o rosto. Rezou, então, para que o amigo já estivesse morto antes de ser mutilado. Mas, ao terminar a prece, notou mais alguma coisa.

— Agora, então — quebrou o silêncio no tom controlado de um homem de negócios —, peço aos senhores que não falem do incidente. Não o discutamos com ninguém fora destas paredes enquanto não soubermos o que aconteceu. O trabalho dos senhores é demasiado sagrado, demasiado vital, para ser destruído por este acontecimento. Talvez minhas palavras pareçam frias, mas creio que expressem o interesse maior da nossa erudição e de nosso rei. Afinal, este salão é um lugar de aprendizado ou um matadouro?

O acadêmico mais velho do grupo pigarreou com barulho. Era o dr. Lawrence Chaderton, um estudioso de hebraico, em termos amistosos, com muitos dos notáveis rabinos da Inglaterra. Irradiava a profunda calma de um homem com total confiança sobre o lugar que ocupava neste mundo — e no próximo. Tinha o casaco simples e negro, abotoado, quase chegando ao pescoço. Cabeça descoberta, os cabelos brancos emitiam raios e faíscas.

— O homem que fez isso a Harrison não é, na minha definição, um ser humano. — O velho estreitou os olhos. — Devemos seguir em frente com incrível delicadeza.

— Sugere nosso colega mais velho — interveio Spaulding, com um sorriso de zombaria e formando as palavras com a boca — que isso pode ser obra do *demônio*?

— Os demônios de fato podem entrar em um homem — entoou Chaderton, olhos de aço com a voz de Deus. — Fazem uma mão humana realizar atos desumanos. E podemos ter certeza de que o próprio demônio se opõe ao nosso trabalho aqui neste salão. Sem dúvida mandou sequazes para desviar-nos, ou, ouso dizer, destruir-nos.

Vários dos homens no grupo recomeçaram a rezar. Um se benzeu.

— Agora, se me dão permissão — disse Marbury devagar, abrindo caminho em direção ao corpo —, vejo que o irmão Harrison tem alguma coisa na boca.

Todos os olhos voltaram-se para o morto, cabeças curvadas; o círculo ficou menor.

— Perdão — continuou o pastor, curvando-se perto do cadáver e fazendo a mão pairar a centímetros da boca.

— Não toque nele! — sussurrou Lively, sugando a respiração como se houvesse recebido um soco no estômago.

"Que ar dramático...", pensou Marbury. "Ainda assim..."

Lançou a mão sem aviso, rápida e num movimento do qual só se notou um borrão, e pegou um pedaço de papel amassado e úmido na boca do morto.

Todos arquejaram. Mais homens se benzeram.

Com delicadeza e usando o polegar e o dedo médio, ele desamassou o papel e levou-o para mais perto da vela. Havia palavras escritas, como todos viam.

— Que é que diz? — sussurrou Lively, quase sem emitir som algum.

— "Vagando pelo mundo como carrascos de Deus."

Marbury pôs o pedaço de papel rasgado na escrivaninha de Harrison. Os homens amontoaram-se em volta. Ofereceram velas para iluminar o trabalho. Todos leram a nota.

"As palavras parecem de algum modo conhecidas", pensou o pastor consigo mesmo.

— É claro que esta nota horrenda foi escrita pela mão do próprio Harrison.

Lively bateu com o fundo da vela na folha enrugada, úmida e rasgada.

— Eu concordo — afirmou calmamente o ministro.

Inventava na mente imagens do assassino forçando a vítima a abrir a boca e a comer suas próprias palavras.

— É uma mensagem? — quis saber o outro.

— Uma advertência? — perguntou Spaulding.

— Isto é obra de demônios — afirmou Chaderton.

— Tanto mais razão — interveio Marbury, com a voz um pouco mais elevada que antes, parecendo um fino tecido de tolerância esticado sobre um abismo de impaciência — para nos envolvermos num véu de silêncio. Devemos agora voltar cada um a seu quarto. Por favor, evacuem o salão. Eu gostaria de falar com o sr. Lively por um instante em particular, se o restante dos senhores nos desculpar.

Vários dos homens apressaram-se a mexer-se em direção à porta. Os demais seguiram um pouco atrás. Só Chaderton voltou a cabeça.

Quando o último fechou a porta, Marbury começou:

— Alguém tem de investigar este fato monstruoso... e o senhor sabe tão bem quanto eu que os vigias locais são inúteis.

— Está sugerindo que...?

— Não. Tenho muita consciência da tempestade política que se seguiria se eu fosse o investigador. E isso é uma vantagem para o senhor. Se eu seguisse a linha óbvia de interrogatório, o senhor seria o primeiro suspeito.

— Eu? — explodiu o outro.

— Foi quem encontrou o corpo... E você odiava Harrison.

— Eu dei o alarme.

— Um gesto perfeito.

— Com o maior respeito imaginável — disse o acadêmico sem respeito algum —, o senhor tem a visão turvada pelo conhaque que tomou. É o que todos dizem. Sentimos no seu bafio.

O rosto de Marbury apresentou uma peça completa, todos os cinco atos em rápida sucessão: raiva, contenção, consideração, calma e inteligência. Quando ele por fim falou, foi como a um colegial:

— Tanto mais razão, então, para um investigador independente, sr. Lively. — Deu um suspiro. — E, se tomo um pouco de conhaque à noite, é para poder dormir. As preocupações deste mundo se evaporam nos fogos da boa bebida, e vou para a cama como um homem mais calmo. Quase a criança que fui. E agradeço, pois uma boa noite de sono embota minha resposta ao insulto do dia seguinte. Isso me permite devolver o insulto mais com relutância que com violência. Quando era mais jovem, eu muitas vezes esfaqueava o agressor com minha adaga.

Lively olhou a manga esquerda dele; pendia mais baixo que a direita, lugar perfeito para esconder uma lâmina curta. E percebeu de repente que antagonizar o colega não seria uma prática sadia.

— Logo — disse, engolindo em seco —, tem alguém em mente para essa investigação?

— Não exatamente — respondeu Marbury com voz seca. — Mas, se der sorte, sei onde encontrar.

3

Na noite seguinte, na rua de pior fama em Cambridge, Marbury hesitou antes de pegar a maçaneta da porta de uma taberna. Vestia-se nobremente, utilizando preto da cabeça aos pés. Com uma capa abaixo dos joelhos, baixara o chapéu na testa. Gostaria de ter-se afastado. Tinha um estranho pressentimento. Apalpou a adaga, bem escondida na dobra da capa. Ao senti-la tranquilizou-se. Ainda assim, no momento exato em que empurrou e abriu a porta, não teria podido explicar por que o fizera.

Os caibros no teto baixo da lotada casa pública fizeram-no parar ao entrar. Ninguém tomou conhecimento dele. Aquele era um lugar onde as pessoas desviavam deliberadamente os olhos, para que não fossem arrancados da cabeça curiosa.

As paredes eram manchadas, raiadas de uma cor pútrida que não tinha nome. O barulho quase cômico, uma acidentada algaravia humana. Homens de túnica preta rasgada, meninos de sujos gibões vermelhos, velhos bêbedos em trapos pardos, todos amontoados em torno de longas pranchas cobertas com toalhas mais ou menos limpas e que podiam hospedar alguma meia realeza de azul-marinho, um duque menor de chapéu vermelho, um lojista de moderada riqueza metido em seda bruta, uma matriarca de avental cinza ardósia. Todos sentavam-se em volta de mesas de longas peças de madeira cor de mel, em bancos de uma só tábua.

Palha, comida velha e cachorros adormecidos cobriam o piso, terra socada da Inglaterra. Onde não havia mesa, ou um homem, havia uma coluna — de seis por seis polegadas de pau áspero, que ajudava a sustentar o teto prestes a desabar.

Marbury ergueu a cabeça por um momento para uma jovem com vestido cor de gengibre atrás do balcão. Ela dardejou com os olhos à direita apenas um instante, na direção de uma portinha no canto do outro lado da sala. Sem outra comunicação, voltou ao trabalho. O pastor encaminhou-se para a porta.

Pegou a maçaneta, inspirou fundo e empurrou a porta com um súbito surto de energia. Viu quando os três homens saltaram dentro do quartinho. Entrou e fechou a porta. O relativo silêncio do ambiente menor deixou-o nervoso. Pior: ali defronte, iluminados apenas por uma vela, todos usavam máscaras. Os mantos de monge, negros como um cano de arma, absorviam a maior parte da luz.

— Ótimo — disse Marbury. — Os senhores receberam meu bilhete. Eu não tinha certeza de que estariam aqui em tão curto prazo. Tudo aconteceu muito rápido. Quando nos comunicamos da última vez, cerca de três semanas atrás…

— Shhh! — ordenou o homem do meio.

— Eu esperava ver o rosto dos senhores desta vez — continuou calmamente o pastor —, pois já fizemos negócios antes.

— Senhor. — O homem levantou-se. — Por favor, chame-me de Samuel. Este é Isaiah, e pode chamar aquele de Daniel.

O recém-chegado permitiu-se um sorriso, que mal indicava uma decisão. "Os homens mesquinhos exultam na espionagem", pensou, "falsos nomes que talvez julguem ser espertos, em ridículos encontros como este. Talvez esses anglicanos sejam mais risíveis por ansiar imitar os católicos."

— E por qual nome do Velho Testamento o senhor me chamaria? — perguntou em voz baixa Marbury.

— Sente-se. — Isaiah indicou uma cadeira. — Só concordamos em ajudá-lo porque a obra do nosso grande rei corre perigo.

A cadeira arranhou o duro chão como uma pá em uma cova.

— E devemos ser breves. — Samuel tinha uma voz de corvo.

— Descobrimos um homem perfeito para suas necessidades. Falamos-lhe da morte do tradutor, Harrison. Ele concordou em ajudá-lo. O homem, na verdade, é um ex-católico. Pela graça de Deus, converteu-se à Igreja da Inglaterra cerca de vinte anos atrás — continuou, com uma voz de chocalho.

Marbury pegou a cadeira e nada disse. Num antro de ladrões, o silêncio era um aliado. Mas deslizou devagar a mão direita manga acima e tocou o cabo da lâmina.

— Há vinte anos — disse —, no dia da rainha Elizabeth, um homem escolheu entre a conversão e a morte. Um convertido por medo sempre seria suspeito.

— Naqueles anos — continuou Samuel, ignorando-o —, esse homem ajudou Philip Sidney com seu *opus magnum*, Arcádia. A propriedade de Sir Philip o recomenda. Naquela época, porém, por motivos que é melhor guardar em segredo em relação ao senhor, ele trabalhava sob outro nome. Esse nome desapareceu de todos os registros.

— Como podemos ter certeza, então — perguntou o pastor, recostando-se na cadeira —, de que esse homem...

— Desapareceu de todos os registros — completou Samuel, sem piscar por trás da máscara, e o outro ficou com os lábios tensos.

— Entendo.

O ministro protestante balançou uma vez a cabeça.

— Espero que entenda — disse Samuel com voz áspera. — Agora, concluindo a história, levamos nosso homem à família

Sidney, em busca de uma referência. Um antigo criado chamado Jacob, cuja memória para rostos sobreviveu à capacidade de lembrar nomes, o conhecia. A família descobriu, em alguns registros de pagamento, que o tal sujeito fora empregado de Sir Philip, relacionado apenas como "monge". É o homem de que o senhor precisa. Podemos apresentar determinados registros; ele tem certas qualidades...

— Quer dizer que esse homem possui credenciais que eu poderia mostrar aos outros — perguntou Marbury sem alterar a voz —, mas que, em essência, são falsificadas? De certa forma autênticas, mas sem que se possa localizá-las de modo algum. E suponho que não vão me dizer o verdadeiro nome desse monge, nem nada sobre ele.

— Não — confirmou o outro. — A não ser que ficou preso algum tempo na Itália, mas não é criminoso. O senhor é um homem inteligente. Isso deve dizer-lhe tudo.

— A Inquisição.

O pastor cruzou as mãos e pensou que o sujeito a quem contrataria sofrera a persuasão de Elizabeth e as torturas da Inquisição. Seria um homem de ferro.

— Como o senhor disse — insistiu Samuel —, os papéis necessários foram forjados, documentos foram assinados e homens fracos foram subornados. Nosso homem vai se infiltrar entre os tradutores e descobrir o assassino, como o senhor deseja.

— É possível, mas preciso de um motivo oficial para a presença dele. Também eu, o senhor deve entender, tenho documentos que precisam ser protegidos, pequenos funcionários a aplacar.

O outro respondeu sem hesitação:

— Ele é um intelectual. Digamos que será tutor de sua filha.

— Tutor de Anne? — Marbury tossiu. — Mas ela é adulta, 20 anos. Já bem passada de tutela.

— Solteira. — A palavra única fora feita de chumbo. — E imagina-se uma filósofa religiosa.

O primeiro impulso do ministro foi perguntar como aquele homem saberia alguma coisa sobre Anne, mas achou melhor não perguntar nada.

— É filha do pai. — O tom nem de longe era de desculpas. — E não aceitará tutor.

— Deram-nos a entender que ela se interessa pelos costumes da cultura grega, além de Teologia.

Marbury deu um suspiro. Decerto aqueles homenzinhos saberiam das tendências religiosas da moça. Ela as expressara com bastante frequência em público.

— Talvez se interesse por uma coisa dessas — reconheceu.

— Talvez o senhor devesse insistir.

Samuel não se mexeu.

— Esse homem que o senhor descobriu sabe *alguma coisa* sobre o trabalho de nossos tradutores? — perguntou o pastor, elevando a voz.

— Por que isso é tão importante para o senhor? — perguntou Isaiah, igualando o volume.

— Anne tem um interesse agudo por tradução. — O ministro não podia tornar a falar mais alto. — Se esse homem pudesse saber um pouco sobre a obra, isso talvez ajudasse a fazê-la aceitá-lo mais depressa.

— Ele sabe o que saberia qualquer pessoa na posição dele — cortou o outro. — O rei James reuniu uma equipe de cerca de cinquenta e quatro intelectuais. Oito moram com o senhor em Cambridge.

— Só restam cinquenta e três agora — lembrou Isaiah.

— O importante — prosseguiu Samuel, mais irritado — é que estão traduzindo a Bíblia a partir de fontes *originais*. O conhecimento de grego do nosso homem é o que interessa tanto em relação à tradução quanto à sua filha. Pois muitos dos originais estão em grego...

— Um pouco de conhecimento — interrompeu-o Marbury, na esperança de cortar outra discussão — não enganará nossos homens de Cambridge nem convencerá Anne...

— Ele é um intelectual superior — explodiu o outro.

O pastor ouviu a ameaça nessas palavras. Combateu o impulso de cortar a discussão e deixar o quarto o mais rapidamente possível, percebendo que devia ter cuidado com aqueles homens. Melhor seguir adiante com os planos deles, mas acautelar-se para não confiar em tudo. Formulou, e abandonou, várias perguntas antes de decidir-se pelas mais básicas.

— Como, então, vou encontrá-lo?

Curvou-se para a frente, disposto a sair.

— Vai chegar amanhã de manhã e apresentar-se ao senhor no diaconato.

Samuel moveu uma resma de papel amarrada com barbante de açougueiro em direção ao pastor.

— Por qual nome devo chamá-lo?

— Irmão Timon.

A voz do outro pareceu rouca por um momento.

O ministro notou que Daniel — que não falara — tremeu durante um breve instante.

— Quem lhe deu esse nome? — quis saber, sem evitar uma fração de diversão em suas palavras.

Os três homens entreolharam-se, obviamente sem resposta para a pergunta.

— Só pergunto porque acho o nome interessante. É, os senhores entendem, de uma peça que conheço. O nome de uma personagem que odeia todo mundo... porque os homens foram ingratos com suas boas obras.

Os três permaneceram calados.

— Muito bem. — Marbury levantou-se e puxou a capa em volta do corpo, apalpando em busca do cabo da adaga escondida. — Que seja *Timon*. Espero encontrá-lo.

Sem outra sílaba, dirigiu-se à porta, mal dando as costas aos três vultos. Tinha os ouvidos sintonizados para captar o menor sinal de movimento deles ao deslizar para fora.

Após assegurar-se de que Marbury fora embora, Samuel desabou na cadeira. Isaiah exalou um longo suspiro.

O que era chamado de Daniel foi o primeiro a tirar a máscara. Enxugou o rosto com ela, e a mão tremia enquanto o fazia.

— Graças a Deus esse negócio terminou e posso retornar logo a Roma.

— Bem, apenas... pelo menos por enquanto — Samuel olhou para Isaiah, a máscara ainda no lugar.

— Nosso irmão cardeal Venitelli não tem estômago para alcovas e sombras — suspirou Isaiah.

— Vejam como fiquei emPapado de suor, e, no entanto, que lugar frio é a Inglaterra. — O cardeal Venitelli atirou a máscara molhada na mesa. — Não precisa me chamar de Daniel agora.

— É — grunhiu Isaiah. — Estamos a sós.

— Claro — Venitelli estremeceu e persignou-se, sem pensar, levando os braços apertados ao peito. — Devo dizer aos dois senhores que sinto muito pela história de Marbury. Parece, por tudo o que descobri dele, um homem inteligente. Como conseguiu enganar-se por tanto tempo?

— É protestante — cuspiu Samuel, desdenhoso.

— Confia em nós, por que não deveria? Cultivamos-lhe a confiança durante vários anos para nossos fins. Ele foi nosso instrumento, sem o saber, ao destruir a Conspiração Bye contra James.

— Foi? — perguntou Venitelli, tiritando mais uma vez. — Achei que nosso padre Henry Garnet...

— Nosso Papa queria James para condenar todos os católicos — sibilou Isaiah. — Quase nada nos solidifica tanto, para Ele, quanto a oposição.

Venitelli esforçava-se para entender.

— Sua Santidade não quis que James repelisse a legislação anticatólica?

— Marbury é mais nosso instrumento, embora não o saiba, que esse chamado irmão Timon — escarneceu Samuel.

Venitelli fechou os olhos ao ouvir o nome.

— Timon — repetiu, tenso, encarando a porta pela qual desaparecera o visitante. — Que vamos fazer? Entregamos esse decente Marbury a um demônio.

Num beco lateral a outra rua em Cambridge, nesse exato momento, uma lâmina prateada captou a luz do luar. Depois perfurou o coração de um idoso.

O punhal fora inserido com toda a destreza logo abaixo do esterno e empurrado para cima. O velho, que se chamava Jacob, fitou dentro dos olhos do assassino, uma sombra obsidiana de absurda altura que parecia refletir as trevas. Um manto preto e o capuz tornavam-no quase invisível na noite.

— Deixe-me explicar o que acontece — sussurrou o agressor, calmamente. — Deslizei a faca por essa finíssima pele até o coração que batia. Agora o senhor já não sente a lâmina mover-se, mas dividi o coração quase na metade exata. O ferimento no peito é tão perfeito que pouco sangue se espalhará, mas o coração continuará a bombear por um instante, enchendo a cavidade peitoral com suficiente sangue, pelo menos em teoria, para fazer o torso, na verdade, explodir. Não tenha medo. Estará morto quando isso acontecer. Mas tornará muito difícil a identificação do sangue.

O capuz do monge escorregou para trás e revelou um rosto de frio brilho. Tinha os olhos cor de folhas verdes novas, cabelos grisalhos encaracolados, desgrenhados e tempestuosos ao redor da cabeça. As feições pareciam mais esculpidas que fixadas.

— Eu o conheci... anos atrás... Giordano! — conseguiu dizer Jacob.

— Sim — respondeu Giordano, tranquilizando-o. — Por isso o matei: não devo mais *ser* Giordano. Preciso desaparecer de todos os registros, e o senhor é um registro vivo de minha existência. De agora em diante, serei chamado de Timon, entenda.

Jacob lutou para falar mais.

— Não tema — interrompeu-o o assassino. — O senhor dedicou a Deus e a seus amos na família Sidney uma boa vida de serviço. Tem a alma prostrada agora... Eu a sinto... À espera do salto para o céu. Lá encontrará bem-aventurança. Foi um homem bom.

O beco era curto, o espaço de três cavalos, pedras sob os pés, gelo entre duas lojas ruidosas naquela parte mais pobre de Cambridge. A primeira, de um açougueiro, empesteava o ar de fétida putrefação. A outra, o casebre de um funileiro. De toda a parte, pendiam panelas baratas.

Jacob se esquecera de onde se encontrava. Não conseguia sentir nada. Apenas o opressivo aroma de noz-moscada que se desprendia do agressor.

— Talvez se pergunte por que escolhi este método de execução — continuou Giordano, a lâmina ainda no peito do velho. — Eu tinha ternura pelo senhor, e meus estudos indicaram que não se sente nada com esse ferimento. Os antigos médicos gregos nos dizem que, quando um homem sofre um repentino choque dessa magnitude, o corpo recusa-se a acreditar, e todos os sentidos se fecham por um breve tempo. O senhor logo dormirá, sem sentir mais que a primeira afronta do punhal. Ofereci-lhe, Jacob, a única bondade que tenho a dar numa circunstância como esta.

O velho revirou os olhos.

— Ah.

Timon retirou o punhal.

A vítima cambaleou em direção às pedras do beco no momento em que o assassino imaginou ver uma erupção de vapor branco projetar-se para cima.

— Adeus, Jacob — disse o assassino ao vapor. — Eu, ai de mim, não tornarei a vê-lo. Passaremos a eternidade em diferentes acomodações.

Nesse momento, um cachorro saltou das sombras, liberado por uma porta lateral do açougue.

— Pegue-o, garoto! — grunhiu uma voz. — Ele matou Jacob.

O animal saltou sobre a garganta de Timon.

Sem refletir, ele girou o punhal para a frente, enterrou-o fundo e cortou a garganta do animal, quase degolando-o. A carcaça agonizante continuou a voar até cair no chão ao lado da vítima.

O assassino avançou três longos passos com toda a calma e encontrou o açougueiro agachado nas sombras, com os olhos saltando das órbitas.

Sem uma palavra, agarrou-o pelo avental e atirou-o para trás pela porta lateral, loja adentro. O homem bateu numa mesa de madeira e caiu encolhido no piso. Como uma sombra fugaz, Timon voltou ao beco para agarrar pelo rabo do cachorro morto e arrastá-lo até o açougue.

— Vai ser um pouco desconfortável — avisou, muito tranquilo, e jogou mais uma vez o capuz para trás.

Logo o açougueiro começou a rastejar de costas.

— Coitado do velho Jacob. Vilão! Eu vi o que o senhor fez.

— Eu sei — respondeu o outro, racionalmente. — Por isso vou ter de matá-lo também.

Sem mais uma palavra, pegou o maior cutelo do acossado, que se sentiu congelar. Ergueu a arma bem no alto. O açougueiro emitiu um grito tão agudo que foi quase inaudível.

Timon virou o cutelo, baixou brutalmente a parte chata na cabeça do homem e apenas o derrubou inconsciente.

Com todo o cuidado, enfiou a arma na mão direita da vítima. Depois ergueu o cachorro, abriu-lhe a garganta e despejou um pouco de sangue no dono e na lâmina.

Lançou o olhar à rua escura por um instante. Aguçou os ouvidos em busca da mínima sugestão de outras testemunhas. Convencido de estar sozinho na missão, escancarou a boca do cão, empurrou-a no amplo pescoço do açougueiro e fechou-a com força até os dentes sem vida extraírem sangue.

Examinou as outras facas na loja até encontrar uma lâmina de fino gume. Usou-a para retalhar vários buracos profundos no pescoço do açougueiro, buracos que pareciam marcas dos dentes de um cachorro. Dois perfuraram a jugular, e logo jorrou sangue, espalhando uma rubra decoração pelo piso.

No dia seguinte, as pessoas diriam "que coisa terrível!", pensou Timon consigo mesmo, recuando para admirar o quadro vivo. O cão do açougueiro atacara-o e ele se vira obrigado a retalhar a garganta do animal. Então, o coitado do homem sangrara até a morte antes que alguém pudesse socorrê-lo. Que ironia, num açougue, não era?

Timon vigiou durante cinco minutos para ter certeza de que o homem morrera. Só então examinou o próprio manto à procura de manchas —, mas a vantagem de usar preto era que o sangue raras vezes deixava algum traço visível.

Sem mais pensar nos mortos, o monge virou-se para a rua e pôs-se a recitar, de memória, toda a *Poética* de Aristóteles.

Na tarde seguinte, o tempo esquentou mais. Cambridge beirava a primavera, pelo menos no lado de fora. O ar no interior das paredes do Grande Salão continuava de rigoroso inverno. Até as chamas das velas tremiam, tiritando.

O lugar era uma caverna. Janelas altas, embaçadas por décadas de poeira, pareciam planejadas para impedir a entrada da luz. As paredes exibiam nas sombras indícios de musgo, cujo cheiro pairava no ar. Os pisos, cinzentos como nuvens de chuva, apenas vedavam o frio.

Vigas de madeira cor de bico de corvo sustentavam o teto de pé-direito alto, de cinquenta pés ou mais, incitando-o rumo ao céu. A gravidade, que pena, fazia o trabalho do diabo, afundando as vigas e ameaçando derrubar o teto.

O irmão Timon, sem dúvida com mais de seis pés de altura no áspero manto de monge asceta, absorvia — e memorizava — tudo. A posição de cada homem, de cada mesa, a disposição das velas, a pequena caixa perto da porta, o aroma de conhaque: ele catalogava todas essas coisas na mente. Mas o que achou mais fascinante foi o ruído da imensa sala: um constante e baixo zumbido, resultado de vozes sussurradas com a arranhadura de penas em papel.

O diácono Marbury conduziu Timon de uma escrivaninha a outra. Muitas, vazias; algumas, ocupadas por estudiosos absortos — sete, ao todo. Os homens espalhavam-se aqui e ali e entre as cinquenta mesas de trabalho no salão. Os enormes cubículos de estudo distribuíam-se em fileiras de cinco, e nenhum deles se sentava em seguida nem defronte a nenhum outro.

Timon seguiu em silêncio atrás do diácono Marbury até o lugar indicado, contando os passos e sentindo os contornos do piso ao andar.

— Aqui estamos — disse o anfitrião, afinal. — Apresento-lhe minha filha, Anne. Srta. Anne, este é o seu novo tutor, irmão Timon.

O monge ergueu os olhos para encontrar os de Anne.

Primeiramente, notou que a moça tinha uma postura perfeita. A estrutura dos ossos era um estudo de ângulos retos e permitia uma graça ou fácil bem-estar que relaxavam os músculos. Ela sentara-se a uma pequena mesa retangular, não escrivaninha. Orelhas pequenas demais, olhos grandes demais, lábios cheios demais e faces mais avermelhadas do que ditava a moda. Tomadas em conjunto, essas partes compunham um todo de estranho encanto. Usava um vestido preto que lhe abafava o pescoço, um visível gesto petulante numa cultura onde as cores da corte tendiam mais a tons claros de azul e roxos esmaecidos.

Sem perceber, o recém-chegado escovou com a mão os cabelos para trás, examinando cada feição da jovem como se lesse um difícil trecho de grego. Batia repetidas vezes e ritmadamente no polegar com os dedos da mão direita, enquanto a encarava.

Anne ainda não se recuperara da briga que tivera com o pai naquela manhã, por causa do novo professor. Permanecia com o rosto pétreo.

Os três ficaram ali em silêncio por um longo momento, até a moça dizer:

— Seu olhar fixo, senhor, é rigoroso; muito desconcertante.

No mesmo instante, Timon baixou os olhos.

— Perdoe-me. Eu tentava memorizar suas feições e a primeira impressão que a senhorita me causou. Uma fraqueza de homem mais velho: a memória é essencial em meu trabalho, claro, e se desfaz. Acho que preciso exercitar a minha o tempo todo, por medo de perdê-la completamente.

— Não parece tão mais velho assim; apenas mais alto — ela observou, sem rodeios —, e, sem dúvida, não há perigo de perder a cabeça.

— Tenho a meu crédito mais de 50 anos — ele suspirou —, e muitos deles longos.

— Eu tenho apenas 20 e, no entanto, são toda uma vida para mim.

— Eu lhe disse que ela era inteligente — enfatizou Marbury. — Fui abençoado.

— Meu pai me ama — mal sorriu Anne.

— O irmão Timon nos veio recomendado por nada menos que a propriedade de Sir Philip Sidney — piscou o pai.

— Tive ocasião de oferecer um centavo de ajuda — sugeriu o outro, cabisbaixo — em algumas das estruturas mais complicadas da Arcádia. Ajuda técnica, pesquisa, apresso-me a dizer. Não tenho ouvido para poesia. E, claro, isso foi há alguns anos.

— Sim, pois Sir Philip já morreu há vinte — respondeu firmemente a jovem, apenas com sinal de suspeita na voz. — Mesmo assim, ser associado à maior obra do poeta...

— Faz tanto tempo? — Ele suavizou a voz. — Toda a sua vida e, no entanto, um momento atrás para mim. Considero-me afortunado pelo fato de os herdeiros dele terem se lembrado de mim e me recomendado, após tanto tempo.

— Eis aí um homem de saber, anos *e* modéstia, Anne — observou o pai, enérgico. — Muitíssimo recomendado, na verdade. Não devemos recebê-lo de forma leviana.

— Então ele deve perceber — começou Anne, dirigindo-se a ele — que deve ser mais meu guardião que tutor.

— Shhh.

Marbury abanou a cabeça.

— Esses grandes homens... — Ela absorveu com os olhos todo o salão. — Todos esses grandes homens estão aqui neste lugar fazendo a obra de Deus, e do rei. Não devo distraí-los, segundo me disseram. Meu pai emprega um professor para manter-me ocupada. Superei sete outros de tais homens. Ele contou-lhe isso, irmão Timon?

Marbury suspirou.

— É verdade — confidenciou ao monge. — Quando ela era mais jovem, sete homens tentaram e não conseguiram pensar mais rapidamente que minha Anne. Despediram-se... ou foram demitidos.

A voz do pai enchia-se de nítido orgulho, sem sequer uma sugestão de pesar nas palavras.

— Excelente. — O monge curvou-se para a jovem. — Então dispensarei todos os fundamentos e escolherei algo para estudar que, além de divertir, ilumine.

— Gosto do teatro para diversão. — Ela fechou o livro que estava lendo e disse com sílabas gélidas. — Vamos falar de sua peça preferida?

— Bem, retiro-me, então — apressou-se a dizer Marbury —, e deixo os dois...

— Um momento, pai. Se eu souber mais sobre a peça preferida deste monge que ele, o senhor o acompanhará de volta ao lugar de onde veio.

— Filha... — repreendeu o anfitrião.

— Na verdade — disse Timon, sem se alterar —, eu não frequento muito esse teatro moderno, e... se me perdoa dizê-lo... só uma mente fraca tem qualquer coisa *preferida*.

37

Mas gosto muito, no momento, de certa comédia. Talvez a senhorita a conheça pelas belas falas: "Ó sofrida humanidade, vidas de decadência, raça frágil e fugaz como as folhas esparramadas. Fracas gerações, criaturas de barro, os sem asas, os efêmeros".

O pai olhou a filha, cujo rosto enrubesceu, as faces em chamas, olhos escuros.

— Milhares de perdões — pediu Timon, incapaz de impedir um toque de sorriso no canto da boca. — Achei que talvez conhecesse *As Aves*. É a maior comédia do teatrólogo grego Aristófanes. Li na língua original, o que é muito natural, mas tenho certeza de que o trecho que acabei de citar em inglês foi traduzido com exatidão.

O diácono exalou um longo suspiro.

— E agora — disse com voz firme —, vou-me.

Virou-se de repente e encaminhou-se para a porta do salão. Anne abriu a boca para mais um protesto, porém alguma coisa no rosto do estranho a fez parar repentinamente — um rosto vazio de qualquer expressão. A máscara de um homem que tinha algo a esconder.

Timon puxou uma cadeira para o lado da mesa defronte a Anne e sentou-se.

— A peça foi apresentada pela primeira vez — continuou, sem olhá-la — nas grandes festas orgíacas Dionisíacas, em fins de março, mais de quatrocentos anos antes do nascimento de Nosso Senhor. Se quiser, posso recitar toda a obra. Guardei-a de memória.

— O senhor me enganou! — explodiu ela. — Esta não é uma peça real!

— De fato, é mais real que as contemporâneas, pois contém os elementos fundamentais de quase toda a comédia escrita nos duzentos anos seguintes à montagem dela.

O rosto da moça gelou, como a voz.

— Deve sentir-se orgulhoso — desdenhou — por levar vantagem sobre uma *menina*.

O monge mordeu o lábio superior por um instante e depois retribuiu um gélido olhar à adversária.

— Dificilmente uma menina. — Ele estreitou os olhos; a voz saiu pouco acima de um sussurro. — Optei por considerá-la uma colega intelectual. E, como sou homem do clero e do celibato há uns trinta anos, mal levo em conta seu gênero. A senhorita tem uma mente que deseja aprender. Adquirir um arsenal de conhecimento com o qual armar-se, srta. Anne, se quiser ser algo a mais que uma distração para os notáveis deste salão!

Ela corou por ter sido descoberta com tanta facilidade. Mesmo assim, ficou com a mente em chamas pela perspectiva de aprender com aquele homem, embora não soubesse, no momento, determinar o exato porquê.

— É — balançou a cabeça uma vez.

— Então precisa entender — ele disse, pronunciando cada palavra com grande precisão — que nossa idade moderna é uma época na qual aprender é poder. Todo homem nesta sala traduz latim, escreve poemas, luta com um espadim, pinta o orvalho numa rosa e navega uma belonave se necessário for. Todo homem precisa conhecer *tudo*. A ignorância é a maldição de Deus; o conhecimento, a asa que usamos para voar. A senhorita vive num momento único na história, que passará rápido demais, receio. Ocupa uma Inglaterra que ama o saber. Um tempo como este? Chega apenas uma vez em milhares de anos. Precisa apressar o cérebro para absorver todos os fatos que puder conter, antes da próxima era de trevas.

Anne foi silenciada por um momento, os olhos um pouco maiores pela urgência do discurso.

Só ao ver aquele temor respeitoso no rosto da pupila, o monge percebeu que fizera o discurso mais para si mesmo que para ela.

A jovem aproveitou o momento para examinar as feições dele. Os olhos não eram janelas, mas espelhos que impediam a entrada do quer que fosse. A boca parecia sorrir mesmo quando era apenas uma linha reta paralela aos olhos. Uma máscara, a expressão nada revelava do conteúdo da mente. Apesar disso, ela sabia, por experiência, que tal expressão sempre escondia um segredo.

Ajeitou-se na cadeira. A descoberta desse segredo seria o seu desafio.

— Começaremos com a *Poética* de Aristóteles.

O mestre pigarreou, tão incomodado com o olhar fixo da aluna quanto ela ficara com o dele.

— Aristóteles, então, escreveu peças? — perguntou a moça.

A voz não conseguia esconder o encabulamento por fazer uma pergunta assim tão primária.

— Não, mas esse tratado é um claro conjunto de instruções para a composição de uma peça. As regras que ele criou são seguidas até hoje.

— Então devo conhecer a ele e à obra. — Ela puxou para trás um errante cacho de cabelos. — O nosso é um tempo em que a língua domina; homens e mulheres preferem palavras a ações. Nossa história desenrola-se em diálogo, e preciso ter a instrução de Aristóteles.

— Sim, precisa — concordou Timon em voz baixa, curvando-se para a frente sobre a mesa entre os dois. — Antes de mais nada, Aristóteles nos diz que a *trama* é primordial a todo trabalho dramático. Nosso teatro existe para contar uma história. Essa história, porém, precisa ser contada, por certo, quase apenas pelo *diálogo* das personagens.

Uma pequena aranha chegara ao topo da mesa e atravessava-o em direção a Anne. Ela não pareceu notá-la, mas Timon nada mais via. Imobilizado, parou de falar. Parou de respirar. O coração parecia martelar-lhe os tímpanos.

A aranha era azul-escuro, com um padrão roxo de linhas nas costas tão complexo que parecia uma tapeçaria. Enquanto vigiava o avanço daquelas oito pernas, o desenho ondulava, fazendo cenas em movimento. As imagens expandiam-se, embora o inseto não, e suspendiam-se no ar, uma cortina transparente, uma brilhante névoa a fazer rodopiar cada cena até ameaçar decompor-se.

Sem aviso, Anne empurrou com a branca e leitosa mão a aranha do tampo da mesa. Um gesto único, dedos perfeitos, como numa dança. A visão desaparecera.

Timon piscou. Ao lembrar-se de repente de respirar, ofegou, engoliu rapidamente em seco e tossiu.

— Tenho aversão a aranhas — conseguiu explicar. — Ou melhor, tive medo de que fosse venenosa e lhe fizesse algum mal. Algumas aranhas matam.

— É a maldição desta sala. — A moça examinou a imensa sala com um olhar desdenhoso. — Muitas sombras e lugares frios para uma coisa venenosa se esconder.

— É verdade — ele respondeu, recompondo-se. — Mas, retornando a Aristóteles: o conceito de qualquer trama manda *começar* num momento muito específico, não por puro acaso...

— Entendo — ela interrompeu. — Digamos que *nossa* trama começa com o nexo de duas personagens. O encontro de uma jovem e um monge estranho.

— É possível. — Timon permitiu-se sorrir. — O primeiro momento do encontro talvez seja interessante, embora a trama maior precise incluir várias personagens.

— Mas, então, como Aristóteles apresenta essas outras personagens?

Anne curvou-se para a frente, travando o olhar com o dele.

— Não apresenta — insistiu o monge. — Ele nos diz que elas devem apresentar-se a si mesmas.

Perto, uma porta fechou-se com uma batida. Um trovão que soou como uma bofetada e ecoou pelo salão. Todos se assustaram. Toda a atividade cessou.

— Como alguém pode concentrar-se quando se permite a monges e a *mulheres* darem cambalhotas à vontade em volta?

A voz saiu comprimida a ponto de expelir a língua.

Timon virou-se para a frente. Encontrou um homem esquelético — olhos cinza e ombros curvados — sentado à escrivaninha mais próxima atrás de Anne. Evitava olhá-lo nos olhos, mas tinha o rosto contorcido de raiva.

Por um momento, não se ouviu um som na sala.

— O silêncio aqui — observou o professor, virando-se para a aluna novamente — é mais alto que qualquer ruído, concorda?

— No entanto, ouso enfrentar essa opressão — ela respondeu num sussurro.

— Isso é sensato?

Ele mal teve tempo de fazer a pergunta antes que ela se levantasse.

— Um milhão de desculpas, sr. Lively. — Não passava nenhuma desculpa na voz. — Sei que meu entusiasmo deve ser uma irritação. Vou retirar-me.

Pegou os poucos objetos — caneta, papel, vários livros — da mesa.

— A culpa é toda minha — insistiu Timon, também levantando-se. — Sou o irmão Timon, recém-estabelecido como tutor...

— Preciso ouvir mais idiotice? — Lively levantou-se com tanta fúria que a cadeira caiu com um estrondoso barulho no piso de pedra. — Como vou poder trabalhar assim? Deus do céu!

Anne e Timon — na verdade, todo o grupo reunido —, viram-no precipitar-se furioso para a porta mais próxima, irromper na luz do dia e desaparecer.

Alguém suspirou, e penas começaram mais uma vez a arranhar papéis.

— Aquele era o sr. Lively — explicou a moça. — É um dos tradutores. Muitas vezes sai bruscamente por aquela porta.

Sem outra palavra, dirigiu-se à mesma porta. O tutor seguiu-a.

— Espero que seja o mais tenso e nervoso do grupo — disse em voz baixa.

— Todos o são. Houve um assassinato aqui. Lively é um suspeito, pois encontrou o morto, mas todos esses homens estão preocupados. Não sente isso?

— Também precisamos levar em conta o grande peso que devem carregar na criação de uma nova Bíblia para um rei.

"Eis aí uma insinuação do segredo desse monge", pensou Anne. O claro interesse que tinha pela obra dos estudiosos. Punha-se no lugar daqueles grandes homens. Ele próprio fizera aquele tipo de trabalho. O pai não apenas lhe trouxera um tutor. Timon viera com outro objetivo.

— O rei James terá a nova *tradução* — ela sussurrou, virando a cabeça para trás —, mas com certeza a *Bíblia* permanece a mesma.

Examinou com toda a atenção o rosto dele, à procura de qualquer reação incomum.

O mestre travou o olhar dela com o dele, sem nada trair — mas por trás dos olhos deixou claro que lera a desconfiança da pupila.

— É — disse, afinando de leve os lábios. — Com certeza permanece.

7

Naquela mesma noite, o monge Timon parara no corredor diante do escritório do diácono Marbury, uma janela alta acima de sua nuca. Vinha contemplando uma faixa de luz do sol poente por cerca de um quarto de hora, que já quase desaparecera. Também usara o tempo na tentativa de retirar um pouco de mostarda respingada no manto preto, resultado de um jantar apressado. A mancha permanecia, e ele decidiu que podia cobri-la com as mãos juntas, como se rezasse.

"A aparência de devoção muitas vezes escondia uma mancha", pensou consigo mesmo, sorrindo.

Sem aviso, a porta abriu-se com um estrondo e surgiu Marbury, que se encostou na moldura e balançou a cabeça.

— Absolutamente indesculpável, fazê-lo esperar tanto tempo — disse, enérgico. O diácono trocara as roupas que usava à tarde por um gibão azul confortável, sem chapéu e calçando chinelos em vez de botas. — Entre, entre — chamou com toda a simpatia, afastando-se para o lado.

Quando Timon passou por ele, sentiu o cheiro de conhaque. Já teria se embriagado?

O quarto era quente, circundado por vigas baixas; paredes revestidas de painéis de madeira. A luz da lareira tornava tudo ali dentro dourado — até o ar.

— Meus deveres para com a Madre Igreja são infindáveis — continuou Marbury —, sem falar no problema aqui com os tradutores. E, para cúmulo de tudo o mais, por certo, Anne. Ela é bastante fora do comum: pensa como homem, age como criminosa.

— Não mesmo.

— Como uma criminosa insignificante — corrigiu o diácono, com um aceno da mão. — Sente-se aí.

A cadeira que indicou não passava de um banco acolchoado e sem encosto. Sentou-se primeiro, na poltrona mais confortável, cheia de almofadas. O monge aproveitou a oportunidade para examinar o restante do quarto. Estantes revestiam as paredes. A luz era fraca demais para ler os títulos, porém o grande número de livros impressionava. Fora a mesa à qual se sentava o anfitrião, as cadeiras diante da lareira, Timon não viu outros móveis. Um gabinete, pois, e um lugar para discutir questões delicadas.

— Vamos logo ao que interessa — ele começou, quando o outro se sentou. — Esta é a sua chave do salão. Só os estudiosos que trabalham na tradução agora receberam uma até esta noite. Guarde-a bem.

Timon encarou a chave. Parecia arder no ar dourado.

— Mas o senhor tem uma, claro.

— Bem, tenho... — O diácono sacudiu-a impacientemente. — Muito bem, então. Que entendeu da explosão de Lively quando conversava com Anne? Ela me informou.

O monge pegou a chave; segurou-a nas mãos.

— O Sr. Lively é o intelectual que preside este grupo de Cambridge, um dos melhores linguistas do mundo e professor de hebraico de nosso soberano. Envolveu-se nas decisões preliminares da tradução e tem a confiança do rei. Perdeu a esposa, creio, e precisa agora cuidar sozinho de onze filhos. Trata-se de amplas razões, tomadas em conjunto, para a exibição que nos deu essa tarde.

— O sr. Lively — disse Marbury após um instante — é meu primeiro suspeito no assassinato.

— Por quê?

Timon não conseguiu ficar sentado e imóvel. Levantou-se e vagou pelo quarto enquanto ouvia o diácono e corria a mão pela poeira dos livros. Ao fazê-lo, memorizava cada detalhe.

Se Marbury julgou tal perambulação uma distração, não falou.

— Primeiramente, foi encontrado na sala com o corpo — suspirou.

— Embora fosse o alarme dele que o chamou e aos demais à cena.

O tutor repousou a mão na prateleira de mármore da lareira e encarou o fogo.

— Mas o sr. Lively também é, como disse, um viúvo com bocas a alimentar, e o estipêndio que ganha pelo trabalho aqui é pequeno.

— Imagina que o motivo para o assassinato tenha sido roubo? — perguntou o monge, virando-se, os olhos frios como o mármore que acariciava.

— Imagino, de fato — respondeu o outro, com um pouco mais de força do que devia —, que o motivo tenha sido inveja acadêmica. Lively é o líder do grupo, como o senhor diz. Harrison, homem mal chegado aos 30 anos, testou todos os estudiosos restantes de Cambridge.

— Testou?

Com um único olhar, Timon viu, à luz baixa do fogo, que o diácono trazia uma faca escondida na manga esquerda. Marbury notou a expressão e deve ter percebido que ele descobrira a arma.

O monge desviou o olhar para o cálice na mão dele. Parecia cheio até a borda de conhaque, mas a garrafa da bebida na prateleira atrás mal fora tocada.

"Ele dilui o conhaque", pensou. O motivo para isso era duvidoso, porém o homem movia-se mais rapidamente que um embriagado. Dispunha-se a usar aquele punhal? Essa era a questão.

O fogo crepitou. Uma brasa em chamas saltou no quarto. Timon curvou-se, pegou-a calmamente com os dedos e jogou-a de volta na lareira. Queria impressionar. Um homem para quem a dor não chegava a ser sequer um incômodo.

— O senhor dizia que Harrison testou... quem? — perguntou, relaxando os ombros para nivelar o olhar com o do outro.

— Tinha um domínio de grego e hebraico tão notável — explicou o diácono, preferindo ignorar a exibição do outro — que foi responsável pela escolha dos outros tradutores do grupo. Por isso recebia um estipêndio extra, mais dinheiro do que se pagava aos demais. Era, por certo, um enorme fardo. Para piorar tudo, nem tinha doutorado.

— Ah — Timon esfregou os dedos cobertos de fuligem no manto. — Isso provocava o sr. Lively.

— Todos os estudiosos se irritavam — garantiu Marbury —, mas Lively sentia um mal-estar especial.

— É um homem que se interessa mais por credenciais acadêmicas que pelo verdadeiro conhecimento.

— Exatamente. Isso, de fato, talvez tenha causado aquela reação com o senhor hoje. Ouviu-o falar de Aristóteles, sobre quem pouco sabe. — Marbury exalou um forte suspiro, de forma um pouco teatral. — Devia pedir desculpas, mas não o fará.

Acompanhava o visitante com os olhos, mas não com a cabeça, aonde quer que ele fosse pelo aposento. Desconfiaria de um método naquela movimentação?

— Tentarei fazer o melhor para não perturbá-lo, então.

Timon encontrou um livro aberto na borda de uma prateleira. Surpreendeu-o constatar que era uma cópia do tratado do rei James chamado *Demonologia*.

— A humildade que precisa exibir como monge — suspirou Marbury — sem dúvida tem um gosto amargo para alguém como o senhor, uma pessoa com tal saber e realização.

O tutor assentou a postura.

— Fui objeto de inveja no passado. A inveja é um veneno que muitas vezes mata. Com certeza, o senhor não é imune a tais pensamentos. Quer dizer, como um homem de sua erudição é obrigado a *hospedar*, não *chefiar*, essa equipe de tradutores do rei James?

— Não sou especialista em linguística — Marbury fechou os olhos, evitando o olhar penetrante do outro. — Fui designado, um tanto em segredo, para proteger os homens que têm essa formação. De fato, põe-se um guardião como eu com cada um dos grupos de tradutores...

— Em Oxford e Westminster, e também aqui? — Timon franziu os lábios. — Conhece esses outros homens, sabe os nomes deles?

— Não. Ninguém sabe. Os tradutores aqui em Cambridge acreditam, como o senhor sugeriu, que sou apenas o anfitrião. Seria melhor continuarem com essa crença.

— Entendo. Sou talvez mais capaz de guardar tais segredos que qualquer vivente.

— A propósito — disse o anfitrião, abrindo os olhos —, o motivo final para Lively detestar Harrison era uma questão de herança. Harrison era escocês. Parece que alguns membros da família eram ligados à de nosso rei, na Escócia, embora eu desconheça a natureza dessa ligação.

— Entendo — suspirou o monge, como quem já sabia.

— Não confunda o que quero dizer — apressou-se a explicar Marbury. — Harrison era nosso intelectual mais qualificado. Esse parentesco apenas lhe rendia atenção, não favor.

O monge ficou de costas para ele.

— É possível. Gostaria de me informar mais alguma coisa no momento?

— Sim. — A voz do diácono encheu o aposento. — A questão do bilhete encontrado na boca de Harrison. Eu o tenho aqui.

— Sei o que dizia. — Timon fez um floreio com a mão. — "Vagando pelo mundo como carrascos de Deus." Escrito pelo próprio punho de Harrison.

— Como o senhor poderia... como poderia saber disso?

O monge de repente rodopiou em frente de Marbury, com uma pequena faca baça na mão.

Assustado, o outro agarrou os braços da poltrona.

"Bom", pensou Timon. "Ele se desequilibrou. Chegou o momento de testá-lo: um ataque agressivo, acho."

— Sei de muitas coisas — respondeu em voz baixa. — Seria melhor não perguntar como.

Com isso, a faca desapareceu.

Marbury não passara no teste.

O tutor assentiu uma vez com a cabeça. Naquele único e breve momento, estabelecera o domínio.

— O bilhete é uma deliberada tentativa de enganar — continuou, como se nada tivesse acontecido — ou uma autêntica comunicação do assassino. O tempo revelará tudo. Mas não preciso ver a mensagem factual. Acho desagradável pegar em qualquer coisa que tenha estado na boca de outro homem.

— Ah... claro — murmurou Marbury, bastante desestabilizado. — Então não há mais nada a dizer no momento. Já tem sua chave.

— Tenho — o monge ergueu-a como prova.

— Bom, bom.

— A propósito, onde se encontra o corpo de Harrison? As leis de Cambridge são as mesmas de Londres? O corpo deve ser mantido vários dias em algum lugar acima da superfície da terra, para ter certeza de que a vítima está morta?

— A lei é a mesma, mas os ferimentos no rosto de Harrison, a perda de sangue... não houve dúvida alguma de que ele tivesse morrido. O cadáver já foi posto para descansar em nosso cemitério.

— Interessante — disse Timon, dirigindo-se à porta.

Marbury levantou-se da poltrona e seguiu-o.

— Isso nada significa. Se o senhor acha...

— Confie em mim. — O som da voz de Timon foi claro e frio quando ele saiu para o corredor. — Lively não é o assassino. Saberei mais em breve.

Avançou para a escuridão do corredor e desapareceu.

8

Timon atravessou a passos rápidos os corredores iluminados por velas, desceu a escada e saiu para o frio ar noturno. Pequenas nuvens passavam rapidamente pelas estrelas. A lua ainda não ia alta. Ele apressou-se em direção ao Grande Salão, o tempo todo com a chave agarrada na mão direita, com tanta força que feria a pele.

"Vamos logo ao trabalho", pensou. "Sem perda de tempo."

As botas tiniam no atalho de pedras, e, num piscar de olhos, a chave entrou na fechadura. A porta deu o mínimo suspiro discernível ao abrir-se, como se o Grande Salão houvesse prendido a respiração.

Ele entrou e fechou-a; logo mergulhou na escuridão. Tateou à procura da pederneira que sempre trazia consigo — jamais ficava sem um meio de produzir luz nos lugares mais escuros. Encontrou-a, bateu-a e acendeu o pavio da vela mais próxima. Um halo branco-dourado circundou-o. Naquele perímetro circular havia iluminação suficiente para discernir imagens crepusculares: os tampos de mesa, as cadeiras em perfeitas fileiras, os livros, as notas e tinteiros, tudo sem cor, a não ser a espectral luz da chama. Fora do brilho da vela, o restante do salão era escuro como breu.

Timon dirigiu-se decidido à mesa de Harrison. Olhou em volta por um segundo à fraca luz da vela, absorvendo a escrivaninha de cada tradutor. Tanto trabalho, e antes do Dia de Todos os Santos. Sorriu à ideia da expressão em código do Papa, *a volta da roda na moagem do trigo*.

Clemente adorava essas frases arcanas — achava-as inteligentes —, mas a missão do monge era simples. Devia roubar a Bíblia do rei James.

Podia levar a cabo a façanha sem uma única alma na Inglaterra jamais saber que a obra fora roubada. Ele a decoraria — cada palavra, cada vírgula, cada nota de rodapé, cada fonte, até as próprias manchas de tinta em cada página. Seria um repositório humano de *tudo* o que tinha sido escrito pelos tradutores.

Era o único homem na Terra capaz dessa missão.

Não lhe haviam dito o que a Madre Igreja esperava fazer com aquele oceano de palavras, mas ele imaginava. O Papa de algum modo esperava destruir a religião anglicana e devolver a Inglaterra à Igreja Católica — a Inglaterra *e* sua riqueza.

Nunca daria certo mesmo. Todos os Papas, todos os governantes eram loucos — a própria natureza do governo insistia nisso. Ele se convencera de que não dava a mínima importância; apenas gostava de absorver-se no trabalho.

Assim que chegou à mesa de Harrison, retirou uma pequena roda de um bolso escondido no manto. Começou a girá-la, a princípio devagar, dando tapinhas nas letras e nos símbolos, enquanto lia o texto.

Concentrou a atenção, uma concentração afiada como lâmina, na tarefa imediata à mão, e constatou que conhecia as primeiras frases. Eram do Levítico, capítulo 26, versículo 30: "Destruirei vossos lugares altos e quebrarei vossas imagens; amontoarei vossos cadáveres sobre os de vossos ídolos, e minha alma vos abominará". Uma nota na margem insistia em que a palavra *cortar* devia substituir a palavra *quebrar*. Que trabalho tedioso seria se os tradutores só fizessem aquilo.

Timon sabia que movia os lábios enquanto lia, um traço infantil que havia muito lutava para eliminar. Parecia ajudar a memorização de longos trechos. A roda da memória era o instrumento básico dos admiráveis talentos que possuía. Sua própria invenção, baseada no sistema llulista. O sussurro das palavras a si mesmo sempre parecia ajudar mais. Embora sofresse com o pecado do orgulho, sentia uma justa satisfação por essa notável capacidade. Ninguém na Terra possuía maiores poderes de memória. Era sua arma secreta, o *telum secretus*.

Ia virar a página, quando um agudo estalo vindo das sombras quebrou o silêncio da sala vazia.

O monge apagou a vela com a palma da outra mão. Sem um ruído, tornou a pôr a roda da memória no bolso secreto. O prédio era velho. As paredes talvez rangessem. Não fora nada.

Duas batidas de coração depois, ouviu um repentino arrastar de pés na escuridão, a menos de seis metros.

Pegou a faca, forçando os olhos em busca de algum movimento. O luar fazia o que podia para ajudar a clarear através das janelas altas, mas não passava de um fraco auxiliar.

Quando a luz não foi suficiente, ele se lembrou de que poderia se utilizar de outros sentidos. Mas qual deles?

Ouviria a respiração do intruso? Sentiria o cheiro do homem? Sentiria o ar rodopiar se o outro se movesse?

O intruso tinha duas vantagens. Achava-se à espera na escuridão, por isso tinha os olhos mais habituados à falta de luz na sala. Também sabia o lugar exato onde estava Timon por causa da vela que antes estava acesa. O monge tentou ajustar os olhos à escuridão, agachou-se e afastou-se devagar da escrivaninha de Harrison.

Sem aviso, o invasor saltou. Quase caiu sobre Timon, a lâmina reluzindo ao luar. Timon rolou para baixo da escrivaninha, chutando e grunhindo. O outro foi parar no chão com um baque, errando por pouco o alvo com a ponta da faca. Cuspiu e arrastou-se como uma aranha em direção ao monge.

Timon disparou um polegar como um dardo no rosto do sujeito, na esperança de acertar um olho. Em vez disso, arranhou a linha dos cabelos, mas foi o que bastou para fazê-lo recuar por um instante. Depois se arrastou até o outro lado da escrivaninha e levantou-se. Num instante, encontrou a pederneira e riscou-a, acendendo a vela mais próxima. No súbito clarão, surgiu o intruso, envolto num manto preto e mascarado da testa ao queixo.

O monge viu apenas a arma, uma longa lâmina de dois gumes cortantes e farpas no cabo.

Felizmente, uma grossa escrivaninha de carvalho se interpunha entre os dois.

Timon inspirou fundo e sorriu, certificando-se de que o homem visse o rosto dele à luz da vela, observando a expressão de completa confiança, de absoluta falta de medo — ou de consciência. Treinara-a durante anos.

A mão que segurava a lâmina começou a tremer.

O monge arremeteu o pé para a frente, chutando a cadeira de debaixo da escrivaninha. A cadeira bateu nas pernas do intruso. Timon precipitou-se num salto e pousou na mesa de Harrison. Parecia voar. O outro, aturdido, ergueu os olhos por um momento, e ele arrancou-lhe a lâmina da mão com um pontapé.

O homem fitou o punho vazio apenas por um instante. Depois grunhiu e retirou uma pistola de alguma dobra oculta no manto. Apontou-a e recuou para fora de alcance.

Timon, que não deixara de sorrir, saltou sobre o sujeito como se a gravidade não se aplicasse a ele. Pousou na escrivaninha mais próxima. O intruso girou, mas recebeu um pesado livro de couro no crânio. Não teve tempo sequer de abaixar-se.

Quando se recuperou, o monge já desaparecera.

O intruso então rodopiou em círculos furiosos, detonando dos pulmões ruídos involuntários. Franzia os olhos, desesperado, mas não conseguia encontrar alvo algum para a pistola. Antes que percebesse o que acontecia, Timon surgiu por trás. Deslizou a lâmina de uma navalha pela garganta do intruso, apenas o suficiente para desenhar uma fina linha de sangue.

O homem imobilizou-se e baixou a arma.

— Isso mesmo — disse-lhe o monge, tranquilizando-o. — Nada precipitado... Esse é o caminho seguro quando alguém lhe põe uma navalha na garganta. — A respiração do atacado parecia os berros de um ferreiro. — Agora se incomodaria de avançar *devagar* para a mesa de Harrison, bem ali? — continuou. — Creio que sabe qual é. Ele estava sentado ali quando o senhor o assassinou e destruiu-lhe o rosto.

Mesmo assim, o homem não se mexeu.

— Vou fazer-lhe umas perguntas — insistiu o monge, empurrando-o para a frente. — Talvez leve algum tempo. Precisa sentar-se.

O homem resistiu, e Timon ia cortar mais fundo a garganta.

Atrás, ouviu-se uma explosão na porta do Grande Salão. Um homem com uma lanterna mergulhou na sala.

— Que barulho é esse? — exigiu saber a voz, no volume máximo. — Não se mexam. Tenho um mosquete!

Com a atenção desviada por um momento, o monge baixou a faca. O intruso aproveitou a oportunidade, ajoelhou-se, e logo se afastou de rastros. Timon precipitou-se para agarrá-lo, mas errou. Atrás, o homem na porta berrou:

— O senhor aí, eu o vejo! Levante-se!

O intruso afastou-se mais, nas sombras, e rolou para longe. Antes que o tutor desse um único passo para persegui-lo, ouviu o inconfundível barulho de um mosquete ao ser engatilhado.

— Não se mexa de novo — gritou o homem da porta —, senão eu disparo.

Timon julgou reconhecer a voz; confirmou o palpite quando o outro se aproximou e a luz da vela revelou-lhe o rosto.

— Sr. Lively... — O monge balançou devagar a cabeça e escondeu a faca. — Excelente trabalho. O senhor acabou de deixar escapar o assassino do sr. Harrison.

9

Lively baixou devagar o mosquete. Abriu os lábios secos e rachados. Parecia tentar formar palavras. Timon disparou-lhe um olhar com toda a repulsa que pôde reunir e deixou a acusação afundar-lhe no cérebro.

— Assassino... — conseguiu Lively proferir, afinal. — Escapou?

— De fato, eu o tinha bem na mão — suspirou tenso o monge. — Não viu o homem correr de mim?

— Vi alguém...

— Mas a ideia de disparar *nele* sua arma impotente pareceu inadequada? — Timon cruzou os braços. — Julgou um plano melhor ameaçar um velho monge, tutor de uma jovem? Interessante opção.

— Não.

— Se o senhor se abstiver de atirar em mim, correrei atrás do assassino já.

Sem outra palavra, virou-se para ir atrás do assassino.

— Não acho sensato fugir de mim — gritou Lively. — Fique onde está até eu poder determinar o que aconteceu.

Timon suspirou, olhou para trás e viu o cano escancarado apenas a poucas polegadas do seu peito.

— Já lhe disse o que aconteceu. — Sacudiu a cabeça, descrente. — O que aconteceu é que o senhor deixou o assassino de Harrison escapar. Ainda posso pegá-lo se...

— Puxarei o gatilho se avançar mais uma polegada!

O monge fechou os olhos, reunindo paciência.

— Já atirou num homem, senhor? A essa distância, uma arma como a sua abre um buraco maior que um melão. Pedaços de osso e cartilagem voam para tudo que é lado. Encontram-se esses bocados nas roupas e até nos cabelos durante dias depois.

— Muitas vezes atiro em javalis — respondeu o outro, impávido.

Num *flash*, o tutor projetou a mão para fora da escuridão. Agarrou o cano do mosquete e empurrou-o uma vez, golpeando o cabo com violência no estômago de Lively, que cambaleou para trás e afrouxou os dedos sobre a arma. O monge puxou-a com força e desalojou-a da mão.

O intelectual recuperou o equilíbrio a tempo de ver o outro segurar o mosquete pelo cano como se fosse um rato morto. Depois o jogou na mesa vazia de Harrison.

Em três passos rápidos, Timon chegou com um punhal na mão ao lado de Lively, que viu o ponto da lâmina sob o osso do maxilar e mal entendeu o que acontecera.

— O senhor é, entre os estudiosos que trabalham neste salão — suspirou Timon —, o principal suspeito do assassinato de Harrison, segundo Marbury. Ele vai querer saber o que aconteceu aqui... que o assassino escapou; que o senhor o ajudou. Sei que não é o assassino, mas pareceria em conluio com ele. Agora, venha comigo. Precisamos incomodar o diácono sem demora.

Lively fechou os olhos e ofereceu um suspiro às rangentes vigas acima.

— Se eu não for, acha que me matará? Porque, se não estiver morto, apenas pegarei meu mosquete de novo.

— Eu nunca atirei num javali — avisou o monge, com moderação —, mas já cortei a garganta de muitos homens como o senhor... sem pesar, remorso nem recriminação.

Para sua surpresa, as palavras não pareceram assustar o outro.

— O senhor não faz a mínima ideia do que acontece por trás destas paredes. — A postura, a atitude e até o som da voz do estudioso haviam mudado. — Assassinato nada significa... nem o meu. Trabalhamos em mistérios aqui que menos de vinte homens no mundo conhecem. A perda de qualquer sábio é uma absoluta irrelevância se comparada com a magnitude das coisas secretas que fazemos como grupo. Não gostaria de conhecer esses segredos? Não seria sensato, antes de matar-me, saber a verdade? Se, como diz, o homem que acabou de fugir desta câmara era o assassino, talvez o senhor deseje saber os *verdadeiros* motivos dele nessa questão.

A forma como a voz de Lively mudara fez o tutor parar. Lively não era mais o erudito fraco e ofendido, mas talvez um homem que soubesse de algo importante. Essa possibilidade impediu-o de despachá-lo e correr atrás do assassino — por enquanto.

— Eu descobri — disse, devagar — que a *verdade*, na mais pura forma, não existe na Inglaterra.

— Então talvez devesse sentar-se à minha escrivaninha — sugeriu Lively, após recuperar toda a sagacidade —, pois vou oferecer-lhe uma verdade de tal pureza que silenciará de uma vez por todas essa impudência.

Era o braço da espada de Deus. Desprendia claro da voz esse poder.

Timon hesitou, um fato tão raro que lhe confundiu por um instante os sentidos. Viu-se desnorteado com a conduta de Lively. Outros talvez tremessem de medo. Aquele oferecia informação proibida.

— Vai permitir-me ver sua obra? — perguntou-lhe de forma simples.

— Não — respondeu o outro, sem abrandar o olhar. — Vou revelar-lhe um segredo maior.

Desaparecida a navalha, o monge juntou as mãos diante do peito.

— Por quê?

— Porque, quando conhecer a verdade — disse Lively em voz baixa —, o senhor nos deixará entregues ao nosso trabalho e jamais retornará. É isso o que quero que faça, e só posso conseguir isso partilhando com o senhor apenas alguns dos apavorantes fatos à minha disposição.

Timon entendeu a trama. É só mostrar a qualquer monge comum um pouco de informação secreta sobre a Igreja que ele volta correndo, aterrorizado, à abadia. Já vira, é claro, tantas instruções ilegais, ocultas, de tantos homens da Igreja, que se tornara inteiramente imune a uma trama como essa.

— Permita-me. — Lively dirigiu-se à escrivaninha de uma forma majestosa, tola, como se rumasse para a coroação.

O monge observava.

— Por favor. — O estudioso indicou a própria cadeira, uma máscara de solenidade colada no rosto.

Timon permitiu-se o sussurro de um sorriso. Deu de propósito passos mais vagarosos e ruidosos do que o andar habitual. As paredes de pedra cinza amplificaram o insulto.

Se o outro lhe entendeu a intenção, não o demonstrou. Em vez disso, acendeu três velas grossas na escrivaninha. Círculos de sombria luz rodearam os papéis ali.

Com um suspiro, Timon içou-se até a cadeira alta de espaldar reto do estudioso.

— O que o senhor vai ver — disse Lively com a voz áspera — só é conhecido de um punhado de sábios no mundo. Não temo que o revele, assim como não tenho a menor necessidade de que faça um juramento. Esta única e antiga página revela uma verdade oculta tão completamente inacreditável que o senhor seria objeto de bárbaro ridículo se a mencionasse e seria preso se insistisse nela.

— Vai fazer um longo discurso, sr. Lively — interrompeu o monge. — Talvez eu ainda consiga seguir o rastro do assassino se...

— Silêncio!

Sem mais nada dizer, e com a respiração muito mais pesada, pegou uma chave e destrancou a gaveta na escrivaninha. Retirou um maço de papéis, muito antigos e bastante danificados, quase transparentes.

Pôs uma única folha surrada diante de Timon, com tamanha delicadeza que o monge não teria julgado possível num homem como aquele.

— Sabe ler hebraico, imagino? — fungou Lively.

— Sei — o monge deixou o sorriso ficar indulgente.

— Então leia aqui. — Pôs o indicador numa única linha no meio da página.

Timon puxou uma vela mais para perto, franziu os olhos para a frase.

— Leia alto, sim? — pediu o outro.

— Muito bem. — O monge suspirou e concentrou-se nas letras. — Deixe-me ver. Diz: "Completados que foram os oito dias para ser circuncidado o menino, foi-lhe posto o nome de Yshua, como lhe tinha chamado o anjo, antes de ser concebido no ventre materno". — Levou apenas mais um segundo para reconhecer o texto, ou a maior parte. — É o Evangelho de São Lucas, capítulo 2, verso 21. Só o li em grego.

— Este, acreditamos, é o texto original. — A voz de Lively saiu trêmula. — Foi escrito no mesmo século que morreu Nosso Senhor.

— Mas — começou Timon, aos poucos percebendo o grande temor de Lively — há uma diferença muito importante entre esta e as outras versões de Lucas que conheço.

— Exatamente.

Lively suspirou, desesperado, receoso do som da própria voz.

— O nome *Yshua* — ouviu-se Timon dizer, as têmporas martelando. — A forma hebraica de *Joshua*. O que significa... não pode ser.

— O texto está correto. — A voz de Lively foi um fio de fumaça.

— Trata-se de um trecho sobre a circuncisão de Nosso Senhor. O nome...

— O nome de Cristo — gaguejou Lively, engolindo em seco — não era Jesus.

Timon ficou sentado e imóvel por um instante, não deixando a revelação penetrar. O salão parecia mais frio e vazio que momentos antes.

— Não. — Deslizou a página para longe, com desdém. — Isso é uma óbvia falsificação.

A resposta de Lively saiu tensa.

— Foi autenticado e convenceu todos os eruditos daqui.

O monge logo viu o peso daquelas palavras afundar-lhe no coração. Todos os oito sábios de Cambridge haviam concordado que o documento era autêntico. Oito homens que não concordavam sobre a melhor maneira de imergir uma pena haviam confirmado sua crença naquela página.

— Onde obteve isto? — perguntou, batendo de leve o indicador na folha. — Por que ninguém mais a viu?

Lively olhou em volta, puxou uma cadeira do outro lado do corredor e desabou no assento, exaurido além de qualquer compreensão. Sem o perceber, apoiou a mão no mosquete. Continuava engatilhado.

— Um arquivista católico chamado Padget roubou-o de Roma há muitos anos. Havia abandonado a Igreja e se escondia na Escócia quando James era rei lá. — Evitou o olhar do monge. — Vendeu-o a James. Mostra a espécie de homem que era. Depois desapareceu; talvez tenha ido para Londres. Este foi o primeiro documento que instigou nosso rei a investigar certos... mistérios de nossa fé. A investigação acabou por inspirá-lo à encomenda da nova tradução. James é um homem em busca de respostas. Deus nos ajude a todos.

Timon examinou o rosto do colega. O homem parecia à beira do colapso. Esse único evangelho, raciocinou, não corroborado por nenhuma outra prova, não seria suficiente para afligi-lo com tanta profundidade. A conclusão era óbvia.

— O senhor possui outros documentos secretos — disse, e cruzou os braços no peito.

Lively fechou os olhos e assentiu uma vez com a cabeça.

— Padget roubou 3, mas 57 desses textos secretos acabaram por serem adquiridos pelo nosso rei. Todos estão em minha posse.

No silêncio que se seguiu, Timon imaginou que ouvia verdadeiramente o coração do outro martelar dentro do peito. Perguntou-se até onde ele chegaria se soubesse que o nome *Padget* não lhe era estranho.

— E, ao longo desses poucos meses, desde o início de seu trabalho aqui no salão — disse, estabilizando de propósito a voz —, o senhor cotejou os textos antigos com uma Bíblia mais atual... a dos Bispos ou a de Genebra.

— Sim — assentiu Lively, os olhos ensandecidos. — Com as duas.

— E descobriu outras... anomalias como essa? — Timon teve de prender a respiração para impedir-se de parecer áspero demais.

— Sim, mas como é possível? — Lively estremeceu. — A Bíblia foi escrita por Deus! É infalível!

— É.

— Então como — grunhiu o tradutor, quase de forma inaudível — pode haver mais de cinco mil erros de tradução?

O frio no salão parecia comprimir os ossos de Timon.

— Cinco mil?

— Mais. Paramos de contar. Muitos datam do primeiro Concílio de Niceia.

O tutor lutava para compreender a informação, torcendo para não revelar mal-estar sob a fraca luz. Aos poucos, quando começou a entender a enormidade do que o companheiro tentava dizer-lhe, teve uma vaga sensação de que o jogavam num buraco sem fundo. Nos mil e quinhentos anos da Igreja Cristã, nenhum ser humano nem sequer pensou em questionar a *veritas* da Bíblia. Mas ali estava a prova de que, em algum lugar entre a vida de Cristo e o reinado do rei James, aquela Bíblia fora mudada — uma heresia inenarrável.

Se o que o homem dizia continha mesmo o menor sussurro de verdade, abalaria as bases da religião. Não admirava que o Papa quisesse ver o que faziam aqueles homens na Inglaterra. As conclusões eram claras como o sol. Se a palavra de Deus podia conter erros, de que bem serviam quaisquer outras? Onde existia um átomo de confiança ou fé no mundo? Que Papa ou rei poderia esperar manter qualquer semelhança de autoridade?

— Bem... — Ele inspirou fundo. — Se achou, sr. Lively, que eu poderia entrar em pânico com essa descoberta, foi uma tentativa bem fundamentada. Ninguém que conheço acreditaria em mim se eu repetisse essa informação. Praticamente qualquer outro homem na cristandade fugiria aterrorizado deste salão. Se meu sangue já não se houvesse congelado, e o coração esvaziado, também eu talvez fugisse.

Lively horrorizou-se, os olhos ensandecidos. Era claro o aturdimento pelo fato de o plano não ter provocado o terror desejado.

Timon recuperava o equilíbrio.

A vantagem do despojamento da alma, entende-se, é que nenhum medo tem consequência alguma. O sentido de tudo evapora. Todos os fatos são os mesmos.

"Mas ali estava informação digna de conhecimento", pensou, "e terror digno de investigação." A absoluta necessidade de conhecer a verdade dessa questão de repente era mais vital que a água ou o ar. Embora não soubesse dos motivos exatos, ouvira na voz de Lively o fraco adejar de asas, o som de sua própria salvação. Era a primeira sensação assim que conhecera em mais de vinte anos.

— Preciso ver todos.

— Como? — Lively lançou a cabeça para trás.

— Preciso ver os outros documentos. Todos.

— Nã-não! — A momentânea hesitação do erudito traiu uma absoluta estupefação. — O senhor não pode... Eu nunca receberia permissão... Deus do céu, não ouviu o que eu disse?

— Preciso ter acesso aos antigos textos gregos e hebraicos que possui — sussurrou o monge, com a perspicácia quase restaurada. — Preciso ver eu mesmo esses erros.

— Não, eu digo!

Lively levantou-se, empurrando sem querer o mosquete na escrivaninha, que caiu estrondosamente no chão, sem disparar por um milagre.

No silêncio que se seguiu, os dois ouviram claramente um farfalhar na outra ponta do salão. Parecia que alguém levara um grande susto com o barulho da arma.

Lively imobilizou-se.

Timon levou o dedo aos lábios.

— O assassino.

— Ele ainda está aqui? — perguntou o outro, disparando o olhar para todos os lados.

— Shhh — insistiu Timon. — Pode estar, sim.

Agachou-se bem no chão, colocando um joelho na pedra fria. Pegou a faca, avançou devagar, forçando a vista à procura de qualquer indício visual do assassino.

"Por que o homem continua aqui?", perguntou-se. "Está tão empenhado em matar que não *fugirá*?"

Num extremo canto da sala, ressoou um ruído de raspagem. Fez Lively enfiar-se debaixo da própria escrivaninha.

Timon espreitou pela floresta de pernas de escrivaninhas e viu um lampejo de movimento captado por uma lasca de luz de vela. Calculando onde poderia estar o homem, rolou de leve no chão gelado indo naquela direção.

Forçando os movimentos a serem silenciosos, seguiu bem devagar e com todo o cuidado na direção do canto onde se escondia o assassino. Mais uma vez concentrava-se em todos os cinco sentidos e rastejava vagarosamente até o homem. Um laivo de respiração, um cheiro de rum, uma pluma de ar, tudo traía o vilão.

De repente, um breve arquejo de Lively — o involuntário ruído de pavor — atraiu a atenção do assassino. Timon discerniu o movimento cinza num borrão de ar escuro.

O homem dirigia-se para Lively.

Timon instalou-se numa prontidão agachada; mediu a distância entre seu lugar e o de Lively.

Ia atacar, quando Lively de repente disparou do esconderijo sob a mesa e agarrou o mosquete.

— AH! — ele explodiu, triunfante. — Peguei o mosquete! Mostre-se!

Sem hesitação, um estrondo ensurdecedor e um esguicho de pólvora assaltaram o ar. A fumaça elevou-se da pistola do assassino. Lively grunhiu e caiu para trás, enroscando-se no chão. Mesmo pela fraca iluminação das velas, Timon viu o sangue começar a manchar o peito dele.

O assassino deslocava-se, corria em direção à escrivaninha de Lively. Timon puxou as altas pernas da cadeira mais próxima. Quando teve certeza de que o agressor se aproximava, irrompeu juntamente com a cadeira.

O adversário assustou-se. Timon aproveitou-se da pausa momentânea do homem, impulsionou o móvel como o machado de um carrasco. Quebrou-a no flanco do outro, que voou para trás, arquejante.

Largando a cadeira, saltou sobre ele e agarrou-lhe o tornozelo. O assassino chutou com o outro pé. Timon esquivou-se e torceu o tornozelo do homem, fazendo-o rolar. Pegando a faca, Timon cravou-lhe na bota. Ao sentir o fio da lâmina cortar-lhe a carne, sem conseguir soltar-se do punho de Timon, o assassino atirou-se para a frente. Timon mal o viu erguer a pistola. No instante seguinte, o outro baixou-a com toda a força no crânio dele. A lancinante dor cegou Timon por um instante, fazendo-o largar a faca.

O assassino arrastou-se para longe, de quatro, a princípio, e depois levantou-se cambaleante. Timon viu-o parar diante da escrivaninha e parecia relutar em fugir. Com um último olhar aos documentos sobre a mesa, afastou-se, por fim, aos urros, cruzou a entrada principal e saiu para a noite.

10

Timon agarrou-se ao tampo da mesa, lutando para permanecer consciente. Inspirava fundo, prendia o ar, orava e expelia-o. Assim que sentiu a cabeça começar a desanuviar-se, ouviu vozes. Temendo que o assassino retornasse trazendo reforço, apertou os olhos na direção da escura entrada do salão. Tateou o chão com os pés até esbarrar com eles no mosquete. Pegou-o e agachou-se bem atrás da mesa mais próxima, inspecionando a arma para certificar-se de que continuava pronta para atirar.

Viu as línguas de luz laranja e dourada através da entrada aberta. Homens com tochas aproximavam-se. Apontou a arma, examinando-a para ter certeza de que continuava engatilhada, e firmou o dedo no gatilho.

Assim que ia atirar, surgiu o rosto de Marbury no vão da porta. Outros logo o seguiram com as tochas erguidas.

— Quem está aí? — quis saber o diácono.

Timon baixou a arma.

A luz das tochas não iluminava, da entrada, todo o salão. Marbury esforçou-se para conseguir ver nas sombras.

— Alguém entre os senhores é doutor de medicina?

Os outros permaneceram atrás do diácono e diminuíram o avanço quando perceberam que o monge segurava um mosquete.

— Que foi que ele fez? — perguntou um dos homens, aterrorizado.

O tutor deitou a arma na mesa ao lado. Recuperou a faca e avançou para o caído.

— Fique onde está! — ordenou uma voz anônima.

— Por favor, não se mova, irmão Timon — ecoou Marbury em tom mais firme.

E avançou alguns passos. À luz de velas, Timon viu que também ele segurava uma lâmina, mais longa que a maioria, com perfeito polimento; fina e mortal.

Sentiu uma momentânea perplexidade quando lhe ocorreu que não gostaria de matar Marbury. O que era inexplicável. Não se importaria de matar qualquer outro na sala.

Pensou que algo precisava ser feito e depressa. Havia um erudito morto a seus pés e ele fora descoberto com um mosquete na mão.

Pelos resmungos que enchiam o ar, ficou claro que os homens atrás de Marbury já o haviam julgado um criminoso.

— Ouvimos um disparo de arma — saiu a voz áspera do diácono. — Não é um barulho comum em nossas noites de Cambridge, mas muito fácil de identificar... e assustador.

Quando Timon abriu a boca para começar uma explicação, ouviu um grunhido atrás.

— Irmãos — grunhiu Lively —, ninguém vai ajudar-me a levantar?

Timon virou-se de imediato, sem pensar, e ofereceu-lhe a mão, maravilhado com a força do homem, em vista do tiro de pistola no peito.

— Rogo a Deus — continuou o estudioso, lutando para erguer-se, e virou-se logo para a escrivaninha em total desespero — que nada tenha acontecido às páginas...

— Sr. Lively — aventurou-se Marbury, adiantando-se depressa até ele —, foi ferido?

— Deus, Deus, Deus — sussurrou o tradutor com violência, mexendo nos papéis sobre a escrivaninha.

A princípio, Timon supôs que ele tentava esconder o texto de São Lucas nos últimos momentos de vida. Então, começou a perceber o que de fato acontecera.

Marbury chegou à mesa de Lively, com um lenço na mão, decidido a estancar a ferida do homem.

— Ah! — gritou Lively em êxtase. — Louvado seja Seu Nome!

Ergueu uma única página para todos verem.

Os colegas ficaram boquiabertos e piscaram os olhos.

— Não precisa de atenção à sua...? — começou Marbury.

— Intacta — exaltou-se Lively. — Eu jamais me perdoaria se isto tivesse sobrevivido quinhentos anos para ser destruído sob meus cuidados.

Enquanto os demais encaravam Lively, Timon examinava o tampo da mesa. O brilho das velas deixou claro que a escrivaninha fora coberta de tinta, e vários dos papéis haviam sido arruinados.

— Acho que descobrirá, diácono Marbury — anunciou —, que a mancha no peito do sr. Lively não é sangue, mas tinta.

— É verdade — respondeu Lively, com um ruidoso suspiro, e sentou-se. — O tiro do vilão não me feriu, mas em vez disso realizou uma façanha imunda em meu local de trabalho.

— A pistola parece ter acertado uma bala na escrivaninha e derrubado o tinteiro — explicou Timon.

— Timon não o baleou? — um dos homens gaguejou devagar.

— Timon? — olhou-o furioso o tradutor. — Não disparou uma bala, embora eu quase tivesse atirado nele.

Pasmadas perguntas estrepitosas irromperam na sala. Marbury guardou a faca e, na clara esperança de evitar o caos, bateu com o punho na escrivaninha.

— Senhores, por favor — insistiu —, vamos determinar o que aconteceu aqui de maneira coerente.

Lively travou os olhos nos do monge e implorou-lhe em silêncio que não revelasse o que se passara. Timon levou um instante decidindo o que revelar e o que esconder, um enigma que muitas vezes o atormentava.

— Acreditamos que o assassino de Harrison tenha retornado a este salão — começou Lively, antes que Timon pudesse falar. — O irmão Timon foi astuto demais para ficar à espera dele... Como ou por que, eu não sei. Vim ao salão após o jantar trabalhar um pouco em solidão, ouvi vozes, peguei meu mosquete de caça e quase atirei no irmão Timon.

— Nos momentos que se seguiram — interrompeu Timon —, o assassino e eu lutamos, ele disparou a pistola, causando o estrago na escrivaninha do sr. Lively; depois usou a referida pistola para me rachar a cabeça, causando semelhante dano. Fugiu momentos antes de os senhores entrarem no salão.

— O assassino retornou? — sussurrou alguém.

— Veio matar Lively — conjeturou Marbury —, o chefe de nosso projeto, esperando danificar mais a obra.

— Não creio que a intenção daquele homem nesta noite tenha sido matar alguém — contestou Timon, devagar. — Creio que ele tenha descoberto algo quando assassinou Harrison. Ficou tão estupefato com isso que retornou para roubar provas da descoberta. Eu já o havia dominado quando o sr. Lively chegou com o mosquete, e o homem foi embora. Mas não deixou o salão, nem estando nós dois aqui, e *com* um mosquete. Queria tanto algo que se encontra nesta sala que se dispôs a arriscar tudo, apesar de descoberto e em inferioridade numérica. Atacou-nos na esperança de pegar o que queria.

A sala caiu em absoluto silêncio, o que lhe disse o que esperava saber. Na verdade, todos os que ali estavam conheciam os segredos que Lively lhe revelara. Cada um soube que aqueles segredos eram a verdadeira motivação do assassino.

— Diácono Marbury — Timon interpelou-o de repente, quebrando de propósito o silêncio e assustando a todos —, creio que seria adequado um pouco mais de investigação particular. Talvez o senhor e eu pudéssemos...

Os outros puseram-se a interromper, expressando objeções desorganizadas.-

— Por favor — implorou Marbury. — Acho que, nesta noite, ficaremos todos mais seguros em nossas camas. Permitam-me interrogar o irmão Timon depois.

Lively inspirou de forma tensa, mas nada disse. Os outros pareciam absorver aos poucos o que acontecera, murmurando entre si.

— Permitam-me lembrar-lhes, senhores — insistiu Marbury —, de que um assassino continua solto na noite.

Foi o que bastou para impelir os homens, por mais relutantes que se mostrassem, rumo à porta.

O diácono indicou a Timon que o precedesse na mesma direção. Ele aquiesceu e começou a sair do salão. Conseguiu notar, porém, pelo canto do olho, que Lively deslizava o texto de São Lucas para dentro do manto. Fez uma ruidosa exibição ao trancar outra folha de papel na gaveta da escrivaninha, mas roubara o documento secreto.

11

Depois que todos os demais se foram, Timon e Marbury demoraram-se diante da porta do salão.

— Tenho certeza de que o assassino fugiu, afinal — disse Timon em voz baixa —, mas deveríamos pelo menos dar uma olhada por aqui, não concorda? Isso me dará a oportunidade de fazer-lhe algumas perguntas, às quais responderá por inteiro e com a completa verdade.

— O senhor imagina, pelo mínimo instante — perguntou Marbury —, que me intimida?

"Devia", pensou Timon.

— Embora — continuou Marbury — pareça-me que o empreguei para investigar essa... situação. Quando se paga ao diabo, não faz muita diferença obter-se um dia de trabalho dele. Faça, por favor, as perguntas que quiser. — Afastou-se da porta. — Vamos?

Mais uma vez Timon teve a desconfortável sensação de gostar de Marbury. Combateu-a e concentrou-se na questão maior à mão.

— Gostaria de ver se conseguimos encontrar algum tipo de rastro que o assassino talvez tenha deixado — apressou-se a dizer. — Mas Lively revelou-me uma surpreendente informação que, parece-me, poderia ser um motivo para o assassino de Harrison.

— É?

A expressão do diácono nada traiu.

A noite, pensou Timon, parecia destinar-se a ser o mais escura possível. Baixas nuvens de chuva tapavam a lua e se fragmentavam no céu como grandes ondas numa tempestade. Talvez a noite perfeita para sombrias revelações e fuga de assassinos.

— Sabe que o sr. Lively tem a posse de um documento que é o manuscrito original do Evangelho de São Lucas?

"Comece com o ponto mais chocante", pensou Timon, "para ver o que apunhala."

— Eu desconfio — disse Marbury, coçando o interior do ouvido com o dedo mínimo — que lhe mostrou uma página de algum texto antigo. Vi-o na mão dele.

— Aquele documento prova que se cometeu um grande erro em todas as traduções posteriores do Evangelho.

Timon afastou-se devagar do Grande Salão, à procura de pegadas na grama.

— Esse erro é o motivo do qual falava? — perguntou o diácono, sem se preocupar em disfarçar o escárnio. — Não sabe que aqueles homens descobrem vinte erros assim por dia?

— Entendo. — O outro inclinou a cabeça e decidiu mudar de assunto e deixar Marbury sentir por um instante que tinha o controle. — Vamos procurar fora da trilha, diácono? Tento encontrar qualquer pista do assassino, talvez na grama molhada... Uma pegada, uma folha partida, um pouco de sangue. Acho que ele teria evitado o caminho de pedra... faz barulho quando alguém o atravessa correndo. Nosso homem iria preferir silêncio, não?

O diácono afastou-se do atalho de pedra, distraído.

— Mas sobre esses erros de tradução...

— Ah — interrompeu-o Timon.

"Ótimo", cogitou consigo mesmo, "Marbury não parou de pensar; ainda não descartou minhas sugestões."

— Eu... quero dizer que, se o senhor se refere aos erros de textos mais antigos...

— Minha preocupação, que, aliás, é nossa preocupação atual, vincula-se a uma única palavra no texto *secreto* — respondeu Timon bruscamente.

— Não — insistiu Marbury. — Devo persuadi-lo, irmão, de que sua descoberta, seja qual for, *não* é atual. Existe há centenas de anos, com toda a probabilidade; já está exausta pela idade. Não é nem de longe importante para o nosso problema aqui em Cambridge no ano 1605 de Nosso Senhor.

Timon parou na noite escura.

— Se acredita nisso, então não viu o texto a que me refiro.

— Talvez não — admitiu o outro, lançando um rápido olhar na direção do colega.

— O problema não se relaciona a cem anos de existência, porém a mais de mil. A revelação total da obra que esses homens fazem aqui em Cambridge corromperia a própria fundação de nossa religião. Por isso Lively se assustou. Por isso Harrison foi assassinado.

— Lixo! — grunhiu Marbury. — Que importância poderia ter se o versículo 2 do capítulo 6 da Segunda Epístola aos Coríntios diz *"um* dia da salvação", em vez de "no dia da salvação", ou qual o lugar certo da vírgula no capítulo 16, versículo 9, de Marcos? O espírito da palavra de Deus é imutável.

— É — respondeu Timon, e mordeu o lábio superior.

As palavras do diácono confirmaram que ele desconhecia a magnitude do segredo guardado no Grande Salão. Quanto debater e quanto ocultar? Os estudiosos mantinham-no deliberadamente no escuro? Temiam partilhar com mais alguém, além de um com o outro, o que vinham aprendendo? Não seria um medo infundado. A história da escrita da Bíblia abundava, na verdade, em relatos de homens que haviam descoberto segredos muito menos horríveis e pago caro pelo conhecimento, até com a vida.

Em 1382, quando John Wycliffe produziu a primeira Bíblia inglesa, a Igreja Católica expulsou-o do cargo didático em Oxford e queimou todas as suas bíblias.

E, quando William Tyndale traduziu o Novo Testamento para o inglês, em 1525, foi obrigado a refugiar-se na Alemanha. A Inquisição seguiu-lhe o paradeiro como um cão atrás de sangue. Capturaram-no, julgaram-no, estrangularam-no e queimaram-no na fogueira.

O monge tentou desenredar o nó dos pensamentos e começou de novo:

— Diácono Marbury — disse, com toda a calma —, devo alterar o curso de seu pensamento?

— Sobre o que está falando? — perguntou o outro, hesitante.

— Permita-me fazer-lhe uma pergunta sobre o documento que Lively me mostrou, o mesmo que viu na mão dele esta noite. Aquele documento já se encontrava em Cambridge quando os eruditos chegaram, ou Lively o trouxe consigo?

— Aquele documento, se estou correto, nos foi entregue aqui por um emissário do próprio rei James... um emissário armado, para tornar tudo bem dramático. — Baixou os olhos. — Reconheço que julguei isso um tanto incômodo na época.

— Sim, Lively pareceu indicar que muito drama envolveu o manuscrito. — Timon parara de procurar pistas na grama. — Surpreenderia ao senhor saber que todos os oito acadêmicos, antes da morte de Harrison, examinaram o texto e o declararam autêntico?

— Eu me surpreenderia, sim, que todos aqueles homens concordassem em qualquer assunto — respondeu o diácono, franzindo os lábios.

— Lively mostrou-me uma única frase *desse* Evangelho de São Lucas — disse Timon, num tom claro. — Mas uma frase que destruiria a Cristandade com o caos.

Marbury tentou ver a expressão dele no escuro.

— O senhor também parece ter talento para o teatro.

— Não, trata-se de uma peça de Deus, não minha. A frase que li à noite chamava nosso Salvador de *Joshua*. O nome *Jesus* não aparece na página.

Marbury piscou os olhos, mas, fora isso não se mexeu.

— O contexto de nosso problema, entende — continuou Timon —, vai além da colocação de uma vírgula.

— Como é possível... como... O documento é uma falsificação!

Marbury curvou-se para a frente, o vento frio gelando-lhe a face.

— Todos os seus oito especialistas concordam que não é uma falsificação.

— Todos os oito... — repetiu o diácono, com um sussurro.

— E mais — apressou-se a dizer Timon — seus estudiosos aqui em Cambridge têm a posse de muitos documentos que, como esse, contêm muito mais segredos. Lively admitiu 57 textos semelhantes.

— Deus do céu! — exclamou Marbury, engolindo em seco.

— Vejo que a enormidade da situação começa agora a penetrar-lhe — concordou o outro com a cabeça. — Agora, poderiam todos esses 57 documentos secretos ter vindo do mesmo emissário armado a que o senhor se referiu? Ele trouxe um pacote grande, ou fez várias entregas?

Marbury franziu a testa e concentrou os olhos no espaço em algum lugar entre si mesmo e o interlocutor.

— Não — acabou por responder. — Aquele emissário veio apenas uma vez. Sem dúvida pode ter entregado mais de um documento... Dezenas, de fato... Mas não 57.

— Bem...

O vento alto afastou por um breve instante as nuvens de carvão que obscureciam a lua, e Timon pôde ver rosto do companheiro.

"A maioria dos homens não aceitaria essa notícia", pensou. "Ou teria a mente pequena demais para compreendê-la, ou a fé fraca demais para se opor."

O rosto de Marbury nada traía de tal pensamento. O homem parecia encarar o nada. "Pesava a nova informação", pensou Timon, "contra tudo o mais que sabia."

Naquele silêncio, também ele combatia o mesmo ímpeto.

— Preciso saber mais — murmurou, enfim, Marbury, quase para si mesmo. — Preciso ver todos esses documentos. Saber mais desses erros de *tradução*, e que me digam se, na verdade, é esta a palavra que se deve aplicar a tais ocorrências.

Timon sorriu, uma expressão de compaixão afim.

— É isso mesmo o que eu penso.

Antes de poder examinar a fundo o afeto que sentia pelo outro, foi tomado por uma ensanguentada visão; uma visão tão violenta que o silenciou. Era um velho condicionamento, algo que exercitara repetidas vezes na juventude: sempre que sentia uma inclinação bondosa por um homem a quem poderia ter de matar, obrigava-se a vê-lo morto. Essa prática tornara-se um reflexo. Viu-se, então, abrindo um buraco no peito de Marbury e observando o coração bater. O treinamento unira-se à grande cautela que tinha com todos os homens. Uma compulsão mais forte que qualquer fato ou crença, muitas vezes desencadeada por algum impulso misericordioso que talvez tivesse. A visão passou rapidamente, e ele mais uma vez examinou-o com frieza.

Viu que Marbury também examinava seu rosto.

— Irmão Timon — começou o diácono, com óbvia interpretação errônea da expressão dele —, vejo que está tão perturbado com essas revelações quanto eu.

— Não — respondeu o tutor, exalando um suspiro. — Estou compreendendo que o rei James já sabe o que o senhor e eu descobrimos apenas agora.

— Sim, claro. — Marbury olhou a escuridão em volta. — Ele enviou os documentos a Lively.

— Tenho milhares de perguntas. — Timon pôs-se a andar na grama molhada de um lado para outro. — É claro que esses segredos foram a causa da morte de Harrison. Mas foram os segredos, de fato, o que motivou o rei James a encomendar a nova tradução?

— Sim — respondeu Marbury, sem pestanejar.

Timon levou um dedo aos lábios.

— Deixamos de perceber alguma coisa? Precisamos ser minuciosos nos pensamentos. Os homens se matam por muitos motivos, e a resposta mais óbvia nem sempre é a correta.

— Com isso o senhor quer dizer...?

— Um homem às vezes discute com outro na rua porque o primeiro abalroou o segundo. Brigam. Um morre. Todos os outros dizem: "Ele morreu porque se chocou com o outro na rua". Não levam em conta que o assassino havia sido abalroado uma centena de outras vezes e que não se sentira agredido. Que é que torna diferente esse momento determinado? Que foi que deu àquele dia um enterro? Talvez o assassino houvesse discutido com a esposa antes, nesse mesmo dia, ou tivesse as finanças desordenadas, ou a amante tenha sido levada por outro homem. Qualquer uma dezena de aborrecimentos pode mudar a disposição de um homem de cortesia para assassinato.

— Jamais pensei muito nas coisas nesse sentido — maravilhou-se o diácono. — Mas o senhor parece tentar convencer-se a acreditar que talvez haja algum outro motivo para o assassino de Harrison.

— Porque minha verdadeira suspeita, de que o crime se relaciona com esses textos secretos, leva-nos a muitas outras perguntas inquietantes.

— Sobretudo o motivo pelo qual o rei James encomendou a nova Bíblia — afirmou Marbury.

— Exatamente. Que homem desejaria investigar um rei? Se eu conseguisse descobrir mais alguma coisa sobre os motivos de James...

— Talvez eu possa ajudar nisso — disse Marbury, em voz baixa. — De fato, tive uma participação... uma participação muito privada... ajudando James contra o Complô Bye. Os detalhes são tediosos. Por acaso ouvi os ingleses católicos que discutiam o plano para sequestrar o rei James e obriguei-os a repetir a legislação anticatólica. Comuniquei isso ao rei, e ele foi salvo. Em consequência, gozo um pouco de favor de Sua Majestade.

— Mas a conspiração foi revelada por jesuítas ingleses — contestou Timon. — O padre Henry Garnet, especificamente, temendo retaliação contra os católicos, se o plano malograsse...

— Essa foi a face pública — interrompeu Marbury, desviando o olhar.

As ideias de Timon aceleraram-se.

— *Teria* sido mais político levar a público que os próprios católicos condenaram a conspiração.

— Se o senhor assim o diz. — O rosto de Marbury era uma máscara.

— E ainda assim, James usou isso como desculpa para ordenar a expulsão de todos os católicos da Inglaterra.

— E precisava de desculpa?

Timon encarou-o.

— O senhor me surpreende, diácono. Quem desconfiaria que fosse um homem de tal mistério?

— Na verdade, imagino que sou, no meu mundo, o que o senhor é no seu.

— Por isso citou seu trabalho para o rei. Tem um relacionamento com Sua Majestade que talvez lhe permita fazer-lhe algumas perguntas.

— De fato — suspirou Marbury —, tenho um coche nos estábulos que me foi oferecido pelo rei para o fim expresso de mantê-lo informado de qualquer notícia terrível. Um assassinato entre seus tradutores pareceria dessa natureza, sobretudo em vista de James conhecer o falecido. Eu poderia aproveitar tal visita para...

— Precisa partir de imediato — insistiu Timon. — Sei o que preciso fazer.

Antes que concluísse o pensamento, passos velozes na escuridão os assustaram.

Haviam sido vigiados; o assassino demorara-se. Alguém corria nas sombras que os circundavam e encaminhava-se diretamente para eles.

— *Pai!*

Os dois viraram-se na direção do severo sussurro. Marbury ergueu a mão a implorar que Timon não falasse.

— Anne? — chamou em voz baixa.

— Ouvi o disparo de uma arma — disse ela.

— Está tudo bem — ele aventurou. — Também ouvi. Não foi nada. Por favor, volte para a cama. — Silêncio. — Anne?

Após outro segundo, a filha surgiu das sombras. Trazia uma única vela fina e usava um grosso roupão acolchoado azul-celeste. A perfeição de sua face fez Timon lembrar-se de uma pintura de Giotto, *Maria Após a Anunciação*.

— Alguém foi baleado? — perguntou a moça, a voz sólida como as pedras da parede.

— Anne, volte para a cama! — repreendeu Marbury. — Por que diabos você…?

— O irmão Timon — ela continuou, passando rapidamente pelo pai — atirou em alguém?

— O irmão Timon quase recebeu um tiro do sr. Lively — corrigiu Marbury. — O que a leva a supor que foi o irmão Timon quem…

— O senhor imaginou que eu acreditaria, mesmo por um *instante*, que esse homem devia ser de fato meu tutor?

— A jovem tinha o rosto rubro ao luar. — Os estudiosos no salão devem ser enganados porque não se preocupam comigo e não prestam atenção ao meu tutor. Mas sei ver a diferença entre esse homem e qualquer outro professor que já tive, porque não sou idiota!

— Achei que gostasse dele.

O pai tiritou um pouco e perguntou-se se havia pedaços de lenha suficientes ao lado da lareira em seu gabinete.

— Gosto muito dele — ela rebateu, com brusquidão. — Tem o que me ensinar; é um homem de demasiada sabedoria. Mas dificilmente veio aqui a Cambridge como meu tutor. E eu gostaria de saber por que tem um cheiro de noz-moscada tão forte?

— Eu cozinho — respondeu Timon.

— Sua resposta veio um pouco rápida demais — ela insistiu, num tom acusador.

— Anne! — Marbury endureceu a voz.

— Onde o encontrou, pai? — quis saber a moça.

— Antes de mais nada, eu prefiro permanecer anônimo — apressou-se a dizer Timon. — Senhorita, com imenso perdão, precisa pelo menos fingir acreditar que estou aqui em Cambridge como seu preceptor.

— Mas é o responsável por esta *investigação*, não é? — ela exigiu saber.

— Uma coincidência — tranquilizou-a o pai, antes que Timon pudesse responder.

— Não! — explodiu Anne. — A destreza mental do irmão Timon, que testemunhei ontem no salão, vai acabar por comprovar o mal-estar dos tradutores. Se um deles é culpado desse crime hediondo, isso talvez se revele de forma espontânea em algum truque irrefletido para esconder a verdade. Nada confunde mais um homem inteligente que a tentativa de ser inteligente demais. O irmão Timon é simplesmente a pessoa certa para provocar esse tipo de comportamento entre os estudiosos. Tem de acreditar que o assassino é um deles.

— Sim — mentiu Timon.

— Esplêndido.

De repente, ela não conseguiu ocultar a emoção que sentiu pela possibilidade de haver encarado os olhos de um assassino.

— Não necessariamente — apressou-se a insistir o pai. — Eu preferiria que o irmão Timon primeiramente os excluísse, decerto, e que não fosse nenhum deles o assassino.

— Para falar com toda a clareza, irmão — começou Anne, e depois ergueu a vela e fitou a chama, aquecendo os dedos —, lembra-se de meu interesse pelo teatro?

Ficou óbvia a confusão dos dois com a mudança de assunto.

— Por certo — ele respondeu, hesitante.

— Acabei de pensar num belo verso de uma de nossas peças... Algo mais recente que sua grega antiga, um trecho de diálogo no qual o senhor e meu pai talvez encontrem algum alívio no momento. Diz: "O que chamamos rosa, sob outra designação teria igual perfume".

Anne nivelou um olhar ousado, sobre a tremeluzente chama da vela, diretamente à alma do tutor.

— Quer dizer...? — Timon perguntou em voz baixa.

— Tem de fato importância por qual *nome* chamamos Nosso Salvador?

A total importância das palavras o impressionou com a mesma força da pistola do assassino que lhe atingira na cabeça. A pupila escutara nas sombras. Ouvira tudo.

— Aluna brilhante — ele confessou. — Levou a sério minha primeira lição: a trama de nossa peça se revela, em essência, no diálogo... Diálogo que, parece, a senhorita ouviu, tornando-a personagem tácita.

Ela fez que sim uma vez com a cabeça, um fino sorriso nos lábios.

— Mas, se a peça for apenas conversa, sem ação futura, a trama jaz morta no palco. E creio que, a fim de nos fornecer tal ação, meu pai vai esta noite... a Londres.

Timon viu-se hipnotizado pela cor dos cabelos da moça, caídos desordenadamente nos ombros, mesmo ao perceber que teria de matá-la tão logo matasse o pai.

Em seus aposentos, Marbury juntou vários objetos e utensílios de toalete necessários e enfiou-os num embornal de couro.

"James enviou os documentos secretos aos tradutores", pensava, a mente acelerada, "e eles podem muito bem ser a causa da morte de Harrison. A instrução do rei ao me enviar o coche real era usá-lo em caso de emergência. Se nossas dificuldades não constituem uma emergência, não imagino o que constituiria. E, sem dúvida, Sua Majestade sabia da verdadeira importância dos documentos que nos enviou. Poderia o rei desvendar o assassinato?"

Assim preocupado, desceu às pressas a escada e saiu para a noite, passando pelo pátio calçado com pedras e indo acordar certo cocheiro.

O jovem ocupava um abrigo próximo aos estábulos e era bem pago, em segredo, pelos cofres reais, para alojar-se ali e aprontar os cavalos a qualquer momento.

Marbury passou em silêncio pelos cavalos e deu uma leve batida na porta com a unha do indicador. Jamais utilizara esse serviço antes. O rei encomendara coches semelhantes para cada um dos três grupos de tradutores da Bíblia, a serem usados para qualquer coisa julgada demasiado urgente ou delicada para o embornal de um emissário. Sempre parecera uma absurda extravagância — até esta noite.

O rapaz apareceu. O rosto sujo podia ser o de um querubim ou demônio; não havia como saber no escuro. O tradutor esperara alguém mais velho, com um pouco mais de experiência; um homem do rei, não um cavalariço.

— Londres — murmurou. — Hampton Court.

O garoto apenas balançou a cabeça.

Vinte minutos depois, o coche arrancava do estábulo.

Marbury era seu único passageiro, seus poucos pertences atulhados sob o assento único. Os cavalos ganharam velocidade, chutando para trás cascalho e lama conforme voavam pelo pálido luar. Marbury caiu em um sono agitado.

Horas depois, o diácono acordou com um susto. Levou um instante para lembrar o que fazia num ruidoso coche rumo a Londres. Olhou pela janela. Nuvens baixas, cinzentas como as lágrimas de uma viúva, ocultavam qualquer sugestão da aurora.

"Nuvens de neve", pensou. "E aqui estou eu, numa frenética viagem para visitar o rei, em vez de estar na minha agradável e macia cama. Por que Deus me odeia?"

Neve em abril seria incomum, mas o Tâmisa quase congelara no Natal. Os invernos vinham ficando mais frios e durando mais tempo. Talvez fosse um sinal do final dos tempos.

Tiritando, o diácono envolveu-se numa pesada capa vinho. Perguntou-se a distância que o coche já percorrera; durante quanto tempo ele dormira.

Olhou mais uma vez o exterior pela janela, tentando despertar. O insípido cinza do céu impregnava cada arbusto e árvore raquíticos, além do próprio terreno embaixo das surradas rodas da carruagem.

O interior do coche não era nem um pouco melhor. A caixa de madeira lisa fora construída mais para a velocidade do transporte que para o conforto do passageiro.

Menos de cinquenta quilômetros estendiam-se entre Cambridge e Londres, calculou Marbury, e sabia-se que aquele coche percorria de dez a doze por hora. "A tal velocidade, todos os quatro cavalos deviam ter sido trocados em algum lugar — enquanto eu dormia, imagino. Não podemos estar longe de Londres agora. Melhor começar a pensar como portar-me diante de um rei".

James ocupava o trono havia apenas seis meses quando ele visitara pela primeira vez o Grande Salão do Palácio de Hampton Court. O rei oferecera o Natal e as festas de Ano Novo — banquete e danças infindáveis. O ator William Shakespeare escrevera uma excelente peça, *Uma Brincadeira do Bom Companheiro Robin*, para o dia do Ano Novo. Além disso, a lembrança que tinha da festa fora ofuscada pelo encontro com o monarca. Dera o melhor de si para seguir o conselho de Sir John Harington, embora já fizesse quase quarenta anos, acima de tudo na lembrança.

Harington sempre dizia, quanto ao traje para o encontro com um rei: "Vista-se com elegância, exiba um novo colete, bem bordado e não curto demais — e de diversas cores". Quanto à conduta, "não deve se estender por tempo demais em nenhum assunto, e tocar apenas de leve em religião".

"É bom lembrar o conselho", pensou o diácono. "Essas palavras ajudaram-me na última vez em que vi o rei, em janeiro, um ano atrás. Foi a conferência que resultou na decisão de James de encomendar a nova Bíblia."

A carruagem contornou, disparada, uma curva fechada na estrada, ameaçando capotar. Marbury caiu de lado no assento. Ao ouvir o cocheiro gritar e sentir o veículo fazer uma brusca parada, sacou no mesmo instante a navalha.

Apenas um motivo faria com que aqueles cavalos parassem na estrada. Ele desabou no piso do coche. Mão na maçaneta, forçou os ouvidos.

O cocheiro fora silenciado. Ou morto.

O uivo do vento matinal tornava impossível ouvir ruído de passos ou sussurros.

Marbury prendeu a respiração. Ergueu a cabeça por um instante. Não viu ninguém na estrada ao lado. Abriu a porta com o maior silêncio possível e deslizou até o chão.

Por entre as pernas dos cavalos ofegantes, distinguiu uma única figura no meio da estrada.

Assustou-o o grunhido do cocheiro.

— Saia do caminho, seu insolente.

— Levante-se e entregue-se — gaguejou o salteador.

Aquela voz mal chegara aos 12 anos, percebeu o viajante.

— Que acha que pode fazer com essa varinha na mão? — escarneceu o cocheiro. — Atirar em mim?

— Cegar os dois cavalos da frente — disse o menino, estabilizando a voz — e fugir com os outros para a floresta. Então, enquanto o senhor fica aqui na estrada tentando decidir o que fazer, eu volto com uma centena de outros meninos e caímos em cima do senhor como marimbondos numa toupeira morta.

— Que diacho quer o senhor? — suspirou o outro. — Não tenho dinheiro, e não tem ninguém no coche.

— Eu podia levar o coche — sugeriu o pequeno.

— Cristo, eu *darei* o coche se o senhor deixar os cavalos em paz. Não posso ir a pé daqui até Londres. Suba; pegue as rédeas.

Silêncio.

Marbury viu que o moleque não saiu da frente dos cavalos.

— O negócio é o seguinte — explicou o cocheiro —, este coche é registrado no nome do próprio rei James. Só há dois outros iguais na Inglaterra. Foi feito para voar a serviço real. Se eu comunicar que um atrevido como o senhor pegou os arreios do rei, será pendurado pelo pescoço até a morte antes de o sol se pôr.

O passageiro distinguia apenas o perfil do ladrão. O ladrãozinho usava uma única peça de roupa enrolada no corpo e amarrada em vários lugares. Cabeça descoberta, pele manchada e mãos esfoladas pelo frio. Segurava um bastão reforçado com ferro como escudo. Curiosamente, tinha botas perfeitas, bem confeccionadas e de saltos altos, como ditava a moda.

Num piscar de olhos, Marbury saltou para a frente, arqueou-se no degrau do cocheiro e voou carruagem acima ao lado do cocheiro.

A súbita explosão de atividade assustou quase tanto o rapaz quanto o menino.

O primeiro jogou-se para trás, com um arquejo.

O ladrão largou o bastão e gritou:

— Sangue!

Marbury tinha na mão direita o punhal erguido, claramente pronto para enfiá-lo diretamente no bandido.

— Saia do meu caminho, já! — ordenou. — Ou essa faca vai atravessar-lhe toda a testa.

O cocheiro de repente sentou-se ereto, a implorar ao diácono que não atirasse a faca. Marbury piscou-lhe e ele exalou de alívio.

O menino ficou imóvel onde estava, e fitava a faca com os olhos arregalados.

— Eu lhe dou as botas novas se não me matar, senhor.

O diácono encarava de cima aquele rosto aterrorizado. — Onde conseguiu essas botas?

— Foi um presente da praga — o menino sussurrou desesperado. — Juro que não as roubei. O homem estava morto, inchado como uma ameixa e pingando. Eu peguei as botas. Outra pessoa pegou o chapéu.

— Sei — Marbury guardou a arma. — E há mesmo cem meninos como o senhor naquela mata?

O menino fungou.

— Não chegam nem a vinte, verdade seja dita.

Coçou as costas.

— E o senhor foi eleito para roubar este coche?

— Não sei o que é *eleito*, mas sou o mais velho. — O pequeno tossiu uma vez. — A escolha cabe a mim.

— Então eis minha oferta. — Marbury enfiou a mão na capa e retirou uma moeda de ouro. — Vou lhe dar este anjo se fizer *exatamente* o que eu mandar.

— É assim um anjo? — O menino quase revirou os olhos à visão da moeda. — Isto é...

— Dez xelins! — resmungou o cocheiro.

— É mais do que eu poderia roubar num mês — conseguiu balbuciar o ladrão. — Oh, sim!

— É demais para os da espécie dele — sussurrou o cocheiro.

— Eu lhe darei este ouro — repetiu o diácono —, se prometer fazer o que eu mandar.

— Dê-me essa moeda — prometeu o salteador —, que eu mato até o Papa.

— Eu tinha em mente uma coisa menos complicada.

— Qualquer coisa! — jurou o menino.

— Muito bem.

Marbury jogou a moeda.

Ele pegou-a e mordeu-a; balançou a cabeça, maravilhado.

— É verdadeira.

— É.

O diácono de repente saltou para o chão e pousou diretamente na frente do marginalzinho.

O pequeno tinha a pele esfolada, os lábios rachados, as faces sujas de terra, mas os olhos claros — na certa, um digno ser humano escondia-se sob a máscara daquele rosto.

— Se me decepcionar — insistiu Marbury —, eu o perseguirei e o encontrarei. Tomarei de volta meus xelins ou a sua vida. Acredita?

O menino fez que sim com a cabeça.

— Combinado, então?

— Que quer que eu faça?

O viajante inclinou-se até a orelha imunda e sussurrou as instruções; depois, encarou a criança diretamente nos olhos.

— Repita o que acabei de dizer.

O menino inspirou e murmurou baixo, repetindo quase palavra por palavra o que ouvira.

— Garoto inteligente — exclamou Marbury, animado. — Vá, então.

Ele desapareceu nas moitas baixas ao lado da estrada antes que a última sílaba do diácono se desfizesse no ar.

O cocheiro continuava sentado, de cara feia.

— Que poderia desejar que ele fizesse por dez xelins?

— Oro para nunca descobrirmos — respondeu o passageiro com a voz baixa.

— Ele não fará, seja o que for — queixou-se o cocheiro. — Sumiu, assim como sua moeda. E jamais o encontrará de novo.

— Bem — concluiu Marbury, baixando os olhos —, que seria pior? Perco um pouco de dinheiro, mas menos um menino morre de fome este mês.

A expressão do cocheiro mudou, devagar a princípio, mas com uma compreensão tardia.

— O senhor na verdade *deu* a ele aquela moeda — disse, hesitante.

— Devemos apressar-nos — exortou Marbury, segurando a porta da carruagem. — Preciso mesmo chegar a Hampton Court quase imediatamente.

— Jamais conheci alguém como o senhor, diácono Marbury, e esta é a verdade. — A expressão do rapaz iluminou-se por um breve instante, como se lhe aproximassem do rosto uma vela invisível. — Eu o farei chegar a Londres em uma hora.

14

Cada rua em Londres parecia trovejar, como se o mundo todo corresse sobre rodas de carroças e carruagens. Martelos malhavam, tubos rolavam, panelas tiniam. Carregadores, como se brincassem de pular carniça, saíam de uma loja e entravam noutra; comerciantes, como a dançar *galliards* com os lascivos movimentos das pernas, jamais paravam imóveis.

O Palácio de Hampton Court ficava uns vinte e cinco quilômetros ao sul de Londres, numa curva do Tâmisa. Construíra-se a principal entrada para intimidar os não iniciados. Imensas portas de madeira formavam arcos entre duas paredes ladeadas por duas pequenas torres espiraladas de tijolo que disparavam para o céu. Duas outras, maiores, erguiam-se quase quatro andares acima do chão. Marbury contou quatro enormes chaminés de tijolo, todas duplas, que se elevavam ainda mais alto que as torres. Nenhuma construção na Inglaterra se equiparava àquela. Ao cruzar o portão, um homem pequeno sentia-se menor, e um grande, humilhado.

"Tal é a meta de todos os palácios e catedrais", pensou o diácono quando se aproximou do grande prédio.

A sentinela da manhã, embora indecisa quanto à exata importância do coche, reconheceu os símbolos do rei nas portas e correu a segurar os cavalos tão logo pararam no pátio do estábulo.

O viajante desceu do interior, retirou uma das luvas e entregou-a ao capitão da Guarda.

— Apresente isto à Sua Majestade o mais rapidamente possível — disse, com a voz mais autoritária que conseguiu. — Tenho uma questão urgente a tratar com o rei.

O oficial hesitou durante apenas um instante.

— Ele conhecerá a luva — garantiu-lhe Marbury, num tom severo. — Foi ele quem me deu.

Logo o conduziram pelo pátio, passando pelos jardins sobre imensas pedras de calçamento brancas, até o anexo do palácio conhecido como Casa de Banquete. Construído para Henrique VIII, as altas e abobadadas vigas do salão principal pareceram-lhe mais uma catedral que um salão de jantar. No escuro, a escolta atravessou-o às pressas e levou-o a um corredor sombrio como uma gruta.

Adiante, no estreito salão de pedras, ele acabou por ser recebido numa pequena cozinha. O aposento, um perfeito quadrado, tinha piso e teto de pedra. Indefinível, utilitário, despojado, conseguia de algum modo ser convidativo.

O capitão apontou determinada cadeira na única mesa de jantar.

— Deve sentar-se no mesmo lugar que o dr. Andrews.

Só podia estar-se referindo a Lancelot Andrews, bispo de Winchester, presidente do grupo de tradutores de Londres, e também irmão de Roger Andrews, um dos eruditos de Cambridge. Muito se falou da inimizade entre os dois irmãos, uma competição ainda mais agravada pela disparidade nas posições que ocupavam.

Então Lancelot Andrews já fora ver o rei. Marbury ardeu de vontade de saber mais a respeito.

O oficial sussurrou alguma coisa a um dos homens. Este dirigiu-se apressado a um armário de louça no outro lado do aposento e trouxe ao visitante um prato de bolinhos doces e uma grande caneca com tampa de cidra de pera.

— Não saia daqui — disse o capitão, mais em tom de ameaça que de instrução. — Marbury fez que sim com a cabeça. — Não posso designar homens para ficar com o senhor — continuou o guarda —, mas se retornar e não encontrá-lo aqui, seu próximo aposento será bem menos confortável que este.

O diácono recostou-se na cadeira e olhou a cozinha em volta; com apenas um fogão, não era aquecida por nenhuma outra chama. As paredes de pedra, a sólida mesa de madeira, o tamanho mais ou menos pequeno do aposento significavam que se tratava da Cozinha Privada, encomendada por Elizabeth. Circulara o rumor de que a rainha se reunia com certos homens ali para desorientar as possíveis vítimas. Uma mulher na cozinha não era uma rainha num palácio — e a posterior confusão na mente do visitante às vezes se revelava um útil instrumento de interrogação para Sua Majestade. Marbury desconfiava, ao se instalar na cadeira e examinar os bolos dourados no prato à frente, que fora construída por um motivo mais simples: era reconfortante. Aquecia os ossos, acalmava as ideias, dava paz à alma. Foi de repente tomado por um desejo de devorar os bolos. Enfiou um inteiro na boca. No mesmo momento, a picante gostosura do gengibre fresco e o entorpecente relaxamento dos cravos encheram-lhe a boca. A sidra de pera fez que os lábios efervescessem.

Liquidou a comida num instante e logo desejou mais. Por infelicidade, a combinação dos carvões no fogão e a comida quente na barriga conspiraram para deixá-lo sonolento. Deus o ajudasse se, quando alguém viesse buscá-lo, o encontrasse adormecido.

Levantou-se decidido e pôs-se a andar de um lado para outro. Esfregou a fronte três vezes, rezando para livrar-se de qualquer sinal de farelos. Pusera as melhores roupas, e, distraído, balançou a cabeça para pensar no que custara aquele traje, incluindo blusa, bragas e capa. Quinze xelins para o alfaiate pelo trabalho de confecção, e quase quinze libras gastas nos tecidos: veludo, seda, forro de fustão, tafetá duplo, galão e renda de ouro, meias e uma dúzia de botões para o colete. Um vergonhoso capricho — mais dinheiro do que três criados domésticos viam num ano —, mais do que o menino da estrada teria chance de ver em seu curto tempo de vida. No entanto, o rei encarava a moda com bons olhos, e as roupas eram tão essenciais para esse encontro como um punhal nas ruas de Londres.

Os longos minutos estenderam-se a meia hora. Por mais que ele tentasse, a espera nada fez para aplacar a sensação de caos. O coração quase saltou-lhe da camisa quando, afinal, ouviu um matraqueado na porta da cozinha.

Um rapaz pálido entrou apressado. Vestido de branco-gelo e azul esmaecido, maquilara o rosto: um pouco de pó, uma pitada de ruge e apenas um toque de sombra nos olhos.

— Mil perdões, diácono Marbury. — O jovem estremeceu. — Detestável e inescusável deixá-lo esperar por tanto tempo. Foi inteira culpa minha. Entabularam certa discussão prolongada... Se não se importa, o rei preferiria recebê-lo aqui. Ele chega daqui a pouco.

O jovem balançou a cabeça como se houvesse acabado de contar uma piada, mas esquecido o desfecho, e encolheu os ombros.

Marbury ficou tenso. Jamais soubera que o rei viesse ao encontro de um visitante. Por que faria isso? O visitante é que ia ao encontro do rei — sempre. Tinha alguma coisa errada. Descobriu-se com a cabeça martelando e os lábios secos. Decerto outros haviam ficado muito surpresos com essa mudança inesperada e tentavam dissuadir o rei de tal quebra de precedente.

Antes que outra ideia o atormentasse, dois guardas armados irromperam pela porta, ambos com armadura e expressão de raiva.

— Rei James! — berrou um deles.

O som da voz do guarda espancou as quatro paredes da pequena cozinha, e Marbury esqueceu como respirar.

15

Os guardas separaram-se com elegância e revelaram Sua Majestade, que trazia a luva de Marbury na mão. Então, acenou-a uma vez e entregou-a ao nervoso empregado que se encontrava atrás dele. O homem espremeu-se ao passar por ele e atirou-a na direção do diácono, no momento em que este tentava curvar-se o mais baixo possível sem cair.

O rei encarava-o com um olhar distante. A comprida renda branca da gola parecia acentuar o matiz avermelhado da barba. Colete branco-acinzentado, com desenhos sulcados em ferrugem, que se reproduziam na capa. Sem chapéu. Um nariz comprido e curvado para baixo dava-lhe ao rosto um aspecto régio, e ele fingia uma expressão cansada, resultante de longos anos de instrução.

Marbury ergueu os olhos da desconfortável reverência e viu a luva oscilante diante do rosto. Por um momento, não soube se devia empertigar-se e pegar a luva ou continuar na postura correta até o soberano falar.

— Em nome de Deus, Dibly, tire essa maldita luva do rosto do diácono — suspirou o rei.

A luva desapareceu. Marbury endireitou-se. Sua Majestade adiantou-se dois passos.

— É um prazer vê-lo — disse James, devagar.

— Sua Majestade — respondeu o diácono, hesitante.

— Bem, então. — O rei girou o braço num enorme círculo. — Deixem-nos.

Os guardas pararam por um momento, perplexos.

— Queremos falar com o diácono Marbury a sós — o monarca tranquilizou a todos.

— Eu apenas... — começou Dibly, com o lábio inferior trêmulo — ...um milhão de perdões, Sua Majestade... a luva, eu gostaria de saber se... devo...

— Por favor, pegue sua luva de Dibly, ou gastaremos o restante da manhã destrinçando o protocolo no caso.

O diácono arrancou a luva do criado, que se retirou em direção à porta, quase numa corrida.

Quando o ruído do empregado desapareceu, o próprio rei fechou a porta da cozinha, sentou-se à cabeceira da pequena mesa e virou um rosto diferente para o visitante. Falou num surpreendente tom amigável e confidencial.

— Sei que perdoará este bizarro cenário para nosso encontro, diácono. — Olhou em volta por um momento e suspirou. — Mas confesso que acho este lugar confortável. Quando era menino, na Escócia, e tinha o sono perturbado por pesadelos, ia muitas vezes à cozinha, sentava-me junto ao fogo, comia um pedaço de bolo e pensava num mundo de sonhos.

Marbury deu um sorriso indulgente.

— Mas vamos ao assunto premente. — James bateu no tampo da mesa. — Sente-se, por favor.

Outra quebra de etiqueta cortesã. Como se sentaria ele na presença do soberano? Mesmo numa cozinha, devem-se cumprir certas regras.

— Tem notícia urgente da minha Bíblia? — perguntou James, num tom severo. — Ou não teria aparecido tão de repente, no meu coche, e sem avisar de antemão. Peço-lhe que dispense essa afetada cortesia palaciana e fale com franqueza. Este é um dos motivos de nos reunirmos aqui, a sós. Mal suporto as maneiras de nossa corte hoje, e, quando alguém como o senhor traz o que suponho ser uma notícia de natureza sagrada, eu preferiria cozinhar em gordura fervente a ouvir discursos obsequiosos.

Fez fulgir os olhos sobre os de Marbury, que, contra todo o refinado instinto de formação, sentou-se e deu o melhor de si para manter a voz firme.

— Eis, então — começou em tons sussurrados —, de forma breve e sem enfeites, o motivo da visita. Um dos nossos tradutores foi assassinado. Contratei um homem para investigar o crime. Este descobriu uma inquietante prova de grande confusão em certos textos que os estudiosos traduzem. Concluiu que esses textos talvez se achem na raiz do assassinato. Ele acredita que há maiores questões em jogo que o assassinato de qualquer indivíduo.

A expressão de James não se alterou.

O silêncio na Cozinha Privada era vivo. Parecia temer a entrada de qualquer som após tal fluxo de perturbadoras informações.

— Quem é o investigador? — O rei perguntou, por fim.

— Conheço-o como irmão Timon. Sem dúvida, um nome inventado, mas o consegui por meio da comunidade anglicana na qual confiei antes, um grupo de homens recomendados por um dos conselheiros de Sua Majestade num anterior...

— Sim, sim! — interrompeu-o James, sem delicadeza. — Saberei mais dele e de sua investigação. Mas, primeiramente, precisa ampliar a notícia. Conhece a natureza dessa *prova de grande confusão*, como o homem a descreve?

— Sim.

— Continue, então. Que venha o pior.

O rei não respirava.

— Parece — continuou Marbury, a voz de aço — que os tradutores têm a posse de um antigo texto do Evangelho

de São Lucas no qual o nome de nosso Salvador é *Yshua...
Joshua...* não Jesus.

Descobriu, quando as palavras saíram-lhe da boca, que
mal acreditava tê-las dito. Teve mais a vertiginosa sensação
de um sonho que de um momento desperto. O aconchegante
calor da cozinha transformara-se em suor quente.

— Entendo.

James parecia não mexer até o mais mínimo átomo
do corpo.

— Assim, julguei melhor — continuou o cortesão, hesitante — trazer todo o problema...

— Sua suposição — interrompeu o rei — é que já sei
dessa surpreendente informação, pois fui eu que entreguei o
texto no qual a encontraram. Veio tanto para fazer perguntas quanto para comunicar a notícia.

Marbury abriu a boca para protestar, embora o rei
houvesse proferido a pura verdade.

James ergueu a mão coberta de joias.

— E tenho respostas para o senhor. Porém, primeiramente, o mais importante. Diga-me qual dos tradutores foi
assassinado.

— Harrison — respondeu de imediato o visitante.

— Oh... — O diácono espantou-se ao ver uma expressão
tão humana no rei da Inglaterra. — Harrison, talvez saiba,
era meu compatriota... embora eu não o tenha conhecido. — James olhou o tampo da mesa. — Nossas famílias,
disseram-me, eram conhecidas.

— Assim me foi dado a entender — respondeu Marbury,
surpreendendo-se com a afinidade que traíram as palavras.

— Entende agora a sensatez do encontro aqui em privado, e não na corte? — perguntou James em voz baixa, e
olhou o aposento em volta por um instante.

— Por certo, Sua Majestade.

— Eu soube, ou pressenti... Até temi que talvez viesse me trazer uma notícia desse tipo. Tinha motivo para crer que o senhor aqui viesse numa delicada missão. Entenda, conversei há pouco com o dr. Lancelot Andrews, o estudioso que preside nossos tradutores de Londres. Ele procurou-me dois dias atrás com preocupações semelhantes... estranhas ocorrências.

— Deus do céu! — sussurrou Marbury, antes de poder impedir-se.

— Louvado seja Ele, ninguém foi assassinado lá — James apressou-se a tranquilizar o interlocutor —, mas houve incidentes de roubo e depois vários bilhetes bizarros. Trata-se de questões que não discutiremos desta vez. Menciono-as apenas para garantir-lhe que não está sozinho em suas atribulações. Há mais coisas em ação nisso do que o senhor imagina. Os detalhes desses antigos documentos, vários dos quais distribuídos a cada grupo de tradutores, vexaram-me desde o primeiro momento em que os li. Como vim a possuí-los, já é uma história em si. Entenda, diácono Marbury, tenho uma mente que não se acalmará. Chegou à minha atenção que certos fatos relativos ao Salvador nos foram escondidos, e até alterados, para convir a algum motivo sombrio. Isso é obra dos católicos. Esses Papas são insanos, sem dúvida, porém há mais que isso. Alguma coisa *estrangulou* nossa religião desde os primórdios, desde os dias em que nosso Salvador percorreu esta Terra!

O rei levantou-se de um salto da cadeira, os olhos em chamas brancas. Marbury arrastou-se ao levantar-se e derrubou a cadeira para trás com estardalhaço, no chão de pedra cinza.

— Este é o verdadeiro motivo de Sua Majestade ter encomendado a nova tradução — concluiu, estupefato.

— Ah — respondeu James, brandindo a mão. — Tenho o desejo de uma nova tradução para substituir a Bíblia dos Bispos também por mesquinhos motivos políticos. Sei que a versão de Genebra é mais popular, mas não gosto das notas escritas nas margens, nas quais se proclama necessária a desobediência ao rei, se este for como Herodes. E, como sabe, a face pública disso é que vamos criar uma Bíblia para toda a Inglaterra... para todo o mundo... Uma tradução para acabar com todas as outras. E precisa ser favorável aos Nossos fins políticos. Mas há muito mais coisas em pauta.

Deu três largos passos até as brasas do fogão, pegou um atiçador de ferro encostado numa parede e bateu em uma delas, rubra, até produzir chama.

— Entendo — disse o diácono, hesitante —, embora meu cérebro pareça incapaz no momento...

— Em primeiro lugar — declarou o rei, golpeando com o atiçador os lados do fogão —, nossa tradução abrirá uma janela para permitir a entrada de luz. Vai quebrar a casca para podermos comer a semente; abrir a cortina para nos permitir examinar o mais sagrado lugar; retirar a tampa do poço para passarmos perto da água, pois até Jacó rolou a pedra de cima da boca do poço e deu de beber às ovelhas de Labão, sem perda de nenhum balde. Mas isso é apenas o primeiro passo.

Rodopiou e apontou o atiçador diretamente a Marbury, que o encarou. O monarca tremia de raiva.

— Sabia, diácono Marbury — suspirou ensandecido —, que, quando eu trouxe minha senhora, rainha Anne, da Dinamarca, uma tempestade de terríveis proporções quase nos destruiu? Recebemos os últimos sacramentos no navio, certos da morte. Vários marinheiros capazes atiraram-se pela amurada prevendo o naufrágio da embarcação. Só chegamos a terra pela graça de Deus, vivos por pouco. E sabe a *causa* dessa formidável tempestade?

O cortesão começou a falar, mas foi interrompido pela mínima pausa do rei.

— Feiticeiras.

As brasas incandescentes dispararam do fogo; várias explosões soltaram demônios vermelhos para todos os lados. Marbury começou a formar uma frase na mente, pensou melhor e exalou um suspiro em silêncio. O rei andava de um lado para o outro diante do fogo, batendo o atiçador no chão como se fosse uma bengala. A voz saía-lhe mais quente que as centelhas atiçadas.

— Na cidade de Trenent, na Escócia — continuou, a voz agora rouca —, mora um tal David Sarton. Era meirinho e tinha uma criada chamada Geillis Duncan, que muitas vezes se ausentava em segredo do amo... Noite sim, noite não. Durante esse tempo, ajudava as pessoas da cidade. Num breve período, desempenhou muitas ações bastante miraculosas. Isso, é muito natural, fez o amo ficar curioso. Ele desconfiava que a criada fazia aquelas coisas não por meios naturais e legais, mas, ao contrário, por alguns meios extraordinários.

Marbury deslocou o peso de um pé para o outro. A tensão por ficar em pé na cozinha cada vez mais quente, sobretudo depois da torturante viagem de coche, causou-lhe uma repentina cãibra aguda na perna direita. Ele esforçava-se para ouvir a voz do soberano, que continuava um sussurro, e de vez em quando se obscurecia por completo quando James se virava naquela incansável dança.

— O amo perguntou à criada por qual meio ela desempenhava ações de tão grande importância. Ela não lhe deu resposta alguma. Ele e eu, pois me mandara chamar em busca de ajuda, de fato a atormentamos com a tortura dos grampos na boca. Quando isso malogrou, amarramos-lhe a cabeça com uma corda apertada e homens fortes puxaram-na. Mas ela não confessou uma única coisa. O que nos levou a concluir, por certo, que havia sido marcada pelo diabo. As feiticeiras em geral o são. Arrancamos as roupas da dama e de fato encontramos a marca de Satanás! Era uma mancha vermelho-vinho na garganta. Descoberto isso, ela confessou: tudo o que fazia era por perversas incitações do diabo. Entende? Fazia-as por feitiçaria. Não ouviu falar dessa história?

— Ah — gaguejou Marbury —, não, Sua Majestade, mas...

James bateu mais uma vez com o atiçador no fogão, e voaram-lhe no manto, nas pernas e nos sapatos partículas de chama, que esfriaram em segundos, mas deixaram visíveis pontos pretos. Ele parecia alheio a elas.

— Ela confessou! — declarou. — Disse que mantinha um sapo preto pendurado pelas pernas durante três dias. Coletava o asqueroso veneno que caía da boca do animal numa concha de ostra. Então, obteve um guardanapo que eu havia usado e mergulhou-o nesse veneno. Fez isso para causar a tempestade que quase Nos matou!

— Ela *confessou* isso? — conseguiu balbuciar o diácono.

O rei girou de repente e perfurou com o olhar os olhos dele.

— Agora o senhor entende a importância do meu trabalho! Muitos... muitos foram lambidos pela língua do diabo, desde que começou este mundo, e trazem tal marca como a encontrada na garganta daquela infeliz criada.

Marbury tropeçou para trás, sobressaltado com a veemência do rei, que fez chacoalhar a cadeira para trás, e engoliu em seco.

— Os agentes servis do diabo estão em toda a parte! — continuou James, os olhos loucos. — E são com toda a certeza encontrados na presente Bíblia católica. O que significa que também se encontram nas bibliotecas acadêmicas de Cambridge; nos escritórios dos tradutores em Londres e Oxford. Mataram Harrison, vê? Ninguém está seguro. *Agora* entende a verdadeira natureza de nossa obra? Trabalhamos para destruir os antigos demônios provocados pelo nascimento de Nosso Senhor! Esses diabos vivem na própria tinta e no papel de traduções perversas, corruptas. Alimentam-se da ignorância que produzem. Essa tradução será meu legado ao mundo! Precisamos abrir a janela e deixar entrar a luz; queimar esses demônios com a verdade iluminadora, ou a humanidade está perdida!

Marbury percebeu que tinha as mãos trêmulas, a linha dos cabelos gotejada de suor. Lutava para combater o pior medo: que o rei James houvesse enlouquecido.

16

— *Vejo* pela sua expressão que ficou estupefato. — James balançou a cabeça uma vez. — Parece que não leu minha obra sobre esse importante assunto.

— Peço perdão à Sua Majestade — gaguejou Marbury, correndo a toda para reunir os pensamentos —, se quer dizer…

— Minha obra seminal sobre o assunto — continuou o monarca, ignorando-o de todo.

— *Demonologia* — apressou-se a inserir o cortesão. — Na verdade, li.

— Ah! — sorriu o rei. — Então talvez conheça as três paixões que levam o ser humano à feitiçaria.

Um teste.

— Curiosidade, vingança e ganância — respondeu o diácono com calma segurança. — Creio serem essas as paixões às quais se refere Sua Majestade.

— De fato! E a pior é a primeira. Se o homem é curioso, tenta encontrar respostas. E respostas, para mentes tacanhas, são buracos no cérebro pelos quais entra Satanás. Pensar é a pior coisa que um homem de intelecto limitado pode fazer. Traduza nossa Bíblia numa linguagem fácil, que o senhor elimina parte dessa curiosidade. Um mistério torna os homens curiosos, entenda. A Igreja católica é cheia de mistério, as palavras secretas em latim, as vésperas sussurradas inaudíveis pela congregação comum. Nossa tradução elimina esse mistério. Esta é a primeira causa. Portanto, precisamos saber tudo o que há a saber sobre os segredos ocultos da Bíblia e expô-los à luz do dia. Ou eliminá-los inteiramente. Alguns dos textos que enviei aos estudiosos precisam ser eliminados por completo... expungidos do conhecimento humano. Também são vexatórios para a mente comum. O lavrador, o puxador de carroça, o fabricante de luvas... o cérebro deles incharia e se romperia como melão ao sol se soubessem o que se encontra em alguns desses textos.

— Peço o perdão do rei — começou Marbury, confuso —, mas quer dizer que se devem eliminar de todo alguns documentos de nossa Bíblia?

— Sim. Alguns desses trabalhos não serão traduzidos de forma adequada, por mais que se esforce o estudioso. Contêm informações complexas demais para a maioria das mentes.

— São — aventurou-se com cautela o diácono — verdadeiros *livros* da Bíblia?

— Quatro evangelhos desconhecidos foram enviados ao seu grupo. — O rei suspirou, impaciente. — Sem dúvida, os acadêmicos os debateram. O senhor referiu-se ao Evangelho de Lucas. Há também os atribuídos a Filipe, Tomás e Maria Madalena. O outro grupo recebeu outros textos. Talvez agora estejam partilhando uns com os outros... Nunca se sabe o que fazem os homens da academia.

Marbury engoliu em seco.

— Há um escrito por Maria...

— Precisa ser eliminado! — Ficou claro que o rei não falaria mais do assunto. — Não ouviu minha acusação? A Bíblia foi manchada pelo trabalho de demônios. A própria Madalena era com quase toda a certeza uma bruxa. Da laia de Feiticeiras Originais que importunavam Nosso Senhor

Cristo desde o início. As palavras dela não devem ser traduzidas, mas destruídas!

O calor no aposento pareceu aumentar. O diácono encarou as brasas ardentes no fogão, tentando encontrar a melhor resposta.

— Ai — conseguiu dizer, o suor escorrendo pelo peito. — Não tenho a inteligência do rei para tais questões.

— As feiticeiras, entenda — continuou James, quase em regozijo —, são apenas escravas do diabo. É fácil ver por que as mulheres tornam-se feiticeiras.

A resposta do outro foi desabar de supetão de costas na parede.

— Diácono? Está enfermo? — O soberano examinou objetivamente os olhos do visitante. — Rosto pálido, testa muito molhada.

— Eu... eu... — esforçou-se Marbury — ... viajei a noite toda, dormindo muito pouco, a fim de trazer a notícia à Sua Majestade. Peço perdão: estou apenas exausto.

— E a repentina precipitação de conhecimento o desestabilizou. Eu devia ter sido mais parcimonioso. Meus pensamentos são opressores demais para a maioria dos homens.

— De fato. — O diácono agarrou-se à parede ao lado para manter-se firme.

O rei enlouquecera, e Maria escrevera um evangelho. Mil paredes não bastariam para estabilizar alguém que sabia desses dois fatos. Assim mesmo, aquela parede fez tudo o que pôde e o impediu de sucumbir à sedução do piso.

Ao tentar, porém, levantar-se sem apoio, percebeu que a cozinha era imaterial. Uma crescente febre arranhava-lhe o pescoço e as orelhas. Foi de repente tomado por uma aguda dor, como se algo vivo no estômago começasse a esfaqueá-lo, de dentro para fora, com garras de lâmina. Reconheceu a sensação.

O rei franziu os olhos.

— Sua Majestade — o diácono emitiu um som de lima —, receio que alguém tenha me dado bolos e sidra de peras envenenados... aqui na cozinha.

— Tem certeza?

— Já fui envenenado antes. Preciso...

Teve o pensamento interrompido por outra violenta dor, e ele desabou de joelhos.

— Dibly! — berrou o rei.

O empregado surgiu no mesmo instante no vão da porta, muito agachado, adaga na mão.

Mesmo naquele estado de vertigem, o viajante percebeu que o sujeito fingira atravessar o corredor de volta ou retornara em silêncio. Ficara o tempo todo à espera, bem diante da porta da cozinha.

— Guarde isto — apressou-se a ordenar o rei, ao ver a lâmina — e pegue um de Nossos frasquinhos azuis.

Dibly embainhou a arma e enfiou a mão num bolso escondido. Retirou um vidrinho do tamanho do polegar real.

— Dê ao diácono — mandou James. — Ele ingeriu comida destinada a mim.

O empregado atravessou em silêncio as pedras do piso e desarrolhou o frasco.

— Tome de uma só vez — o jovem disse com delicadeza a Marbury. — E ore para que não seja tarde demais.

— O efeito desse elixir é desagradável — acrescentou o soberano —, mas tive a oportunidade de usá-lo várias vezes com um bom final, como pode ver. Talvez queira seguir até o corredor com a ajuda de Dibly. Não conseguirá caminhar mais adiante.

O empregado ajudou-o e os dois lutaram para cruzar a porta antes que uma agitada sensação subjugasse o envenenado.

— O frasquinho contém purgante instantâneo.

O restante da explicação do serviçal revelou-se tão desperdiçada quanto desnecessária.

17

Por dez intermináveis minutos, o diácono pôde apenas expelir veneno e tossir. Durante todo esse tempo, o empregado enxugava-lhe o rosto, emitia ruídos calmantes e assegurava-lhe que em breve tudo estaria certo.

Por fim, o doente levantou-se, zonzo, e agradeceu-lhe com a cabeça. Só então notou que o capitão da Guarda e os homens que o haviam levado à Cozinha Privada tinham-se postado à porta, o rosto sem expressão, e mal respiravam. Como chegaram ali, quando haviam chegado, ele não sabia.

Aproximou a cabeça à do empregado e sussurrou:

— Vi a rapidez com o que o senhor entrou na cozinha quando o rei o chamou; a facilidade com que segurava a adaga. E o fato de ter sido igualmente destro com este antídoto para veneno me garante, sr. Dibly, que há mais coisas nisto do que veem os olhos.

A máscara do hipócrita desapareceu do rosto de Dibly por um instante.

— Há uma vantagem em ser subestimado, diácono Marbury.

— Acha que o veneno se destinava ao rei?

— Sua Majestade muitas vezes vai àquela cozinha pensar, beber e ficar a sós. Ninguém sabia que o senhor iria lá esta manhã.

— Eles sabiam — disse o viajante, disparando os olhos na direção do capitão e da Guarda. — Sabiam que deviam levar-me para lá.

— Recuperou-se bem da doença, diácono? — perguntou o oficial, a voz um pouco mais alta que o necessário.

— As fraquezas da viagem — ele respondeu, e pigarreou.

— Capitão — disse Dibly, assumindo mais uma vez a personalidade afetada —, gostaria de saber o que o levou a oferecer comida ao diácono Marbury. Acho que talvez alguma coisa estragada nos bolos tenha feito nosso hóspede ficar tão abatido.

— Ordem real — disse o capitão, o desdém pelo outro gotejando de cada sílaba. — Fui instruído por meus superiores, ordem direta do rei. Devo escoltar à cozinha *quaisquer* visitantes que chegam num coche de sinete real. E depois oferecer-lhes o lanche existente no armário.

— E quando recebeu essas ordens?

— Há menos de uma semana.

— De qual dos superiores? — perguntou Dibly, e avançou alguns passos na direção do militar.

— Baxter.

— Entendo. — O criado virou-se para o enfermo. — Vamos retornar à Sua Majestade? — Ele assentiu com a cabeça. — E, capitão — continuou Dibly —, poderia providenciar a limpeza deste canto do corredor antes que o rei saia da Cozinha Privada? Seja um bom homem.

O bom homem exalou um áspero suspiro; nada disse.

O criado passou pelos guardas e entrou na cozinha; Marbury seguiu-o, e, quando o outro fechou a porta, notou, pelo canto do olho, que o armário fora esvaziado: portas abertas, prateleiras vazias.

— Ouviu, Sua Majestade? — sussurrou o empregado.

— Ouvi.

— E suas ordens a Baxter?

— Foram para trazer os homens a esta cozinha, nada mais.

— Sua Majestade — começou Marbury, engolindo em seco, o rosto um vermelho forte —, faltam-me palavras para expressar a grande humilhação por minha imperdoável... retirada da presença régia...

— Não se desculpe — disse o rei, imponente. — Imagine como teria sido mais incômodo para nós dois se o senhor tivesse morrido em minha presença!

Dibly esboçou uma risada aflita.

— E minha gratidão... — tentou mais uma vez o visitante.

— Shhh! — insistiu James.

— Já foi envenenado antes, diácono? — perguntou o empregado, a voz de volta ao volume normal. — Parece ter reconhecido os sintomas na hora certa.

— Fui envenenado — assentiu o outro, e iniciou o relato. — Envolvi-me numa questão...

— Mas sobreviveu.

O serviçal inclinou a cabeça, desejoso que o outro terminasse a história.

— Por pouco. Minha jovem filha tratou de mim. Delirei durante vários...

— Eu fui envenenado cinco vezes — disse o monarca, orgulhoso. — Essa mistura que Dibly carrega deu conta do recado em todas.

— É uma poção milagrosa — admitiu o diácono. — Sinto uma admirável estabilidade, em vista do que suportei.

— Os reis escoceses jamais viveram sem um remédio para veneno — declarou James num sussurro teatral. — Trata-se de um medicamento antigo.

— Quanto à questão mais próxima — insistiu o empregado —, se o veneno tinha como alvo Sua Majestade, precisamos agir rapidamente para desmascarar o culpado. Se o veneno destinava-se ao diácono Marbury, ele devia, se já concluiu seu assunto aqui, retornar a Cambridge, onde ficará mais seguro. E talvez empregar a viagem para examinar quem desejaria matá-lo e por quê.

"Por que essa ansiedade de Dibly para abreviar meu encontro com o rei?", perguntou-se o diácono. "Mal acabei de chegar."

Mas o rei parecia disposto a concordar e fez que sim com a cabeça.

— Exatamente. Marbury, retorne já para casa. Pense em tudo o que ouviu e mantenha os tradutores bem na linha com o que eu disse. Entende a urgência da questão?

— Sem a menor dúvida, Sua Majestade.

— Gostaria de saber mais sobre esse Timon, aliás... O investigador que mencionou. Por favor, dê a Dibly os pormenores enquanto ele o acompanha até o coche.

Rapidamente e sem nem um olhar, o rei encaminhou-se a passos largos para a porta, abriu-a e começou a berrar perguntas ao capitão da Guarda.

— Siga-me — disse o empregado, em voz baixa.

As últimas palavras que Marbury ouviu, quando saiu do corredor escuro de volta ao deslumbrante salão de jantar, foram as do soberano:

— Traga-me Baxter!

Marbury começou a pensar, ao atravessar o magnífico salão, que talvez o alvo do veneno fosse ele, e não o rei.

Apenas três pessoas sabem onde estou. Anne, decerto, sabe de tudo. É óbvio que o condutor do coche também sabe, embora tivesse limitada oportunidade de comunicar alguma coisa ao palácio: veio de Cambridge comigo. Resta apenas um homem.

— Muito bem — sussurrou Dibly, interrompendo-lhe a sequência de ideias. — Quem é esse *investigador* mencionado por Sua Majestade?

"O irmão Timon tentou fazer que me envenenassem", percebeu o doente, apenas entreouvindo Dibly. "Quem, pelo amor de Deus, levei eu para dentro de casa?"

18

Marbury surpreendeu-se ao encontrar o coche à espera quando chegou aos estábulos reais. Pessoas que chegavam e saíam movimentavam o pátio. As pedras, limpas, causavam um barulho agradável. A não ser pelo tamanho, não diferia dos estábulos de Cambridge — e lá estava o coche, pronto para partir.

Essa eficiência alertou as suspeitas de Marbury. Se uma mensagem podia percorrer toda a extensão do palácio com tamanha rapidez e segredo, teria sido possível ao condutor do coche dizer alguma coisa a um empregado que resultasse nos bolos envenenados. Talvez Timon *não* fosse o único suspeito em tal sentido.

O diácono informou a Dibly alguns detalhes da contratação de Timon, que mal incluía uma menção à irmandade anglicana secreta, consultada em várias outras ocasiões. Apressou-se a lembrar-lhe, porém, de que o grupo fora recomendado pelo próprio rei. Sem uma palavra de despedida, o empregado voltou-se com um floreio e desapareceu nas sombras do pátio.

Marbury aproximou-se do coche e captou o olhar do cocheiro.

— Feito, então — disse, enérgico.

— Negócio rápido para uma viagem tão longa.

— A brevidade é a alma do saber. Deixe-me ver... O senhor se incomodaria se eu me sentasse ao seu lado durante a primeira parte da jornada? Fiquei enclausurado numa cozinha muito mal ventilada.

— À vontade — respondeu o rapaz, e deslocou-se para um lado do banco. — Faz frio aqui em cima.

— Acho que me faria bem um pouco de ar fresco. — O viajante subiu. — Vamos?

O moço assentiu com a cabeça e os cavalos avançaram aos trancos.

— A pressa era tão grande ontem à noite — começou o diácono, com a voz acima do barulho da carruagem — que esqueci as amenidades. Gostaria de saber seu nome.

— Thom.

O coche rangia ao seguir rumo à majestosa entrada. Abriu-se o portão e eles tomavam a estrada antes que o mais velho tornasse a falar.

— Como conseguiu este emprego?

— Salvei de um touro o gato de um homem.

O veículo ganhou velocidade. O dia fazia uma tentativa de primavera — ainda frio, mas com sol e ar claro. O vento, de fato, dava uma agradável sensação ao rosto do diácono.

— Pode explicar melhor?

— O dono dos estábulos adora gatos. O gato de que falo entrou no curral do touro no momento em que o animal ia servir de garanhão. É um momento em que o touro fica o que chamam de *antagônico*, sobretudo a pequenas chateações como um gato miando. O animal decidiu pisar no bichano para esmagá-lo no chão. Eu entrei, agarrei o gato e saí. E foi bom. O touro tinha ficado antagônico *comigo*. O dono viu tudo, e me recompensou com este emprego.

— Um emprego que combina com o senhor?

— Combina, sim — assentiu Thom. — Não são muitos os cocheiros da minha idade pagos para dormir numa bela cama quente com apenas um ou outro estorvo de uma viagem no meio da noite. E mesmo isto é agradável, verdade seja dita: conduzir um coche como este é muitíssimo melhor que limpar a sujeira de uma baia.

— Sabe quem sou eu?

— Sei, sim. Todo o mundo nos estábulos fica adivinhando o seu trabalho. Eu escuto. O senhor é o diácono Marbury.

— Conhecia-me antes da noite de ontem?

— Só de ouvir falar.

A estrada fazia uma curva, e seguia a margem do Tâmisa, com os cisnes, salmões e água de esgoto. Ondas de gelo chegavam ao ponto máximo no vento que soprava do lado esquerdo do coche, que corria a toda. Aqui e ali, uma ave aquática pescava no rio. A carruagem rolava sobre a ponte, onde viam-se cabeças decepadas em estacas lado a lado com casas e lojas.

Tão logo deixaram os tecelões e cervejeiros de Cripplegate para trás, a periferia de Londres e o campo aberto de Finsbury logo transformaram-se em pastos mais verdes. A cidade desaparecera.

À direita, uma pequena elevação ladeada de árvores. Além das árvores, mais campos abertos — alguns já cultivados com nabos e beterrabas; em outros, ainda se plantava sob a intensa luz do sol. Quando o coche alcançou o máximo de velocidade, a barulheira tornou-se ensurdecedora. A estrada estreitava-se, tendo a largura suficiente para o veículo. O banco no qual se empoleiravam Marbury e o rapaz era duro como uma lápide; o vento açoitava-lhes o nariz, faces e orelhas.

— Como? — perguntou Marbury acima do barulho.

— Que foi que disse?

— Como ouviu falar do meu nome? De que maneira?

Dessa vez, teve de gritar para ser ouvido.

Thom voltou-se e olhou-o.

— A verdade?

— Sim — disse Marbury, varando os olhos do moço.

— O senhor é o pai de Anne. Ela é a perfeição, se não se incomoda que eu diga.

O diácono inspirou fundo.

— Como conhece Anne?

— Ora! — O jovem riu. — Todo o mundo conhece Anne. É a garota mais inteligente da Inglaterra. Venceu três homens, entre eles o mestre dos estábulos, em cálculos matemáticos. Uma visão imperdível, ela somando diante dele. Depois na questão da cavalgada. Monta melhor que qualquer moça que já vi. Melhor que a maioria dos homens.

— Já a viu cavalgar?

— Trabalho nos estábulos.

— Mas...

— Peço perdão — disse Thom, baixando a voz de modo que o outro mal conseguia ouvir. — Não pude deixar de notar que vinha um cavaleiro atrás de nós. Talvez não seja nada, apenas outro viajante. Mas, como o senhor foi envenenado no palácio do próprio rei, achei que poderia ser algo digno de informar.

Antes mesmo de pensar, o diácono girou o pescoço para trás. Uns cinco metros atrás do coche, vinha um único cavaleiro, o chapéu enterrado fundo na cabeça, a capa bem fechada em volta.

— Não devia ter olhado — suspirou o jovem. — Agora ele sabe que o vimos.

— Como soube que fui envenenado? — quis saber Marbury.

— Fala sério? — respondeu Thom, tenso. — Todo mundo no palácio comentava isso. O veneno destinado ao rei servido ao senhor. Sua vida foi salva por uma poção mágica, segundo contavam... Um elixir que apenas o rei conhece. E o torna invencível contra qualquer traição, pelo que diziam.

— Todo o mundo sabia?

— Assim, do jeito que vão as coisas — falou arrastado o cocheiro —, talvez devamos considerar que o homem atrás de nós...

— Pode ir mais rápido?

— Não podemos correr mais depressa neste coche que um homem montado — opôs-se o rapaz. — Quer dizer, é rápido, mas...

— Bem, não há espaço para virar ao contrário. E não precisamos correr mais rápido que ele, apenas chegar até certo trecho da estrada antes que o sujeito nos alcance. Consegue ir mais rápido até o trecho onde paramos a caminho do palácio esta manhã?

Thom levou um momento para responder. Marbury viu várias compreensões nadarem atrás dos olhos do rapaz. Por fim, surgiu daquelas águas uma conclusão.

— Você suspeitou que alguma coisa assim pudesse acontecer. Foi *esse* o trato que fez com nosso estranho salteadorzinho de estrada.

— Isso mesmo.

— Bem... — Riu o moço. — Perdoe-me por dizer isso, mas é difícil saber de onde a srta. Anne tira aqueles miolos... Sem dúvida não é do senhor. Aquele garoto não vai estar lá. Estamos fritos.

— Se estiver — respondeu Marbury com toda a calma —, temos ajuda. Se não, será o melhor trecho de estrada para nos defendermos. Por isso o menino escolheu aquele ponto, entenda: via lisa, fácil de manobrar, fácil de correr para o mato se necessário.

— Vamos ver — grunhiu o cocheiro.

— E somos dois contra um. O senhor porta uma arma?

— Eu? Deus me livre, não. Mal consigo...

— Tome esta. — Marbury entregou-lhe uma adaga. — Segure-a em sua frente e feche um olho.

— Não posso...

— Nosso atacante não terá como saber seu nível de habilidade. Se o senhor se mostrar fanfarrão e mover-se para distraí-lo de um lado, eu terei condições de pegá-lo do outro. A não ser que ele tenha uma pistola. Então é provável que atire em nós dois.

— Senhor Deus do céu! Em que inferno me meteu... Voar para Londres, envenenado no palácio e agora perseguido, sabe Deus, por qual demônio!

Thom bateu as rédeas com força nos lados das ancas dos cavalos, e o coche avançou aos trancos. O cavaleiro atrás acelerou para manter o ritmo. Não tentava ultrapassar, apenas seguir de perto.

— Curioso — resmungou Marbury —, ele não está tentando nos alcançar.

— Talvez espere um bom trecho da estrada para tomar posição — disse o jovem, as sobrancelhas arqueadas.

— Tem absoluta certeza de que recebeu este emprego como recompensa? — grunhiu o diácono. — Parece o tipo de pessoa cujo atrevimento merece mais castigo que gratidão.

— Isso é verdade, senhor — Thom mal conseguiu reprimir um sorriso. — E assim peço mais uma vez seu perdão. Mas quanto ao emprego, bem... o inferno de um homem é o fogo de cozinhar do outro.

— Quer dizer que adora o trabalho.

— No momento, não — berrou o jovem. — Mas no dia a dia...

— Mais rápido!

Thom gritou algo aos cavalos — um som sem sentido para a orelha humana, mas com claro encorajamento para os animais, que apressaram os passos de uma forma bastante admirável.

O coche voou ao longo da beira d'água até a estrada guinar para o interior, por uma pequena floresta. O homem montado continuava como uma sombra atrás deles.

Marbury sentiu o coração bater mais rápido quando viu, ao longe, a área do terreno onde o menino os emboscara. Não encontrou sinal algum de vigia, nem sugestão dos outros meninos no mato. Parecia que teria de enfrentar sozinho a sombra.

19

Thom reduziu a velocidade da carruagem quando se aproximaram da parte plana da estrada.

— Aqui vamos nós — exalou um alto suspiro, o rosto uma máscara de resignação.

— Ninguém nesta mata.

Marbury varria com os olhos as árvores e as sombras.

— Certo. — O moço olhou em volta. — Eu disse que ele não ia aparecer. Seu anjo se foi.

O coche parou.

— O senhor tem minha faca — sussurrou o diácono.

O rapaz segurava-a virada para cima, as mãos ainda nas rédeas.

— Mantenha-a baixa, na cintura, reta, como se quisesse de repente levantá-la e enfiá-la diretamente na garganta dele.

— Meu Deus! — exclamou o cocheiro, e puxou as rédeas para estabilizar os cavalos.

Marbury olhou para trás. O homem que os seguia imobilizara-se, parecendo perplexo ao ver que o coche também parara.

Thom percorreu mais uma vez com o olhar a paisagem florestal, resmungando consigo mesmo.

O diácono desceu do banco, abriu a porta do coche, vasculhou debaixo do assento e retirou a espada.

— Solte as rédeas e desça do outro lado — instruiu. — Fique na outra beira da estrada, e eu ficarei nesta. Nem uma palavra.

— Posso fazer barulho de urso? É muito assustador.

— Não diga *nada*.

— Entendido — respondeu Thom; depois, prendeu as rédeas no banco e deslizou para o chão.

O cavaleiro não se mexeu, mas Marbury começou a avançar rápido em sua direção. O rapaz teve de apressar-se para acompanhar o passo dele, tentando não parecer tolo e esforçando-se para endurecer a expressão.

— Vai me fazer andar assim? — gritou o diácono para o homem. — Que grande falta de consideração! Cutuque um pouco o cavalo, sim? Estou com pressa; devia matá-lo e seguir meu caminho.

O cocheiro grunhiu de forma muito parecida com um urso.

O homem montado curvou-se para a frente e a montaria começou a andar devagar. Só então o diácono mostrou a espada.

O cavaleiro sorriu.

Thom continuava a grunhir.

Marbury apressou o passo e o cavalo do estranho andou mais rapidamente.

Uma repentina lufada de vento soprou a capa do estranho para o lado por um brevíssimo momento, mas o suficiente para o diácono ver que usava uma simples batina de padre, e sentir uma súbita pontada de dúvida.

"Um sacerdote", pensou, "apenas um colega viajante — o veneno afetou-me a razão. Que estou fazendo?"

— Amigo — começou, baixando a arma.

O padre fez que sim com a cabeça. Uma pistola surgiu-lhe na mão e ele disparou.

Thom grunhiu, mais surpreso que qualquer outra coisa. Baixou os olhos para o peito. Uma rosa brotara e espalhava pétalas vermelhas no frio ar. Ele ajoelhou-se e largou a adaga.

Inclinou a cabeça na direção de Marbury antes de cair, com força, de bruços no chão.

Marbury aspirou fundo e cambaleou para um lado.

O sacerdote puxou uma segunda pistola e engatilhou-a, os lábios curvados para cima. Antes que pudesse apontá-la, inúmeras pedras voaram, enchendo o ar em volta, desfechando-lhe implacáveis golpes no rosto e no peito. Em segundos, já sangrava em dezenas de lugares.

Marbury mergulhou no chão e rolou para fora da linha de fogo da pistola. Desse ponto privilegiado, na vala do acostamento, viu quando o padre foi atingido pelo que pareceram centenas de pedras, grossos galhos de árvore, vários dardos toscos.

Então, o ar encheu-se de xingamentos estridentes, e o perseguidor desabou, curvado de lado, e escorregou do cavalo.

De repente, uma dezena ou mais de frágeis fantasmas caíram em cima dele, chutando, pisoteando ou batendo-lhe com rudes porretes.

O diácono ergueu a cabeça e gritou:

— Basta!

Os meninos imobilizaram-se.

Um rosto conhecido ergueu os olhos no meio da horda.

— Assim? É o que queria?

O inocente salteador de estrada e sua coorte, alguns membros muito jovens, de 6 ou 7 anos, levantaram-se.

— Lamento não chegarmos em tempo para salvar seu condutor — continuou o menino.

Marbury disparou os olhos para Thom, cujo corpo se estendia sobre um crescente círculo ferrugem. Fora isso, nada nele se mexia.

Marbury guardou a espada, correu para o lado do jovem e levantou-o. Tinha o corpo sem vida e os olhos revirados para trás.

— *Sangre.*

O padre rolou para o lado, segurando vários dos ferimentos, e encarou os meninos selvagens. Seu sotaque era espanhol.

O jovem salteador de estrada chutou-lhe a cabeça com força.

Marbury levantou-se. Três rápidos passos puseram-no entre o homem caído na estrada e o sol no céu.

— De pé.

— Não.

O religioso tossiu. Levou as costas da mão à boca ao fazê-lo, uma estranha mesura cortesã numa desesperada floresta.

— De pé! — repetiu o outro, ameaça gélida na voz. — Pretendo saber mais sobre o senhor.

— Estou muito cansado... uma dessas setas perfurou meu fígado e os intestinos. Enfrento a perspectiva de uma morte agonizante ao fim da semana. — O sujeito sorriu ao deixar cair a mão da boca, evidente pó branco nos lábios, e também num anel quebrado no dedo. — Escolho este momento para concluir meu trabalho.

Tomara veneno.

— Deus — gaguejou o diácono para os meninos —, ponham-no sentado.

Todos logo se mexeram e sentaram o padre, que sufocava e gorgolejava. Marbury enfiou-lhe o dedo enluvado na boca para fazê-lo vomitar. O espanhol mordeu-o com tanta ferocidade que quebrou os dentes no couro, fazendo-os ranger na pele de Marbury e extraindo sangue. Só quando um dos meninos pegou uma pedra e quebrou-a na base do crânio do agonizante ele soltou o dedo.

O estranho morreu momentos depois, o corpo tremendo no acostamento. Os meninos fitaram-no no chão com absoluta indiferença.

Quando terminou o tremor, o jovem salteador de estrada sorriu.

— Trabalho feito — disse. — Veneno rápido. — Marbury ficou sem saber o que dizer. — Achou que eu não ia aparecer — continuou o ladrãozinho —, mas mereci meu anjo.

— É — conseguiu dizer Marbury —, mereceu.

Os outros pequenos ficaram calados, à espera do primeiro movimento do líder.

Quando o diácono percebeu o que eles pensavam, só pôde enfiar a mão no bolso oculto do colete e tirar mais moedas — três coroas. Estendeu-as. Ninguém se mexeu.

— Ajudem-me a pôr os dois corpos naquele coche — ele grunhiu — e estas moedas são suas.

— Venham, então — disse o líder aos outros, tomando as moedas.

Em silêncio, como os fantasmas que imitavam, apodera-ram-se do padre e arrastaram o cadáver até a carruagem.

Marbury exalou um longo e trêmulo suspiro e dirigiu-se ao corpo de Thom. Levantou-o e levou-o para o outro lado do coche.

Os meninos estenderam o padre no chão e puseram o jovem cocheiro para descansar no assento.

O sangue do moço manchou o colete novo e caro de Marbury.

Quando ele, afinal, fechou a porta e olhou em volta, apenas o ousado e jovem líder e salteador continuava na estrada, segurando o cavalo do estranho.

— Amarro o cavalo na parte de trás do coche? — pergun-tou o pequeno.

— Sim, obrigado.

O menino encontrou um laço conveniente, atou apertadas as rédeas e recuou.

— Eu nunca pensei... nunca pretendi que você... — começou Marbury.

— A verdade é que — apressou-se a dizer o pequeno

ladrão, olhando à frente, na estrada — este não é o primeiro homem que matamos na estrada.

— Ah.

— Mas, com o dinheiro que nos deu — ele continuou —, quem pode dizer? A vida gira como uma estrada. Nem toda ela se parece com este trecho, parece agora?

— Na verdade, não. — Marbury deu um suspiro entrecortado. — Escute, você precisa vir comigo agora.

— Como?

— Chegaríamos à minha casa pela manhã. Não posso deixá-lo aqui.

— Acho que vai descobrir que pode — respondeu o menino, incrédulo. — Não posso partir com o senhor. Aqueles outros, alguns não têm nem 5 anos. Dependem de mim. Sou o líder, entende? Não posso ir embora.

Marbury fitou a mancha na estrada onde secava o sangue de Thom.

— Meu nome é Francis Marbury, consegue lembrar? Sou diácono da Christ Church em Cambridge. Se puder dar um jeito de levar seu grupo lá...

— Cambridge?

O menino balançou a cabeça.

— Vai ao menos pensar...

— É uma oferta bondosa — disse o pequeno, franzindo os olhos — e não sei o que entender. Mas vou falar sobre isso com os outros.

— Precisa me dizer seu nome.

O bandidinho encarou-o nos olhos, travando uma clara guerra na mente. Por fim, respondeu em voz baixa.

— Não tem importância.

Sem outra sílaba, virou-se e deixou a estrada, saltando na pequena faixa de floresta e de sombra além das valas ensanguentadas.

Em Cambridge, na manhã seguinte, o monge Timon corria a mão direita pela superfície da pequena roda de madeira, como a de um mestre tocaria um alaúde. Embora fosse manhã no lado de fora, no interior as sombras da meia-noite ainda se agarravam à luz de vela. O quarto ficava no andar térreo, um lugar não frequentado pelos empregados, bem afastado dos aposentos da família, frio e sem janela.

O tutor movia os dedos com rápida velocidade, tocando símbolos precisos, ajustando a roda, girando a circunferência externa ou a superfície interna. A engenhoca era menor que um prato de jantar, mas continha um universo infinito de palavras. Ele corria o indicador pelos vocábulos, um manuscrito com notas na caligrafia de Harrison. Roubara-a da escrivaninha do morto. Passara a noite toda lendo e memorizando com perfeição cada palavra e cada marca de pontuação, sem uma falha sequer, graças à roda da memória.

A câmara não diferia da maioria em que passara a vida. Apenas uma cama, uma bacia e uma escrivaninha alta com livros no canto, onde o estudioso tinha de postar-se em pé, pois, sentado, poderia adormecer. A cama ficava na parede em frente à porta: tábuas lisas, um único cobertor, sem travesseiro. A bacia consistia de duas peças: uma que ficava com água, e outra que consistia em um urinol. A primeira era enchida toda noite e, a segunda, esvaziada toda manhã.

Três círios haviam-se consumido enquanto Timon realizava a alquimia. Lia o mais rápido possível para poder devolver os papéis à escrivaninha de Harrison antes que alguém desse pelo desaparecimento.

A memorização de um documento daquela magnitude se tornaria difícil se ele se interessasse demais pelo conteúdo, além de custar-lhe páginas e páginas do trabalho — tempo gasto pensando, em vez de absorver as palavras. Por isso, com grande irritação, respondeu depressa às batidas urgentes na porta da cela ao amanhecer.

— Por favor, vá embora! — gritou. — Estou trabalhando!

"Ou tentando trabalhar", pensou.

— Irmão Timon, sou o dr. Spaulding — respondeu a voz. — Precisa vir rápido!

— Estou rezando — ele insistiu.

— Houve outro assassinato! E creio que descobrimos o culpado!

No mesmo instante, o irmão enfiou a roda da memória num bolso oculto no manto. Chutou uma pedra solta no chão sob a escrivaninha — pedra que ele próprio soltara —, escondeu os papéis embaixo e tornou a encaixá-la bem no lugar.

Dirigiu-se à porta e abriu-a. O dr. Spaulding esperava ereto como um poste de ferro. O manto, um carmim sem enfeites, de linhas retas que chegavam até o chão, era tão limpo que mais parecia uma pintura que uma roupa concreta. O chapéu também era simples: um barrete dourado-escuro, do mesmo modo sem adorno ou insígnia. O rosto parecia haver sido aspirado para fora por alguma força invisível. Tinha o nariz pontudo, lábios franzidos, olhos um pouco além das órbitas. As mãos pareciam incapazes de descanso. Ele juntava-as, soltava-as, coçava as costas de uma com a outra, tamborilava os dedos uns nos outros. Durante o tempo todo, a respiração acompanhava o ritmo: rasa, soprada e bufada, uma clara demonstração de impaciência.

— Outro cadáver! — explodiu. — No corredor. Mas pegamos o assassino com as mãos no cadáver e manchadas de sangue. O corpo continuava quente. E o senhor não acreditará em seus próprios olhos, irmão. É um de nós!

Timon saiu rapidamente do quarto e fechou a porta. Um vago aroma de noz-moscada saiu flutuando da cela. Antes que ele pudesse fazer uma única pergunta, Spaulding já partira e atravessava o corredor a toda, rumo à porta.

— Por certo procurei primeiramente o diácono Marbury — gorjeou, virando-se para trás —, mas ele não se encontra nos aposentos, nem em lugar algum. Começo a temer o pior, em vista dos fatos...

— Quem foi assassinado, dr. Spaulding? — quis saber Timon, alcançando-o.

— Eu não disse? O sr. Lively! Nosso líder! *Ele* caiu.

Bateu com as palmas das mãos na porta e os dois irromperam à luz matinal do sol.

— Sem dúvida, sendo eu o segundo depois dele, logo assumi o comando do nosso grupo — informou, ofegante. — O trabalho dos literatos precisa continuar com urgência. É essencial. Não podemos perder o impulso. É exatamente isso o que deseja o diabo. Não podemos deixar que a... traição desse homem, assassino, obstrua nosso avanço.

— E pegou o assassino? — perguntou o tutor, incapaz de disfarçar a dúvida na voz.

— Peguei o homem no ato! — repetiu o acadêmico, acelerando o passo.

O sol da manhã parecia uma moeda de ouro — não o suficiente para comprar muito calor, mas sim para clarear o ar.

— E disse que o assassino é...

— Um dos nossos! Sim. Um intelectual... Um demônio em nosso meio.

Spaulding quase corria.

— Diga o nome dele — exigiu Timon, impaciente.

— Espere. O senhor verá. O seu olhar mal vai poder acreditar na cena.

— E ele está no Grande Salão com o corpo. — Timon caminhava com elegância, acompanhando o frenético Spaulding. — O senhor pôs um guarda.

— Não.

Ele diminuiu apenas um pouco o ritmo.

— Prendeu-o de algum modo a uma mesa ou cadeira?

— Ordenei-lhe que não saísse do lugar. Ele concordou — respondeu Spaulding, a irritação em pleno desabrochar.

— Sem dúvida, o senhor entende — começou Timon, sem perceber bem que revelava escárnio com o sorriso — que a essa altura ele já se foi. Alguém que cometeu um assassinato dificilmente iria... perdeu algum tempo à procura de Marbury?

— Quase uma hora.

— Depois mais tempo para me encontrar.

— Talvez meia hora — rosnou Spaulding. — Mas o senhor parece não entender que o peguei empreendendo esse ato imundo. Ele é conhecido de todos nós. Não há como escapar. Um velho não viaja bem nem rápido.

— Velho? — o irmão mordeu o lábio superior.

— Veja por si mesmo! — explodiu o outro.

Uma figura solitária, meio curvada, sentava-se junto à escrivaninha de Lively. O halo de um círio quase extinto envolvia-a.

Quando Timon aproximou-se, notou que o velho rezava de olhos fechados e movia os lábios.

No piso, aos pés, jazia um corpo.

21

— *É* o dr. Chaderton? — sussurrou Timon.
— O próprio — vociferou Spaulding.
Assustado, o suspeito empertigou-se na cadeira, olhos esbugalhados.
— Enquanto o senhor me interrogava — escarneceu Spaulding —, o homem viu a sabedoria de minha ordem e permaneceu como instruí.
Chaderton ergueu o pescoço e franziu os olhos.
— Este é o irmão Timon?
— É, sim, senhor — respondeu o tutor em voz baixa.
— Que bom. — Ele levantou-se do banco e alisou a toga preta. Sem chapéu, os cabelos não obedeciam à regra alguma. — Ando pensando em falar com o senhor. O diácono Marbury tem o maior respeito...
— O diácono Marbury bem pode ser outra de suas vítimas, senhor! — gritou Spaulding, e correu para o lado dele.
— Nós sabemos.
— Marbury encontra-se em Londres para tratar de questões urgentes com o rei — informou Timon a Chaderton com toda a calma, ignorando o outro. — Creio que, quando ele retornar, teremos um maior entendimento desses crimes e de sua sinistra finalidade. É o sr. Lively no chão? — olhou para o cadáver.

— Encontrei-o mais ou menos como ele está. — O idoso juntou as mãos, nas quais, notou o monge, não se via sangue. — Meu primeiro pensamento foi que havia adormecido. Isso acontece a todos nós. Eu mesmo já passei não poucas horas cochilando nessas pedras frias quando alguma droga mágica se apoderava de mim. Fui acordá-lo e descobri o sangue, bem ali.

Apontou uma pequena área pegajosa no chão, como se alguém houvesse despejado mel ao lado de Lively.

— Nada mais? — perguntou Timon.

— Percebi que ele estava morto e decidi buscar o diácono Marbury... e o senhor — respondeu, a sugestão de um sorriso nos cantos da boca. — Então o dr. Spaulding saltou na sala e me atacou com essa afirmação: dizendo que eu era o assassino.

— Peguei-o curvado sobre o corpo! — Spaulding chiou.

Timon girou bruscamente a cabeça na direção dele.

— Não vê, dr. Spaulding, que Lively foi apunhalado? Onde está a arma do dr. Chaderton? E nota se o sangue escorre no chão? Não! E isso significa que não é sangue fresco. Suponho que Lively já se encontra morto há algum tempo, provavelmente durante toda a noite. Por fim, o homem que ele deixou escapar desta própria sala na outra noite, o verdadeiro assassino, era jovem, ágil, menor que o dr. Chaderton, e, por falar nisso, canhoto.

O outro cuspiu, mas não proferiu nenhuma palavra com sentido.

— Você apontou a vítima com a mão direita — confidenciou Timon a Chaderton.

— E, ai de mim, não incluo a agilidade entre meus talentos atuais — reconheceu o velho, tornando a afundar no banco junto à escrivaninha de Lively. — Mas o senhor devia ter-me visto quando eu tinha 60! Era ágil!

— Muito bem, então — disse Timon, quase para si mesmo. — Contornou Chaderton e ajoelhou-se ao lado do cadáver, o rosto ainda obscurecido por sombras. — Viu o rosto dele?

— Confesso que temi olhar. O de Harrison, tão desfigurado, apareceu-me mais de uma vez nos sonhos.

— Marbury me contou.

Timon inspirou e rolou o corpo de costas.

O rosto fora mutilado, mas nem um pouco a ponto de não se poder identificá-lo.

"Três punhaladas mataram Lively", pensou, "duas no coração e uma no fígado. Esvaíra-se menos sangue do que devia."

— Dr. Chaderton, dr. Spaulding — suspirou o tutor —, posso pedir-lhes que examinem este rosto? Creio que não está nem de perto tão destruído quanto o de Harrison, correto?

O segundo resmungou e arrastou os pés até o corpo. O primeiro levantou-se mais uma vez e prendeu a respiração.

Os dois examinaram o cadáver.

— Que monstruosidade — suspirou o idoso. — Mas nada comparável à mutilação de Harrison.

— Harrison só podia ser identificado pelas roupas e pela cruz — confirmou Spaulding, na força máxima de voz. — O de Lively discerne-se logo.

— Isso significa que o assassino foi interrompido no trabalho — disse o investigador. — Talvez alguém mais tenha visto esse corpo antes do dr. Chaderton. Alguém talvez tenha até testemunhado o assassinato.

— Mas... — começou Spaulding.

— E Marbury falou-me — disse Timon, devagar — de algo sobre uma mensagem... a boca.

Estendeu a mão.

— Não — contestou Spaulding.

— Harrison tinha um bilhete na boca — sussurrou Chaderton.

Timon espremeu os lábios e, decidido, levou a mão em direção aos lábios do morto. Deixou os dedos suspensos por um instante, abriu a boca, os dentes, e puxou um pedaço de papel ainda molhado de saliva.

— É — ele ergueu o bilhete, encolhendo-se. — Muito desagradável...

— Que é que diz? — insistiu Spaulding.

Timon desenrolou-o e segurou-o próximo à vela na escrivaninha de Lively. Era difícil ler as palavras; a tinta molhada borrara.

— Creio que diz: — arriscou — "O inimigo da salvação do homem usa todos os meios que pode."

— É um aviso do assassino! — vociferou Spaulding. — Fará qualquer coisa para impedir nosso trabalho!

O monge sabia que ouvira aquelas palavras antes: uma lembrança imprecisa, uma vaga imagem, o canto de um quarto esquecido.

— Se nosso trabalho é de fato a salvação do homem... — disse Chaderton, em voz baixa.

— Poderia essa frase — murmurou Timon — ser de algum texto subsidiário ou de um volume excluído...

— Apócrifo — rosnou Spaulding. — Por que Lively perderia tempo com *isso*?

— Não. — O investigador levantou-se. — Eu reconheceria uma frase de qualquer dos livros apócrifos que conheço. O sr. Lively era o doutor presidente desse grupo de Cambridge. Teria acesso a documentos que os outros eruditos não teriam?

— É improvável.

— Sem a menor dúvida, não — disse Chaderton ao mesmo tempo.

— E Harrison era o... com o perdão dos senhores... o principal juiz das qualificações de todos os outros acadêmicos. Portanto, também tinha acesso a certas informações secretas...

— Jamais — insistiu Spaulding. — Harrison era *escocês*!

— Não ficou claro para mim o que o senhor quer dizer — admitiu Chaderton, ignorando o colega.

— O assassino talvez esteja eliminando os tradutores numa ordem certa — explicou Timon. — Para começar, mata o primeiro homem para ver todos os documentos usados nessas traduções de Cambridge: Harrison. Depois, ataca o diretor do projeto, o segundo com tal conhecimento.

— Haverá uma terceira vítima? — sussurrou o velho.

— Isso mesmo.

— Besteiras. — A palavra de Spaulding pareceu mais espirrada que proferida. — Precisamos retirar logo esse cadáver do salão, antes que mais alguém o veja. E preciso insistir no mesmo silêncio em relação ao assassinato de Lively, como combinamos que era o melhor a fazer com o de Harrison. Ninguém deve falar desse fato.

— O sr. Lively era o diretor do projeto — disse Chaderton com toda a paciência. — Certas propriedades devem ser observadas... Certas personagens devem ser informadas.

— Suponho que talvez tenha razão — espirrou o colega. — As autoridades precisam ter certeza de que eu estou no comando do grupo; sou o responsável. Pergunto-me se seria melhor fazer um breve hiato em nosso trabalho nesta conjuntura.

"Preciso saber quem está assassinando esses homens, e o motivo exato dos assassinatos", pensou Timon. "E impedir mais derramamento de sangue, se quiser concluir minha própria missão — ou em breve restará pouco a decorar. Se eu quiser cumprir minhas ordens, os assassinatos precisam parar. Que circunstância extraordinária para mim... Deus com certeza deve estar rindo."

— Irmão Timon, desperte, homem! — grunhiu Spaulding. — Não é hora de reflexões. Arraste logo essas tripas do salão.

O investigador permitiu-se encarar os olhos do outro apenas por tempo suficiente para fazê-lo estremecer e desviar os dele.

— A porta nos fundos — disse — não parece ser uma saída.

— Um porão — respondeu Chaderton.

— Manteremos Lively lá até Marbury poder vê-lo. — Timon abaixou-se para pegar os tornozelos do morto, encarando o colega acima. — Convenceu-se agora, dr. Spaulding, de que Chaderton não é o assassino?

— Decerto não! — Ele fitou furioso o irmão. — Espero que use todas as suas artimanhas para interrogá-lo e obter uma confissão. Deixo-o aos seus cuidados.

— Entendo.

Timon arrastou o morto pelos tornozelos. Nenhum dos estudiosos fez o mínimo movimento para ajudá-lo.

22

Quando Timon retornou do porão, apenas Chaderton permanecia no Grande Salão. Continuava sentado à escrivaninha de Lively.

— O dr. Spaulding — disse Chaderton — saiu correndo para informar a quem quiser ouvir que está agora no comando de tudo. Se eu fosse um alquimista, me transformaria numa abelha só para flutuar atrás dele e assistir à rica representação teatral. Ai de mim... meus talentos são mais práticos.

— Por que ele tinha tanta pressa em suspeitar do senhor nesse assassinato? Tenho curiosidade de saber. — Timon pôs-se a andar de um lado para outro.

— Ele não gosta de mim. Todos sabem disso. E confesso que talvez o tenha depreciado sempre que surja a oportunidade. Sem dúvida o senhor vê como é fácil fazer isso. E tentador. De outro modo, eu não saberia dizer...

— Caminharia comigo, dr. Chaderton? Precisamos fazer uma exibição; eu parecendo interrogá-lo e o senhor defendendo-se de uma acusação de assassinato.

Chaderton levantou-se.

— Não concorda, então, com a conclusão de Spaulding. Devo sentir-me agradecido ou insultado?

— Como eu disse, o verdadeiro assassino é mais ágil, jovem e tem cintura mais fina que a sua.

— Insultado, então — sorriu Chaderton.

— Além de Spaulding ser um idiota — continuou Timon, evitando os olhos do velho. — É necessário levar isso em consideração.

— A compreensão de hebraico dele é muito completa — protestou Chaderton.

Timon parou de andar e postou-se na frente do colega.

— Completa, mas não *sagaz*. Enquanto a sua reputação no mesmo assunto paira no próprio ar em torno de Cambridge.

— É o odor da velhice — corrigiu Chaderton. — Por favor, não confunda isso com uma realização.

— Não estou habituado à modéstia. Causa-me mal-estar.

— Então vamos sair para o ar de Cambridge e limpar a mente.

Chaderton dirigiu-se à porta, muito vigoroso para alguém que beirava o sexagésimo oitavo aniversário.

— Se o senhor concorda — propôs Timon, caminhando a passos largos ao lado do velho —, eu gostaria primeiramente de percorrer o perímetro externo deste prédio. Talvez encontremos alguma coisa que nos revele mais sobre o assassino. O diácono Marbury e eu tentamos algo semelhante ontem à noite.

— Não encontraram nada?

Timon examinou o rosto do colega.

— Creio que o assassino se demorou ontem à noite, após matar Lively e quase ser apreendido duas vezes. O demônio é ousado, incansável e parece imune à captura.

— E o senhor acredita que eu possa ajudar?

— Acredito que dois pares de olhos são melhores que um para esse tipo de trabalho. — Timon ocultou um sorrisinho. — Talvez veja alguma coisa que Marbury e eu não vimos.

— Excelente! Devo ajudá-lo na investigação. Vou gostar.

Apertaram o passo e saíram pela porta.

— Que procuramos? — perguntou o velho, disparando os olhos para todos os lados na base do prédio.

— Qualquer coisa que pareça fora de lugar: uma pegada, todos os pontos afastados...

— Tudo, em suma.

— É.

Os dois chutavam e desbastavam cada pedaço de terra em torno do Grande Salão. Examinaram todas as pedras, lesmas, pregos enferrujados jogados fora, buracos de roedores, castanhas enterradas, o crânio de um esquilo. As paredes do prédio erguiam-se altas, encimadas por telhas âmbar. Ele ficava na ponta de um pátio comum cercado por várias construções semelhantes: o diaconato, vários dormitórios, uma capela. Árvores e arbustos debruavam os caminhos de pedestres entre os salões, mas nenhum jardim aliviava a severidade do pátio.

— O senhor é protestante — disse Timon, distraído, após a infrutífera atividade de uma hora passada em silêncio.

— Deduz isso pelos meus hábitos pretos e pela reputação enferrujada? — perguntou o outro, curvando-se para examinar e depois embolsar um pedaço de papel caído no chão.

— Quando eu era outro homem em tudo, e jovem, ouvi seu sermão na igreja da Cruz de Paulo em Londres. Creio que tenha sido no ano de 1578.

— Isso mesmo. — Chaderton empertigou-se e massageou a nuca. — Fiquei muito orgulhoso daquele sermão.

— Seu pai, não.

— Marbury disse que o senhor sabia tudo. — A expressão do protestante suavizou-se. Um pouco de zelo pela investigação deixou seus olhos. — E agora desenterra esse velho fantasma.

— Era católico, o seu pai?

— Devoto. Rigoroso. Sentiu enorme decepção quando me rebelei... uns quinze anos antes de me ouvir pregar. Recorri ao meu pai para uma ajuda pecuniária logo após meu despertar religioso. Nossa propriedade era muito vasta. Ele me enviou uma bolsa furada com um centavo dentro e mandou-me usá-la para mendigar. Depois me deserdou.

— Mas você não mendigou.

— Se fito esta parede por muito tempo — explicou o idoso quase sussurrando —, eu o invoco, sabe? No olho da mente, vejo-o encolerizado, impenetrável, nestas pedras. Nunca me viu pregar um sermão. Não compareci ao enterro dele. Sou velho, mas me vejo reduzido a uma incompreensão infantil sempre que sou visitado pelo fantasma de meu pai.

— E por uma desavença sobre uma coisa tão imaterial quanto as palavras.

Chaderton ergueu o rosto para o sol e juntou as mãos próximo ao coração.

— Entendo. O senhor *está*, de fato, me interrogando.

— Não tenho, em absoluto, suspeita alguma — protestou Timon — de que o senhor seja um assassino.

— Não me refiro a isso — imobilizou-se o outro. — Sua investigação segue em várias direções.

— Não sei o que quer dizer.

— Não sabe? — riu o velho. — Tenta me conduzir para uma conversa de "uma coisa tão imaterial quanto as palavras".

— Eu só...

— Shhh. Preciso pensar por um instante.

Vários corvos grandes empoleiravam-se nas nogueiras áridas no outro lado do caminho, defronte à parede do Grande Salão. Pareciam escutar. Timon satisfez a vontade do companheiro e ficou calado, tentando encarar as negras aves.

— Você acredita que alguma coisa em nossa tradução, em nosso trabalho aqui, provoca esses assassinatos. — Chaderton estreitou os olhos, a respiração rasa. — Está se perguntando se um protestante teria motivo para opor-se com tamanha veemência que seria levado à loucura. Tal homem desempenharia a função de Satanás.

— Minha pergunta é muito mais ampla — rebateu o monge. — Pergunto-me se uma conspiração de mentiras cobriu com uma mortalha nossa Bíblia desde a origem. Só ontem à noite Lively me mostrou prova desse grande engano.

"Isso deve fazer saltar seus olhos", Timon pensou.

O idoso, porém, sorriu e inspirou longa e vagarosamente.

— Bem, irmão Timon — acabou por responder —, parece que temos muito a conversar.

O vento intensificou-se. O tutor mal notou. O protestante sabia alguma coisa. Tinha escrito no rosto.

— Não devemos falar aqui — sussurrou Chaderton. — Pode ter alguém ouvindo. O que temos de conversar é de extremo sigilo. Eu jamais pensaria em partilhar certas informações com o senhor, se já não começasse a suspeitar. O que vamos examinar é de suprema importância para os recentes fatos bárbaros ocorridos nesse salão, os assassinatos.

— Onde...

— Se não estiver sentindo frio demais — sugeriu o outro — precisamos ficar ao ar livre, em algum lugar onde possamos confirmar a inexistência de alguém por perto.

— Sou indiferente ao tempo. E o senhor está bem agasalhado.

— Mesmo assim — suspirou o mais velho — gostaria que encontrássemos um lugar fora deste vento.

— Pode sugerir algum? — perguntou Timon.

Sem outra palavra, Chaderton encaminhou-se em direção aos muros do jardim de um pátio interno. O monge seguiu-o.

— Quando for conveniente — disse, alcançando o outro — poderia me mostrar o pedaço de papel que pegou há pouco e guardou no bolso.

— Ah, o senhor viu.

— Vi, sim.

Chaderton procurou um instante e apresentou o fragmento da pergunta.

— Precisa acreditar que eu pretendia mostrá-lo o senhor.

Timon pegou-o.

— É o mesmo tipo de papel usado por todos os estudiosos no salão que se vê em cada escrivaninha. — Examinou o pedaço de papel com a intensidade de um falcão de olhos fixos num camundongo. Ergueu-o para a luz e balançou a cabeça. — Este pedaço foi recém-arrancado — disse, com firmeza — e enfiado no fundo de uma bota.

Chaderton reduziu o ritmo.

— Como é possível saber...

— Veja aqui. — O irmão estendeu-lhe o fragmento. — O rasgo continua denteado, não alisado. É recente. E este canto tem a marca distinta do salto de uma bota.

Chaderton franziu os olhos, girou o pescoço e afinal concordou — Creio que está correto.

— Isto podia ser parte do mesmo papel no qual se escreveu a estranha citação antes de colocarem-na na boca de Lively.

— Suponho que seja possível — concordou o colega, retomando mais uma vez o passo —, mas que importância tem?

— Talvez encontremos no salão a página da qual foi arrancada. Poderia encaixar-se, se não esperarmos muito. Esta, por sua vez, poderia nos levar a outras descobertas.

Chaderton balançou a cabeça, rindo.

— Marbury tinha razão para pôr tanta fé no senhor. *Encontrará* o assassino.

23

Chegaram ao final do atalho de pedra e a uma abertura abobadada na parede, que tinha talvez quatro metros de altura, com a passagem em arco tendo a metade da medida. Por ela, Timon viu um pequeno jardim, de desenhos perfeitos, com vários bancos de pedra, no centro, rodeando um lago circular, com menos de dois metros de diâmetro, em parte congelado. Diversas cariças arranhavam o gelo com delicados movimentos para beber a água do lago.

Alfenas variegadas haviam sido plantadas em círculos concêntricos ao redor do pequeno espelho d'água. Mais adiante, canteiros de flores formavam uma curva paralela à borda mais distante das alfenas. Nesses leitos, pés de açafrão plantados de forma compacta floresciam rubros.

Os dois apressaram-se rumo aos bancos.

— Em menos de um mês — disse Chaderton, com as palavras arrebatadas —, jacintos e tulipas se apossarão do açafrão. Na primavera, quem sabe as delícias que nosso jardineiro talvez plante ali... No ano passado foram nastúrcios!

— Receio que o amor dos ingleses por esse estilo de jardinagem seja uma das causas principais de medo no restante do mundo.

— Acha mesmo? — O velho pareceu genuinamente surpreso.

— Curvar a natureza a tão grande distância do verdadeiro curso — respondeu Timon — deixa todos desconfiados. Parece uma metáfora: o que mais poderia a Inglaterra fazer para subverter o mundo segundo sua vontade padronizada?

Chaderton estacou de repente.

— Falou como um italiano.

Timon também se deteve no ato.

— O que disse?

— Estudei línguas durante cinquenta anos. Seu sotaque é quase perfeito, mas o senhor não é inglês. Pergunto-me se o diácono Marbury sabe desse fato.

— Ninguém sabe o que sabe o diácono Marbury — respondeu o tutor, com toda a calma —, mas, apesar dos anos de estudo erudito, preciso informar que meu pai esteve no serviço diplomático quando eu era jovem. Passei os anos de formação em Gênova. Isso dificilmente me torna italiano, embora talvez tivesse uma influência em minha fala... e no gosto pela horticultura silvestre.

— Uma excelente resposta — rebateu Chaderton. — Eu me pergunto se acredito.

— E eu se isso tem importância no momento. Precisamos examinar questões mais amplas.

— Quisera eu ter certeza...

— Então começarei — prontificou-se Timon, e dirigiu-se ao banco mais próximo.

— Sim — apressou-se e concordou Chaderton —, talvez possa me falar da prova que o provocou.

— Lively me mostrou, pouco antes de ser assassinado, o mais antigo texto de São Lucas... Aquele em que o próprio nome de Nosso Salvador foi incorretamente traduzido há bem mais de mil anos.

— Entendo. — Chaderton inspirou fundo. — Para mim, começa com um camelo.

Chegou ao banco e pareceu feliz por sentar-se.

Timon levantou-se e esperou o mais velho continuar.

— Talvez o senhor conheça a advertência de Nosso Senhor, de que "é mais fácil um camelo passar pelo fundo de uma agulha do que um rico entrar no Reino de Deus"?

— Mateus, capítulo 19, versículo 24.

— E nunca se espantou com a estranheza da imagem? — Chaderton não conseguiu conter o sorriso.

— Parece que o Senhor tentava ilustrar a impossibilidade...

— Não. Em nenhum outro lugar nos Testamentos Ele usa uma imagem tão ilógica. As palavras são simples. As analogias, claras. Daí a beleza de Suas palavras. Só esse trecho provoca os sentidos. Eu era muito jovem quando deduzi que faltava alguma coisa.

— Mas...

— Então recorri ao original grego... Cópias do testamento de São Mateus. Descobri, meu caro Timon, que o primeiro testamento fala em *kamilos*... não *kamelos*.

Timon caiu em si, com uma forte e repentina inspiração.

— *Kamilos* é "corda"... *kamelos* é "camelo".

— Um erro absurdamente fácil de cometer. Cheguei quase a ver o monge curvado, a câmara escurecida, a única vela perto na mesa. Lá estava ele, trabalhando depois da meia-noite, olhos injetados, confundindo um *i* com um *e*... uma imagem mais relativa a sonhos estranhos que às palavras de Cristo introduzidas em nossa Bíblia.

— É mais fácil uma *corda* passar pelo buraco de uma agulha — disse Timon a si mesmo. — Trata-se da mensagem de um messias do deserto.

— Um erro desse tipo sem dúvida era inocente. Mas me fez perguntar. E, quando me perguntei, fiquei faminto. E quando fiquei faminto...

— Já não foi dito que a expressão *fundo de uma agulha* se referia a uma muralha da cidade em Jerusalém, um portão estreito?

— Em Marcos, a palavra para *agulha* é *rafic*; em Lucas, é *belone*. Ambas são agulhas de costura, e não referentes à arquitetura. Mas que importância tem isso quando a palavra que Nosso Salvador usou foi *corda*, não *camelo*?

— É.

Timon descobriu que não conseguia permanecer imóvel. Retomou a caminhada de um lado para outro, a esmo.

— Essa descoberta, uma única letra fora do lugar no oceano de palavras, iniciou uma aventura para mim — continuou o velho. — Como eu poderia ter percebido que abria uma porta que, em seguida, se fecharia logo atrás de mim? Já faz uns trinta anos que ando num labirinto de dúvidas.

— Porque descobriu outros erros... menos inocentes — Timon reduziu o ritmo dos passos por um instante. — Lively disse-me que o grupo havia descoberto uns 5 mil erros de tradução que datavam do primeiro Concílio de Niceia.

— O que muitos dos meus colegas acadêmicos parecem ignorar — Chaderton baixou os olhos, repentinamente exausto — é que o primeiro Concílio de Niceia foi, de fato, uma espécie de campo de batalha. No ano desse concílio, 325, a Igreja católica era pouco mais que uma aberrante seita de judaísmo. Fizeram algumas opções errôneas. Alguns dos documentos que hoje possuímos foram as baixas daquele conflito. Muitos foram destruídos, outros foram escondidos por homens, e *mulheres,* que os julgavam valiosos. Niceia determinou a direção da Igreja. Creio que nos conduziu para longe de Cristo.

— Falou como um protestante — sorriu o monge. — A principal função do Concílio Niceno foi determinar a exata natureza de Cristo, e não destruir livros da Bíblia.

— O senhor precisa entender a magnitude disso. Ao decidir a natureza de Cristo, se Ele era em essência uma entidade espiritual ou um ser físico, o Concílio criou um filtro. Usou-se este para expurgar *ideias*. Quando se concluiu que Cristo era um homem, com um corpo que morreu e ascendeu intato da sepultura, excluiu-se quase metade da cristandade.

— A metade que acreditava que Cristo era em essência um ser espiritual — assentiu Timon. — Chegava mesmo a ser pagã a metade que encarava a ressurreição de carne humana como abominável. A ressurreição para eles era um acontecimento místico.

— *Essa* metade é a origem dos textos secretos.

— O senhor estudou todos eles.

— E creio que são mais exatos — respondeu Chaderton com veemência — e mais específicos em relação às verdadeiras palavras de Nosso Senhor que qualquer Bíblia existente hoje. Ensinamentos secretos nos foram ocultados de propósito pelos Papas!

Antes que ele pudesse continuar, os dois se sobressaltaram com uma repentina figura que se dirigia ao jardim.

— *Irmão* Timon! — chamou a sombra.
— Anne?
— Ele mal acreditava nos ouvidos.
A moça corria, o manto preto abanando atrás. Quando o vento lhe soprou o capuz da cabeça, revelou um rosto pálido, uma máscara de desespero.
— Precisa vir já — exigiu a pupila, parando no círculo mais afastado de sebes. Implorava-lhe com os olhos. — Meu pai está na estrebaria, num estado desesperado. Alguma coisa terrível... precisa vir *já*!
Sem esperar resposta, voltou-se e correu, na clara expectativa de que o monge a seguisse.
Timon virou-se para Chaderton.
— Vá — disse o velho. — Não disse que Marbury havia partido para Londres apenas ontem à noite? Se já está de volta tão rápido e Anne tão aflita, deve trazer notícias graves. Seguirei o mais depressa que me permitam estes ossos.
Timon assentiu e saiu. Tão logo chegou ao jardim, viu Anne voando pelo atalho de pedra rumo aos estábulos. Ambos correram atrás dela.
Precipitaram-se enlouquecidos por entre os altos prédios e as árvores desnudas até um pátio pavimentado cercado por baias. O próprio pátio tinha apenas trinta metros de largura,

um círculo aberto em dois lados opostos para entrada e saída. Em torno de cada semicírculo, ficavam quatro baias, um total de oito que não chegavam a três metros de altura, porém uma maior que as outras. Havia uma cocheira com uma antiga insígnia acima da entrada. A madeira do estábulo era cinza caiado, e o inconfundível cheiro de feno e esterco velho enchia o ar. Esse cheiro atacou os sentidos de Timon e ele envolveu-se numa lembrança há muito reprimida.

A maioria das baias achava-se vazia, ou silenciosa, mas a cocheira tinha muita gente e barulho. A jovem, quase sem ar, de repente parou assustada a alguns passos da porta aberta. Timon avistou Marbury dentro, retirando os arreios dos cavalos.

— Diácono Marbury? — gritou.

Marbury imobilizou-se. Disparou a cabeça das sombras da baia e apressou-se a dizer:

— Irmão Timon. Ótimo. Faria o favor de me ajudar com isto?

— Pai... — começou Anne.

— Por favor! — ele gritou. — Já lhe pedi duas vezes. Fique fora!

— Quer que eu o ajude com os cavalos? — perguntou Timon, confuso.

— Meu Deus... — praguejou o diácono, e logo saiu ao pátio.

A moça deu um rápido passo para trás.

— Filha — ele disse, o som da palavra causando tensão no ar em volta —, poderia fazer o grande favor de encontrar o mestre de estábulo? Precisamos dele. Irmão Timon, eu preciso de sua ajuda aqui.

— Mas está tudo bem com o senhor? — insistiu a filha. — E cadê Thom?

À menção do nome do cocheiro, toda a energia pareceu deixar o diácono. Ele afrouxou os ombros e fechou os olhos.

— Não foi ele o seu cocheiro? — ela perguntou, a voz menos vigorosa que antes.

— Foi — engasgou o pai.

— Que aconteceu? — sussurrou a jovem.

Ele viu-se sem palavras e indicou o coche com a cabeça.

Timon entrou na garagem do estábulo. Apalpou com a mão o lado do veículo até encontrar a maçaneta. Girou-a e abriu a porta.

Mesmo nas sombras, viu que os ocupantes estavam mortos. Também viu, pelo canto do olho, que Marbury o encarava com intensa curiosidade.

— Posso falar com franqueza? — Timon perguntou com uma ligeira olhada a Anne.

— É Thom no coche? — ela perguntou, a voz gélida.

Marbury fez que sim com a cabeça, os olhos ainda travados nos de Timon.

— E o outro homem? — perguntou este sem se alterar.

— Tem outro? — interrompeu a pupila.

— Não consegue ver quem é, irmão?

Marbury não se mexeu.

Timon avançou um passo para os fundos do estábulo e escancarou a porta do coche. Um pouco de luz solar entrou na penumbra onde jaziam os corpos. Não passava do correspondente a uma luz de vela, suficiente apenas para discernir as feições do outro homem.

Timon curvou-se. Antes que pudesse impedir-se, o choque do reconhecimento cruzou-lhe o rosto, e ele sorveu um súbito hausto.

Marbury cruzou as mãos no peito e cerrou os dedos.

— Não tenho a mínima ideia do que me fez achar que o senhor talvez conhecesse esse homem. Apostei... ou mais que apostei, na verdade. Às vezes tenho uma intuição para esse tipo de coisa.

Timon levantou-se e apertou os lábios.

— E parece que agora trata-se de uma dessas vezes. De fato, conheço-o. É Pietro Delasander... um assassino.

— Assassino? — explodiu Anne. — Que foi que houve? Quero saber... Thom? — acrescentou, e adiantou-se correndo.

Marbury segurou-lhe o braço.

— Está morto.

— Como Pietro Delasander — suspirou Timon. — O que é uma pena. Poderia ter-nos contado muitas coisas.

— Morto pelas próprias mãos — Marbury deixou escapar, e arrependeu-se no mesmo instante.

— Por que faria isso? — Timon encarou o corpo no piso do coche. — Precisa contar-me tudo. E tenho notícias para o senhor também. Houve uma lamentável ocorrência em sua ausência.

— Anne — insistiu Marbury com toda a calma, os olhos travados nos de Timon —, entenda agora por que precisamos buscar o mestre de estábulo. Encontre-o, por favor, e traga-o aqui.

A filha conhecia o tom da voz do pai: sabia que era uma ordem absoluta. Sem uma palavra, virou-se e dirigiu-se ao quarto do mestre.

Tão logo saiu do campo visual, Marbury sacou o punhal. Avançou devagar, como se fosse juntar-se a Timon no estábulo para examinar mais os cadáveres.

Sem aviso, sua mão arremeteu na direção da garganta de Timon, a lâmina faiscou à luz fraca, e o fio gelado e cortante desenhou uma fina linha vermelha na pele do companheiro.

— Quem é o senhor? — exigiu saber, a voz gutural. — Que faz em minha casa? Por que tentou envenenar-me em Hampton Court?

— Chamam-me irmão Timon — ele respondeu, com total calma e força máxima na voz. — O senhor me empregou. Não tentei envená-lo em Hampton Court. E, se não tirar essa faca de minha garganta, serei obrigado a deixar Anne órfã, do que eu não gostaria.

Marbury sentiu uma repentina dor no plexo solar e baixou os olhos. Timon segurava uma adaga que parecia tão longa quanto o próprio antebraço, apontada diretamente para cima. A ponta varara o caro colete e espetava a pele embaixo dele.

— Neste ângulo — continuou —, a lâmina deslizará sob a caixa torácica e fará uma magnífica entrada no coração. Uma vez ali, se eu torcer direito, posso de fato cortar o coração na metade. Parece que continua a bombear; enche a cavidade torácica com tanto sangue e tão rápido que...

— Basta — gritou Marbury, recuando e retirando a sua arma.

— Devo supor que a viagem a Londres não foi agradável — suspirou Timon. — O senhor voltou com uma palidez doentia e dois cadáveres no coche real. Está exausto, vê-se com muita clareza, e parece que foi envenenado. Por esses motivos eu lhe perdoo o lapso temporário das maneiras. Embora deva garantir-lhe que nenhum outro homem segurou uma lâmina tão perto de mim e continuou vivo. Não sei por que não o despachei. Sinto uma inexplicável ternura por Anne, e um respeito meio rancoroso pelo senhor. Ou talvez seja o cheiro desses estábulos. Lembra a casa de minha infância, um lugar que quase esqueci até um momento atrás. Quem sabe? E, a propósito, houve outro assassinato aqui.

Marbury sentiu que toda a sua vida fora-lhe jogada para fora do corpo. Agarrou a trave de sustentação do estábulo para não desabar.

— Permite-me sugerir que discutamos algumas questões antes de tentarmos mais uma vez matar um ao outro? — concluiu Timon. — Mas eis Anne... Ela foi rápida.

O pai virou o corpo apenas o suficiente para vê-la correr um pouco menos rápido que antes, puxando o mestre de estábulo pela manga.

— Outro assassinato? — ele sussurrou. — Aqui?

Timon passou por Marbury e saiu para a luz do pátio.

— O senhor é o mestre de estábulo?

O homem que a moça conduzia tinha a idade dele, embora fosse muito menos vigoroso, totalmente calvo e curvado, como se carregasse os cavalos nas costas. As roupas tinham cor de palha e lama; as mãos pareciam um couro bruto. O rosto, uma máscara rubra, nada revelava do caráter, mas os olhos confirmavam uma inteligência oculta; um poder guardado que, imaginou o irmão, poucos em volta viam ou entendiam.

— Sou o mestre de estábulo — repetiu, ofegante, o serviçal, quando se aproximou dos pacientes cavalos atrás do tutor. — O nome é Lankin.

— Bem, sr. Lankin — começou Timon —, temos certa dificuldade que exigirá sua máxima discrição. O diácono Marbury retornou de Londres com uma carga infeliz.

— Thom morreu — choramingou Anne —, e tem outro morto no coche!

Lankin sentiu-se congelar.

— Thom?

— Eu teria dado as notícias com um pouco mais de cuidado — disse Timon, de modo lacônico, com um olhar à moça —, mas ela já informou os fatos cruamente.

— Que foi que ele fez? — perguntou o mestre.

— Desconheço os acontecimentos exatos... — começou Timon.

— Fomos atacados na estrada de volta para casa — grunhiu Marbury, saindo do estábulo. — O outro homem no coche atirou em Thom. Também teria atirado em mim, não fosse a Providência.

— Deixemos os detalhes para um momento menos delicado — interrompeu Timon. "É melhor não revelar tudo a filhas e mestres de estábulo", pensou.

— Sim — concordou Marbury em voz baixa. — Cuidaria do corpo de Thom, sr. Lankin? O irmão Timon e eu retiraremos o outro.

— Corpo de Thom... — repetiu o mestre, sem conseguir entender bem a realidade das palavras.

— Eu ajudo — prontificou-se Anne, delicada, a mão no ombro do mestre de estábulo.

Antes que o protesto pudesse irromper de Marbury ou de Lankin, ela passou correndo pelo pai e espreitou dentro do veículo.

— Senhorita... — tentou o mestre.

— Precisaremos de um lençol para poder carregar o corpo — anunciou a jovem —, e eu gostaria de um avental para cobrir meu vestido. Tem muito sangue.

Ela ergueu a cabeça e vasculhou com os olhos as paredes do estábulo.

O criado levou um momento para registrar o que fora dito, piscou e afastou-se, dirigindo-se de volta ao seu quarto.

— Lençol.

Marbury disparou um olhar furioso à filha, como se ela fosse uma estranha.

Timon foi até a parede dos fundos do estábulo, curvou-se e retirou uma única peça de um emaranhado de feno, trapos e aventais.

— Este? — disse, e ergueu-o.

— Obrigada — respondeu a moça com recato, pegando, com toda a delicadeza, o avental marrom. — Vai pelo menos proteger a saia.

— Anne... — começou Marbury, sem forças.

— O senhor e eu devemos remover o corpo de Pietro agora, diácono — interrompeu Timon. — Isso facilitará a retirada de Thom por Anne e pelo mestre de estábulo.

Marbury esfregou os olhos com as palmas das mãos, bufou e assentiu. Anne recuou, enfiando-se no avental duro e enorme. Timon transferiu-se para o coche e, sem a menor cerimônia, enfiou os pulsos nas axilas do cadáver. O diácono correu para juntar-se a ele do outro lado, abriu a porta com cuidado e fitou os tornozelos de Pietro.

Após uma pausa longa demais, Timon disse em voz baixa:

— Puxe, que eu me desloco por dentro e saio pela outra porta. Vamos estendê-lo ao sol, ali fora, para poder dar uma olhada melhor nele.

O mestre de estábulo retornara quando os dois já haviam deixado o coche com o corpo nas mãos e bamboleavam em direção à luz no pátio.

Anne e Lankin puseram mãos à obra na sangrenta tarefa com mais delicadeza. Envolveram o rapaz num lençol, amarraram-no e retiraram-no do assento, balançando como se ele descansasse numa rede.

Marbury e Timon, arquejando, pararam no pátio.

— E agora, exatamente? — gaguejou o diácono.

— Que quer dizer? — perguntou o outro, engolindo em seco.

— Que fazemos com os corpos?

— Preparamos o de Thom para um enterro honroso, a serviço do rei — respondeu Timon, alto o bastante para que a moça e o criado ouvissem. — Este, a gente examina.

Cutucou com o dedão o corpo.

— Examinar?

— Sr. Lankin — pediu Timon, voltando à frente da cocheira —, seria possível cuidar para que o diácono e eu não sejamos incomodados durante uma hora?

Anne e o mestre de estábulo saíram da relativa escuridão no interior com o fardo coberto pela mortalha. Estenderam-no com delicadeza nas pedras, com o sol acrescentando um ofuscante fogo branco ao lençol.

— Vou precisar providenciar algumas coisas para Thom, de qualquer modo — suspirou Lankin. — E espero que fale sério, em relação ao serviço do rei. Ele teve tão pouco na vida que seria bom receber uma homenagem na morte.

— Eu garanto pessoalmente — respondeu Marbury, em tom solene.

— Ótimo. — O mestre de estábulo esfregou as mãos nas coxas. — Muito bem, srta. Anne, creio que devamos pegar algumas das coisas de Thom na cabana.

A moça concordou com a cabeça e retirou o avental de couro.

— Mas saberei a história toda desse dia antes do cair da noite.

Marbury suspirou sonoramente.

Sem mais conversa, os dois partiram. Assim que desapareceram, contornando a estrebaria, ouviu-se o serviçal gritar ordens severas, na certa aos jovens cavalariços, para ficarem longe do pátio pela manhã toda. Sem dúvida, os homens alegraram-se com a notícia. Significava menos trabalho que o habitual.

— Por onde começar? — perguntou Timon, animado.

— Qual dos tradutores morreu? — sussurrou Marbury.

— É. Isto. — Timon mordeu o lábio superior. — O sr. Lively foi assassinado. Encontraram o corpo num estado semelhante ao de Harrison.

— O rosto mutilado?

— Sim, embora não de forma tão grave, parece. Lively foi logo identificado. Também precisa saber que o dr. Spaulding assumiu o comando com toda a segurança de um homem inteiramente ignorante da tarefa e que, além disso, acusou o dr. Chaderton do assassinato.

— Deus do céu!

Marbury encostou-se na parede externa do estábulo.

— Como no caso de Harrison — continuou Timon sem cerimônia —, havia um bilhete na boca: "O inimigo da salvação do homem usa todos os meios que pode".

— Que entender desses bilhetes? — Marbury balbuciou.

— Uma tentativa para nos dizer algo, mas talvez somente o assassino conheça o sentido exato. Essas mutilações faciais parecem obra de uma mente conturbada.

— O corpo de Lively continua...

— Removi-o para o porão do Grande Salão — tranquilizou-o Timon. — Agora quero saber se me contaria, em poucas palavras, o que aconteceu em Hampton Court para fazê-lo querer me matar, e onde adquiriu o cadáver desse famoso assassino.

Marbury deu o melhor de si para ordenar as forças.

— Nosso rei enlouqueceu, diz que há feiticeiras à solta, Maria escreveu um evangelho, eu fui envenenado, e depois perseguido na volta para casa por essa criatura, Delasander, que atirou em Thom e teria me matado, não fosse pelos meninos que morriam de fome na mata, nas imediações de Londres.

Timon encarou o colega por vários segundos.

— Talvez seja melhor — disse, com cuidado — dispensar o resumo e falar de forma um pouco mais explicada.

— Sua tarefa imediata é examinar este saco de ossos.

— Sim. — Timon olhou para seu discípulo. — É.

— Não imagina como eu preciso de uma troca de roupa, de uma borrifada de água no rosto e de um galão de conhaque. — Marbury fungou, esfregou as mãos e avançou um passo para a luz do sol. — Deveria ficar com o senhor enquanto examina esse assassino, mas proponho, em vez disso, retirar-me para o quarto e reunir as ideias. Venha ao meu gabinete, digamos, em uma hora?

— Vai precisar de uma noite inteira de sono e de uma boa refeição, se foi envenenado, embora eu concorde com a ideia da grande quantidade de conhaque. Mas o tempo é essencial. Preferiria encontrá-lo no porão do Grande Salão daqui a meia hora. Anseio por saber o que lhe disse o rei, e o senhor se espantará, por sua vez, com o que eu soube aqui em sua breve ausência. Se as duas histórias coincidirem, mesmo que minimamente, creio que teremos desvendado um complô para sacudir o mundo. Um engano antigo, cuja revelação poderia abalar o firmamento; talvez mudar, digo sem hipérbole, tudo o que sabemos e fazemos. Tudo.

26

Quarenta minutos depois, Marbury descobriu que o porão embaixo do Grande Salão era feito de gelo. Teve certeza de que sentia o sangue fluir mais devagar. O tutano nos ossos parecia estalar quando ele se dirigiu ao cadáver. Timon trouxera várias velas, mas a luz só enfatizava o frio. Marbury quase o via pairando no ar bolorento e malcheiroso do lugar.

— Uma vantagem é que — disse Timon, lendo a mente de Marbury —, a esta temperatura, o corpo não agride o nariz.

O porão era uma caixa de pedra, quase duas vezes o tamanho do quarto do tutor. O teto era baixo; o piso, imundo. Prateleiras que continham basicamente clarete e vinho branco seco cobriam uma parede de cima a baixo. Duas das outras tinham uma distribuição semelhante, com latas de legumes e tubérculos: cenouras, batatas, rabanetes, cebolas e beterrabas, tudo nas mesmas condições dos outros.

Lively jazia numa mesa encostada na quarta parede. Duas altas velas iluminavam o corpo: uma próximo à cabeça e outra perto dos pés. Timon segurava uma terceira na mão.

Ele estendera o cadáver com grande cuidado e cruzara os braços no peito, o que não fazia a menor diferença para Marbury. Este continuava chocado ao ver o rosto do colega. Mesmo à fraca e trêmula luz de vela, o rosto de Lively era um pesadelo. Cortes ondulados abriam-se como bocas infernais. Oito ou nove irrompiam das faces, da testa, de um lado ao outro do nariz.

Sem aviso, ecoaram no cérebro de Marbury as recentes palavras do rei da Inglaterra: *Muitos foram lambidos pela língua do diabo.*

— Gostaria de ouvir, irmão Timon — ele grasnou —, a teoria de nosso rei relacionada a esses assassinatos? — Timon largou a vela na mesa, ao lado de Lively. — James acredita que há serviçais do diabo, como feiticeiras, em toda a parte. Acredita que mataram Harrison. Achará o mesmo da morte de Lively. Sente que os demônios vivem na própria tinta e no papel de nosso trabalho aqui.

— O rei James há muito persegue as feiticeiras — respondeu Timon suavemente. — Quando era rei da Escócia, queimou centenas. Um de seus primeiros trabalhos como rei da Inglaterra...

— É, concebeu a lei mais rigorosa contra feitiçaria na história da ilha... — Estremeceu Marbury. — Mas, se o tivesse ouvido falar, e olhado dentro dos olhos dele...

— Sua expressão diante do sr. Lively trai os medos em relação ao rei.

Diante disso, Marbury calou-se, compreendendo o que o companheiro dizia. Estremeceu ao baixar o olhar para o rosto de Lively.

— Eu preferia passar o mínimo de tempo possível neste porão.

— Sim. — Timon fungou. — Então examine, por favor, o rosto do sr. Lively e diga-me como esses ferimentos se comparam com os encontrados no de Harrison.

— Não se podia identificar Harrison pelo rosto. Ficou todo destruído pelos cortes, talvez dez vezes mais que este.

— Foi o que Spaulding e Chaderton me disseram. Muito bem.

— O senhor avalia que o assassino talvez tenha sido interrompido no trabalho. O que poderia significar a presença de uma testemunha.

— Isso mesmo. Mas que deduzir do bilhete encontrado na boca do último? — perguntou Timon, sem conseguir ocultar a admiração pelos poderes de dedução do outro.

— Como o senhor disse, uma mensagem do assassino?

— É possível.

— Diga-me o que descobriu ao examinar o cadáver de Pietro Delasander.

— Morreu envenenado. Até aí é certo. Veio de um anel na mão esquerda. Muitos homens usam poções escondidas.

Marbury arregalou os olhos.

— O senhor descobriu mais alguma coisa. Vejo pelo tom de sua voz.

— Descobri. — Timon manteve o rosto impassível. — Ele tinha uma certa carta, instruções secretas.

Marbury franziu os olhos, esperando conter o frio por pura força de vontade.

— Instruções secretas...

— Mais tarde — respondeu Timon de forma superficial. — Isso não tem influência direta em nossas circunstâncias.

A expressão de Marbury traiu sua crença de que Timon mentia.

— Aliás — ele continuou, como se nada houvesse notado —, não encontrei pistolas com ele, mas trazia consigo uma bolsinha com chumbo e pólvora.

— As pistolas dele foram levadas pelos salteadores de estrada. — Marbury sorriu. — Os mesmos que me salvaram a vida.

— O senhor teve, de fato, uma viagem cheia de acontecimentos.

Por mais que se esforçasse, Timon não entendera o prazer do outro à menção dos salteadores de estrada.

— Podemos sair deste lugar frígido? — pediu Marbury.

— Já vi Lively. Concordo com o isolamento dele; este aposento o preservará até decidirmos que passos tomar. De que adiantou me trazer aqui? Por que não aceitou ir ao meu gabinete quando...

— Chaderton me convenceu de que há olhos e ouvidos invisíveis em toda a parte. Não acredito que sejam de natureza demoníaca, mas, sim, que ouvem, vigiam... recolhem informações. Quero deixar claro a eles que não é fácil dissuadir-nos. Somos homens de ferro, cujas missões não são evitadas nem minimamente por ferimentos medonhos, tiros de pistola, veneno, pestes ou feiticeiras. Precisam ver que nada nos deterá.

— Combinado — respondeu Marbury, entredentes —, mas podíamos ser heróis de ferro num lugar um pouco mais aquecido?

— Por favor, faça o que eu peço — Timon encostou-se como quem não quer nada na mesa onde jazia Lively. — Fale-me do veneno que *o senhor* tomou.

— Não tomei — repreendeu Marbury, esfregando as mãos. Mais uma vez com as suspeitas alertadas, esforçou-se ao máximo para ignorar o frio. — Foi-me dado em bolinhos doces e sidra de pera.

— Ainda assim, o senhor sobreviveu.

Marbury lançou-lhe um olhar furioso antes que ele respondesse, e Timon devolveu-o sem nenhum tipo de emoção.

— Sem dúvida, o veneno destinava-se ao rei — começou, devagar. — Foi na Cozinha Privada. Um ajudante trazia consigo um remédio tão potente...

— Um purgativo — interrompeu-o Timon, quase para si mesmo.

— É. Muito poderoso. Talvez eu tenha vomitado o baço. Fui obrigado a desempenhar essa humilhante tarefa no corredor diante da cozinha.

— Com o rei à espera lá dentro?

— Nunca me senti tão envergonhado em toda a vida.

— Onde e quando lhe deram a comida?

— Assim que cheguei. — A irritação de Marbury parecia cascalho na garganta. — Na Cozinha Privada, como disse.

— E você ficou esperando por Sua Majestade durante...?

— Menos de meia hora.

— O suficiente para sentir a ferroada do veneno, mas não para concluir a função.

— Como disse? — O desprazer de Marbury diminuiu um pouco diante de uma curiosidade mais nova. — Que maneira de...

— Não achou estranho esse ajudante ter um antídoto consigo?

— Foi-me explicado — respondeu Marbury, devagar — que Sua Majestade vivia em constante perigo de ser envenenado. De fato, foi envenenado e salvo pelo próprio remédio que me restabeleceu.

— Mas ele não ia comer com o senhor, correto?

— Foi-me explicado que o ajudante mantinha a poção consigo o tempo todo.

— Um golpe que salvou o senhor.

Sem pensar, o diácono também se encostou à mesa.

— Mas, sem dúvida — Marbury continuou —, não está insinuando...

— Apenas observo que o senhor foi envenenado na presença do rei, depois salvo por ele. É uma maneira grosseira, mas não sem precedentes, de estabelecer uma sensação de esmagadora gratidão, combinada com profunda humilhação. Uma perfeita combinação para provocar, em muitos, lealdade certa.

Marbury cruzou os braços, o tiritar quase constante. Percebeu que Timon captara importante parte da informação. Antes que entendesse por completo o sentido, Timon continuou:

— O senhor contou segredos ao rei; disse que houve um assassinato. Disse, ou deu a entender, que os documentos aqui em Cambridge, por ele enviados, talvez tenham sido a causa do crime. Por sua vez, ele lhe falou da guerra que trava com a feitiçaria, a confissão de que foi envenenado antes...

— E a acusação — sussurrou Marbury — de que há evangelhos escondidos ou suprimidos de nossa Bíblia, livros que não vieram à luz em mais de mil anos.

— Após o que — disse Timon, batendo a palma da mão na mesa — o senhor é perseguido por um dos maiores assassinos da Europa, tão logo parte de Hampton Court! Se o rei desejasse silenciá-lo, manter os segredos ocultos, não haveria melhor verdugo que Pietro Delasander.

— Precisa dizer-me como o conhece. — Marbury chiou.

— E o senhor, dizer-me como ele morreu. — Timon devolveu.

— Já lhe disse! — explodiu o diácono.

— Salteadores de estrada? — respondeu o outro com igual volume. — Muito seletivos esses salteadores que mataram Pietro e ajudaram o senhor...

— A história tem mais coisas.

— Então conte-me.

— Meu sangue está congelando!

O tremor de Marbury intensificou-se, cada músculo do corpo retesado com o frio.

— Iremos lá para cima, de volta ao seu gabinete — explicou Timon, paciente —, assim que tiver respondido às minhas perguntas.

Marbury inspirou fundo, para dar um apressado resumo do encontro com os meninos na mata — parecia mais um sonho que um fato —, antes de perceber o que Timon estava fazendo.

— Passou-me pela cabeça que o senhor foi vítima da Inquisição — disse, conseguindo esboçar um sorriso. — Agora confirma esse fato, pelo menos em minha mente. Percebo que usa, de formas muito sutis, técnicas da Inquisição para arrancar-me informações. Não há nenhum motivo verdadeiro para trazer-me a este aposento gelado, ficar parado ao lado do cadáver, a não ser para dizer que eu poderia ser aliviado de tal circunstância se respondesse às suas perguntas.

Timon sorriu e cruzou as mãos.

— Eu me perguntava por quanto tempo poderia empregar esse instrumento antes que o senhor percebesse o que eu fazia.

— Não confio mais no senhor, nem nos homens que o indicaram — Marbury disse abertamente. — Talvez você tenha discernido isso e julgou melhor arrancar-me informações dessa maneira.

— Sou um homem de um só objetivo. O senhor empregou-me para encontrar um assassino e o farei. Quantos mais fatos houver, mais rapidamente terminarei a missão. Nada me deterá.

— Como já sugeriu.

— Mas confesso — continuou Timon, mais gentil e com certa dificuldade — que talvez eu tenha sido excessivo em minhas maneiras por achar que o admiro e o respeito. Isso é insensato para mim, pois pode tornar-se um impedimento ao meu trabalho.

"Nisso há verdade", perguntou-se Marbury, "ou é mais uma tática? Parece claro que não foi ele quem me envenenou em Hampton Court, mas como se pode ter certeza com um homem desses?"

— Sugiro uma espécie de trégua — continuou Timon. — Eu lhe conto, talvez amanhã, os detalhes de tudo o que aconteceu aqui na sua ausência. Descobri coisas que, como já lhe disse, agitarão as águas do mundo.

— Eu, por minha vez, revelarei — disse Marbury com um suspiro —, após uma boa noite de sono, tudo sobre a viagem à corte, uma história para causar tensão na mais vívida imaginação.

— Então, pelo amor de Deus, saiamos deste calabouço — apressou-se a responder Timon, dirigindo-se à escada. — Não sinto mais os pés.

— Receio quebrar um osso se não parar com essa tremedeira — disse Marbury, também apressando-se para seguir o irmão.

Os dois subiram correndo a escada para o Grande Salão.

O diácono refletia sobre a estranheza do dia que tivera.

Por outro lado, Timon revivia uma de cem ou mais noites em que era arrastado de uma câmara de tortura de volta a uma cela da Inquisição, um quarto do tamanho de um caixão.

27

Sem dizer uma única palavra de despedida, Marbury desapareceu. Deixou Timon tropeçar pelo enorme salão escuro ao passar por escrivaninhas vazias, onde apenas fantasmas poderiam estudar, e apressou o passo até o quarto, o tempo todo com o punho da mão direita cerrado no cabo da adaga, como se fosse um crucifixo.

Sombras negras varriam o rosto de Timon enquanto ele acelerava os passos, o desespero grudado na mente: Pietro Delasander... por pouco. E o retorno dos pesadelos da Inquisição. Começou a ficar com as mãos trêmulas e a formar com os lábios palavras sem som.

A branca lua remava o barco prateado no céu crepuscular e aquela calma escarnecia com o pânico dele. Oferecia-lhe cordas brancas, fachos de luz entre os troncos de árvores, uma fuga da Terra, se pudesse galgá-las. Entendeu que a lua oferecia falsas esperanças. Havia apenas uma verdadeira salvação, encontrada no óleo de noz-moscada.

Este ele obtinha pela destilação de vapor, e podia consumir de várias formas. A noz-moscada constituía um importante artigo de comércio na Inglaterra. Em certas comunidades judaicas, sobretudo as iemenitas, empregavam-na como um medicamento popular e como ingrediente em poções de amor. Também era empregada contra vômitos, resfriados, doenças do fígado, baço e pele — todos os esplêndidos benefícios de qualquer filtro de amor. A especiaria tinha outras utilizações práticas, sobretudo como ingrediente de saborosa culinária, mas também como auxiliar no aborto. As mulheres que recorriam ao último uso eram chamadas de maneira zombeteira de *damas da noz-moscada*, e as do primeiro, *cozinheiras*.

Timon fumava-a num cachimbo de argila. Aprendera as propriedades mais peculiares do fruto com os judeus com quem fora encarcerado. Haviam-lhe falado das qualidades calmantes da especiaria em grandes poções, destiladas e fumadas. A náusea reinava por algum tempo, a boca ficava seca como areia, a pele ficava avermelhada, e os olhos, injetados e ensandecidos. As horas que se seguiam, porém, abundavam em deleites extraordinários. Grandes visões transportavamno para longe da angústia e para outro mundo. Ele dependera da especiaria para tornar suportável o tempo na prisão, intensificando as percepções e as intuições; e, mais tarde, para permitir-lhe submeter o próprio estigma de horror às suas desventuradas vítimas.

Chegou ao diaconato, precipitou-se pela porta externa e atravessou o corredor até a cela. Embora fizesse frio no quarto, ele suava. Vinha contendo o intenso desejo, mas os acontecimentos do dia haviam acabado, afinal, por arruinar-lhe as defesas. Cada átomo no corpo gritava pela especiaria.

O monge cambaleou em direção à cama e encontrou a caixa de madeira que continha um frasco de óleo e o cachimbo de argila. Sentou-se na cama, jogou a caixa para o lado e despejou o espesso óleo marrom no cachimbo. Pegou o sílex que levava no manto e riscou-o, febril. Loucos segundos passaram eufóricos antes que o óleo se inflamasse nas chispas e a fumaça começasse a fazer arder os olhos e depois os pulmões.

Na escuridão do quarto, o perfume de noz-moscada a cozinhar era mais reconfortante que qualquer outra sensação no mundo. Ele sugou a fumaça como se inspirasse o último alento — e por repetidas vezes.

Por fim, o pânico começou a diminuir. Timon largou o cachimbo no colo e recostou-se na parede. Sentia o estômago revirar-se e desejou uma cerveja para eliminar a areia na garganta.

Então, sem aviso, teve a mente dominada por uma visão. Viu-se em outro quarto: uma cela mais clara e apavorante em Roma, perto da praça Campo dei Fiori.

28

Nessa visão, o monge caíra mais uma vez no cativeiro, por obra de um empregador — o traidor —, em janeiro de 1600. Zuane Mocenigo, jovem rico, preguiçoso, que desejava aprender a arte da memória. Talento pelo qual Timon — embora na época ainda não se chamasse assim — era muito famoso. Esperava a cátedra vaga de matemática em Pádua, mas o exaltado cargo fora, em vez disso, para Galileo Galilei, e coubera-lhe a ele, com grande grau de decepção, a função de tutor de Mocenigo.

Este, por sua vez, teve grande decepção ao saber que o sistema de mnemônica do mestre exigia diligente trabalho e séria concentração, pois esperava adquirir uma fácil magia. Acreditava que o prodigioso talento do tutor para lembrar o infinito resultava de feitiçaria. Por mais que Timon explicasse tratar-se de pura ciência — um jogo árduo, exaustivo, de fazer um pequeno fato ligar-se a outro, uma cadeia que podia conter o enorme peso dos fatos —, ele não acreditava. A princípio desanimado, Mocenigo foi ficando cada vez mais furioso a cada lição. Onde estava a magia?

Quando se fartou do tedioso estudo de colegial, não achou nada de mais denunciar o professor à Inquisição.

O julgamento foi supervisionado pelo famoso inquisidor Robert Bellarmine, rigoroso intérprete de sua missão, tendo como assistente o cardeal Enrico Venitelli. Logo os dois o condenaram como demônio e entregaram-no às autoridades seculares. Devia ser queimado na fogueira em Roma, na praça Campo dei Fiori. À espera na cela, ele ouvia o ruído comum das pessoas que passeavam pela praça, os vendedores a apregoar o frescor dos mexilhões salgados e a brancura dos nabos. E, por fim, a construção de sua própria pira fúnebre seca, lenhas pesadas e toscas entabuadas e amarradas umas nas outras.

Passara cada momento desperto em prece ou matando milhares de aranhas companheiras de cela. Algumas mordiam e erguiam vergões vermelhos que ardiam e causavam comichão. Sofrera centenas desses ferimentos. Não o tinham incomodado a princípio, mas, à medida que o número crescia e a constante dor e a coceira se intensificavam, achou que talvez enlouquecesse antes da execução. As cócegas das patas de uma aranha na pele — reais ou imaginárias — quase lhe impediam os espasmódicos momentos de sono. A sanidade chegava e deixava-o, um bondoso visitante de outro país.

Ao ajoelhar-se na cela, orando no último dia de vida, uma manhã de incomum calor, admirou-se com o barulho de passos que se aproximavam.

"Tão cedo assim?", perguntou-se. O sol mal nascera. Apenas uma pequena aglomeração encontrava-se na praça àquela hora.

Aquilo o deixou intrigado, porque o principal objetivo de queimar um homem na fogueira, além de servir, por certo, como entretenimento popular, era a advertência aos supostos pecadores. Uma execução tão cedo derrotava as duas finalidades.

Timon abriu os olhos.

A cela de Roma mal chegava a ser maior que a atual: havia espaço suficiente para deitar-se apenas enroscado como uma criança e para ficar de pé apenas curvado como um velho. As paredes eram verdes de musgo. O odor do canto sujo que lhe servia de urinol era quase esmagador. Ele fora abençoado com uma janela pequena e alta. Dava para o leste, de modo que podia meditar sobre a mudança das horas. Às vezes ficava sentado durante dias vendo um quadrado de luz matinal perseguir devagar as sombras acima da parede; observando um espectro prateado de luar fazer o mesmo nas longas horas da noite.

Ouviu a porta ranger ao abrir-se. Não se levantou nem se voltou para vê-la. Um condenado livra-se de tais maneiras.

— Meu filho — sussurrou a delicada voz, em latim rápido e formal.

Meu confessor, ele supôs.

— Padre.

Timon fechou os olhos de novo.

— Levante-se, por favor — exortou a voz.

Timon suspirou, estendeu a mão até a parede e conseguiu levantar-se, roçando a cabeça no teto.

Quando se virou, viu-se presenteado com uma imagem que lhe marcou a ferro quente a frente do cérebro.

Sua Santidade, o Papa Clemente VIII, imóvel e emoldurado próximo ao vão da porta da cela da morte, parecia um punhal apontado diretamente para cima: cintilava em mantos brancos, a mitra terminando numa ponta de faca sobre a cabeça.

O assombro impediu-o de mexer-se.

— Giordano — chamou-o o Papa, na mais amável pronúncia que ele já ouvira de seu verdadeiro nome.

— Sua Santidade — conseguiu dizer, ainda em pé, estupefato.

O Santo Padre virou-se e despachou quem vinha atrás com um vago gesto. O ajudante de partida deixou um banco no qual sentou-se Clemente diante da cela.

— Um terrível dia para a Madre Igreja — começou o Papa, sem olhar o condenado. — Desprezamos seus pecados, mas discordamos de que seja um demônio.

— Entendo, Sua Graça — ele murmurou, embora não entendesse.

— A mais séria acusação contra o senhor...

— Descobri uma estrutura interior do mundo de ideias. — Timon manteve o olhar firme até o santo homem encará-lo e olhá-lo no olho. — Posso, portanto, lembrar-me de tudo. É verdade.

— Na ânsia por falar — respondeu o Papa, um leve sorriso a esboçar-se no canto da boca —, o senhor degenerou em italiano.

O prisioneiro sorriu, ao perceber que de fato retornara à língua materna.

— O frio latim não conterá meu fervor, e tornei-me italiano em vez de dominicano.

— O homem torna-se ele mesmo na manhã de sua morte — concordou Clemente, em voz baixa. — Bellarmine e Venitelli tiveram razão em condená-lo, por essa ciência da memória. — Deslocou-se sem jeito no banco. — E, no entanto, é exatamente essa ciência da memória que Nos incita a visitá-lo na cela. Quanto ao momento, abandonamos a execução. Sua morte não é uma coisa que teríamos em Nossa alma. Tomamos, portanto, outras providências. O senhor se esconderá e fará o que lhe ordenarmos.

Timon sentiu como se as pedras da parede houvessem desabado sobre ele. Não conseguia encontrar a língua nem desemaranhar o nó no cérebro.

— Vai abandonar minha execução?

— Conhecemos esse Mocenigo idiota — disse o Papa, com um aceno da mão —, o sujeito que o denunciou e o condenou a este destino aqui. Entendemos que ele se enfureceu por não lhe ter instruído em certas artes mágicas, mas tentar ensinar-lhe as artimanhas da ciência. Sabemos que o senhor não é alquimista, mas cientista. A própria coisa que o condenou agora o salva. Irônico, não é?

— Sua Santidade... — disse Timon, ouvindo o alívio na própria voz.

— Essas artimanhas que o ajudam a lembrar — continuou o Papa, impaciente —, esse dispositivo científico ou algum aparato da mente... precisamos que o continue a fim de aperfeiçoá-lo. Precisa crescer nesse talento para ter o poder de realizar grande obra que lhe vamos exigir brevemente.

— Poder?

— O poder da língua — explicou Clemente, sem rodeios — e da memória. Será levado para um lugar de segurança onde aprenderá várias línguas difíceis o mais rápido que conseguir, e precisa conhecê-las melhor que qualquer homem na Terra. Também receberá um nó de códigos e instruções que nenhum mortal saberia desemaranhar. E mais instruções em certas... outras habilidades, que sabemos que possuía antes de tornar-se monge. Nós o escolhemos, um homem que morrerá e ressuscitará, para uma grande obra, meu filho.

Um sorriso estranho tocou os lábios de Sua Graça.

Antes que Timon pudesse formar as próximas mil perguntas, ouviu um arrastar de pés no corredor escuro diante da cela. Ele encolheu-se de medo, ainda à espera de ser levado à fogueira.

— Mas aí estão seus protetores — anunciou o Papa, e levantou-se.

— Não entendo — disse o monge, a voz áspera. — Devo partir com esses homens? Não vou ser executado hoje?

— Precisa trazer seu admirável cérebro de volta à vida, Giordano — respondeu Clemente, irritado. — Fizeram-se preparativos.

— Mas — apressou-se a dizer Timon, quando o visitante voltou-se para partir — meu pai, meu pai terrestre... Ele virá aqui buscar meu corpo.

O chefe da Igreja suspirou.

— Escolhemos outro — explicou, encarando os homens que se aproximavam. — Precisa partir já.

Com isso, foi-se. Desapareceu como se nem sequer houvesse estado naquele horrível lugar.

Três homens surgiram da escuridão. Timon não conseguiu ver os rostos. Arrancaram-lhe o manto marrom surrado e substituíram-no por outro igual ao que usavam: negro como a noite, limpo.

— Mas coitado de meu pai... — murmurou o desamparado preso a um dos estranhos — Meu pai verdadeiro saberá que não sou o homem na fogueira.

— Tudo foi providenciado — respondeu um deles, em italiano.

Um segundo, de voz mais simpática, sussurrou:

— A língua do homem escolhido para ocupar seu lugar foi pregada na mandíbula para impossibilitá-lo de falar. E ele terá um saco de pólvora ao redor do pescoço, o que tapará o rosto.

— Como?

— Faz-se muitas vezes isso como um ato de bondade das autoridades clericais, para que o homem morra rapidamente e não sofra com as queimaduras. Ele... explode.

— E, depois — explicou friamente o terceiro —, ninguém reconhecerá nem mesmo o corpo, hem?

Após aquele momento, o recém-batizado *Irmão Timon* mergulhou feliz na inconsciência, onde permaneceu por vários e longos dias.

29

A visão desses acontecimentos continuou a abater o irmão Timon quando ele se deitou na cama em Cambridge, mais de cinco anos depois de ocorridos. Encostou-se na parede atrás e virou a cabeça para as pedras nuas lhe esfriarem a face em chamas. Respirava com esforço. Tinha os olhos injetados sem parar e todo o branco neles desaparecera, substituído por um fogo incandescente. O monge tornou a guardar o cachimbo e o frasco na caixa de madeira. Escondeu-a mais uma vez e deitou-se atravessado na cama.

Pouco depois, outra lembrança mais apavorante o dominou. Veio-lhe de novo à memória o motivo de o nome *Padget*, citado por Lively pouco antes de morrer, haver-lhe feito o cérebro arder.

Cerrou os olhos, sentindo a lembrança começar a derrubá-lo. Agarrou-se aos lençóis, impotente para impedir o surgimento das vívidas imagens no olho da mente. A princípio, viu apenas cordas transparentes de chuva suspensas na noite. Depois, com mais clareza, sentiu-se percorrendo a rua de Southwark, onde morava um certo velho. A rua se materializara do ar rarefeito, e ele ali se encontrava, atravessando aquele escuro corredor. Pelo que sabia, a rua não tinha nome.

Chegou a uma porta de correr marrom, meio comida pelas traças. Antes que batesse, surgiu, no lado de fora, uma mulher com um avental da cor da chuva. Tinha o rosto enrugado, coberto de fuligem, e os olhos não passavam de duas fendas. Um amarrotado gorro pendia-lhe do topo da cabeça. Mãos vermelhas e ásperas, e ela estremeceu ao vê-lo, como se tal presença lhe causasse dor.

— Que é? — ela perguntou.

— Vim ver Robert Padget, por favor — disse Timon, com boa educação.

Aprendera que a cortesia sempre surpreendia a plebe londrina. E aproveitava-se desse choque em benefício próprio.

— Não adianta — respondeu a mulher, inteiramente insensível às boas maneiras. — Se ele chega a ganhar algum dinheiro, vem todo para mim, entende? Esse senhor já me deve três meses de aluguel.

Deslizou a porta na direção do visitante, enxotando-o.

— Não quero o dinheiro dele. Tenho apenas algumas perguntas a fazer.

— Ele não *tem* dinheiro — insistiu a mulher.

— Então talvez a senhora considere uma boa coisa eu não ter vindo aqui por isso.

A mulher ficou parada no vão, contrariada por um instante. Cabelos gordurosos escorriam-lhe do gorro manchado. Parecia ter um olho mais para a direita que o outro.

— Acho que pode entrar — cedeu, de má vontade. — No topo da escada, a primeira porta que vir.

— Obrigado — ele assentiu e espremeu-se para passar pela mulher o mais rápido possível.

Desprendia-se dela um hálito semelhante ao de restos de um pássaro morto há dez dias no sol quente.

— Não pode demorar-se muito — ela gritou. — Ele precisa de descanso para ter condições de trabalhar. Ganhar meu dinheiro!

Timon precipitou-se pelos sujos degraus acima.

— Não vou prendê-lo por muito tempo — garantiu-lhe, a mão na porta de Padget.

Se soubesse o que era o quarto, talvez não tivesse passado dali.

A porta abriu-se com um rangido.

Sem nenhuma vela acesa, o aposento tornava-se escuro como o breu. A falta de luz transformava as quatro paredes numa cripta.

O odor do ambiente destroçava os sentidos e empurrava-o para trás como se tivesse levado um soco no peito. O ar fedia a lençóis de leito de enfermo, cerveja velha, tabaco barato, urinóis não esvaziados e um medo palpável de fazer o coração parar de bater.

— Quem é?

A voz, quase não humana, poderia ter vindo de um animal agonizante.

— Robert Padget? — perguntou o monge, sem ver de onde viera a voz e espreitando o quarto em volta sem sair do lugar.

— Feche a porta — grunhiu o enfermo. — Tem uma corrente de ar.

Timon descobriu que não podia mexer-se por temer que trouxesse mais escuridão para aquele quarto e menos ar ainda.

— Quem é o senhor? — perguntou Padget, exausto pelas palavras.

Timon ouviu o farfalhar de lençóis e tentou focalizar os olhos na cama. Quando os ajustou um pouco à escuridão, viu uma massa pesada deslocar-se na estrutura de madeira que estava vários palmos à esquerda.

— Posso acender uma vela?

— Não tenho nenhuma — suspirou Padget.

— E nem vai ter! — chegou uma repentina voz do corredor.

Timon virou-se num piscar de olhos.

A senhoria subira a escada, silenciosa como um fantasma.

— Não tem vela enquanto não me pagar! — ela concluiu a breve arenga.

— Eu pago — apressou-se a dizer Timon, enfiando a mão no bolso. — Tome um quarto de penny. Traga várias velas e uma caneca de cerveja para o sr. Padget.

Ela pegou o dinheiro, parou um momento, tentando entender o que acontecia, desistiu de entender e desapareceu.

— Comprou velas e cerveja para mim? — conseguiu articular o enfermo, a voz ganhando um pouco de força.

— Sim.

— Não faz ideia — ele disse, quase como uma criança — como são longas as noites neste quarto sem nem sequer uma chama.

O monge estremeceu, sabendo muito bem como eram.

— Que quer comigo, então? — fungou o velho. — Sem dúvida, a sra. Isam disse-lhe que não tenho dinheiro.

— Há algum lugar para eu me sentar? Uma cadeira?

— Não — respondeu o outro grosseiramente. — Só esta cama.

A sra. Isam surgiu no topo da escada, três velas longas numa das mãos e, na outra, uma caneca de chumbo com tampa. O dinheiro, parecia, tornara-lhe os pés bem ágeis. Passou empurrando Timon como se ele não estivesse ali e lançou a caneca na direção do inquilino.

Padget pegou-a e tomou a metade antes que ela se encaminhasse ao visitante.

— Tome — disse, entregando-lhe as velas. — Tem uma pederneira no parapeito da janela. Voltarei se não tiver saído em meia hora.

— Sim — ele tranquilizou-a.

A senhoria empertigou-se ao passar e desapareceu escada abaixo.

— Mulher encantadora — entoou o doente, e terminou a bebida. — Meu Deus, que sede. Ardo de febre.

— Sr. Padget — disse Timon, com toda a calma. — Sou um emissário de Sua Santidade, o Papa Clemente VIII.

— Sra. Isam! — ele berrou, a voz mais forte do que se julgaria possível. — Deixou entrar um *católico*!

— Feche a matraca! — ela gritou das entranhas da casa.

Timon dirigiu-se ao parapeito da janela, mal visível à luz obscurecida. Tateou em volta à procura do sílex, encontrou-o, acendeu uma das velas e embolsou a pederneira.

O quarto tornou-se claro. Ele logo desejou que tudo ao redor tivesse permanecido no escuro.

Paredes mosqueadas e manchadas, quando não em estado de desintegração; o teto, um ninho de teias de aranha; papéis amassados enchiam o quarto, empilhados uns cinquenta centímetros ou mais pelos cantos.

Três urinóis de revirar o estômago transbordavam ao lado da cama do paciente — a única peça de móvel no quarto.

As cobertas sobre o homem estavam besuntadas, respingadas de sangue, rasgadas e emporcalhadas. Um monte de roupas imundas cobria-lhe os pés. Os mastros de madeira da cama exibiam rachaduras e cortes; toda a estrutura ameaçava ceder a qualquer momento.

O enfermo olhava-o de soslaio desse abrigo, o rosto esvaído de um cadáver inchado. A pele amarela cobria-se de varíola e bolhas. Carmesim debruava-lhe os olhos, onde não se via branco algum. Menos de dez fios de cabelos grisalhos retorciam-se na cabeça, que, fora isso, era calva, com o crânio castanho. Lábios ressecados arreganhavam-se atrás de dentes cinzentos; a língua era quase negra.

Cada respiração era um trabalho de Hércules; a pouca luz de uma vela feria os olhos do inquilino. Mas ele teve força para sentar-se e examinar as feições do estranho, absorvendo-o com obsceno prazer.

— O senhor tem um documento que não lhe pertence — disse Timon, adiantando-se um ou dois passos. — E o que é pior: escreveu um panfleto sobre isso.

— Escrevi milhares de panfletos — ofegou o enfermo.

— Não como esse. Adquiriu um documento cuja posse é ilegal e depois o citou. Começa: "Sou a meretriz e a santa...".

— Não! — explodiu Padget. — Começa: "Sou a primeira e a última; a honrada e a desdenhada"; e só depois: "Sou a meretriz e a santa...".

— De quem adquiriu esse documento? — insistiu Timon, ignorando a pedagogia.

— Isso na verdade é uma bênção e tanto — disse o doente. — Chegue aqui.

Começou a lutar com as cobertas, tentando empurrá-las para trás.

Timon não se mexeu.

— Venha — encorajou-o Padget, com a mão moribunda. — Quero mijar no senhor, e não posso fazê-lo se continuar tão longe assim. O senhor é, em minha opinião, uma sarjeta cheia de escarro.

Timon sorriu.

— Não? — respondeu o velho com voz rouca. — Bem, então cave um buraco e saia fora. Vê o desespero com que preciso do dinheiro. Olhe ali naquele penico.

Disparou os olhos para baixo.

Timon já vira demais os urinóis de Padget.

— O que tem nesses penicos é mais útil para a humanidade do que tudo o que seu Papa tem a dizer sobre qualquer assunto — disse o doente com amor, como se falasse do neto.

Um ataque de tosse arrasou-lhe o corpo. Catarro cor de ferrugem voou-lhe da boca. A caneca de chumbo caiu-lhe da mão, rolou cama abaixo e causou estrépito no chão entre dois urinóis.

— Dê uma boa olhada em mim, seja quem for. Não acenda mais velas; quero poupá-las. Mas dê uma olhada no que sou. Isso é o que o aguarda. Sou seu futuro, sifilítico e sem poder urinar; ressequido e pobre. Minha esposa me deixou, minha meretriz fugiu com meu dinheiro e meus filhos se encolhem de medo à minha visão. Esta é a herança de todos os homens.

O esforço de tanta bile esgotara-o. Fechou os olhos e começou a roncar quase no mesmo instante. A baba, como uma gema de ovo, escorria-lhe do canto da boca.

Timon ficou ali parado por um momento, tentando pensar no que fazer em seguida. Sua atribuição era clara, mas aquele homem jamais diria onde ou como adquirira o texto secreto. Melhor avançar para o resto da tarefa.

Ergueu a vela e vasculhou o quarto até encontrar uma bolsa de couro estragado. Nela, como esperava, achou um maço de papéis — entre eles, o documento em busca do qual o haviam despachado.

Ficou ali no quarto durante longos e silenciosos momentos, lendo o documento por tempo suficiente para decorá-lo. Era curto demais para o uso da roda de memória. Também belo demais para não exigir esforço. Parecia uma revelação de Maria Madalena, mas ele afastou a ideia para os mais remotos recessos da mente.

Quando terminou, o ronco de Padget já alcançara um nível atroador. Deu três longos passos até a cabeceira da cama, retirou um punhal e dividiu a garganta do enfermo de uma orelha à outra. O velho não emitiu som algum e teve morte instantânea. Espesso sangue marrom irrompeu da ferida como a polpa de uma romã podre. Esse foi o primeiro de uma centena de ferimentos que o religioso iria infligir.

Atirou o documento ofensivo no peito do morto e ateou-lhe fogo com a vela. Depois tocou a chama nos cabelos do morto, na colcha e nos lençóis fedidos. As chamas alastraram-se aos poucos e a carne começou a ferver.

Timon pôs-lhe, então, a vela na mão cheia de manchas marrons e chegou ao pé da escada no instante seguinte. Ao sair à rua, encaminhou-se a passos largos para o rio, antes de inspirar pela primeira vez depois de um quarto de hora. Agulhas de ar frio espetavam-lhe a garganta, e eram gloriosas.

Timon teve a estranha sensação de que acabara de encenar a própria morte numa peça à qual ninguém assistia. Teria Padget previsto corretamente o futuro? Terminaria morrendo em total horror o homem a quem chamavam irmão Timon?

Repetidas vezes um círculo de perguntas corria-lhe na cabeça como moscas zumbindo. Por que matar alguém que morreria no fim da semana? Por que queimar o documento? Qual ameaça ao Papa, naquele papel, fazia-o enviá-lo a Londres para assassinar um velho e queimar uma revelação sagrada?

"Meu primeiro assassinato", pensou ao sair da viela afastada e entrar em uma rua principal. "Não foi tão difícil quanto eu imaginara. Parece muito fácil matar quando sabemos que fazemos a obra do Senhor."

Todas as visões haviam desaparecido pela manhã. Os pesadelos retiraram-se para lugares ocultos. Uma única cotovia anunciou a ascensão do sol.
Uma série de batidas na porta da cela acordou-o.
— Por favor, vá embora — ele conseguiu dizer sem forças.
— Estou dormindo.
— Irmão Timon, aqui é o dr. Spaulding — respondeu a voz irritada. — Precisa vir já à porta.
— Estou fazendo minhas orações matinais — resmungou Timon, virando-se para o outro lado.
— Creio que agora deduzi a *verdadeira* identidade do assassino — insistiu o outro, friamente.
Timon lambeu os lábios, abriu os olhos e piscou-os como asas de morcego.
— Já não interpretamos essa cena? — perguntou, tentando sentar-se. — O senhor veio à minha porta na manhã de ontem com a mesma...
Mas de repente calou-se, receoso de, talvez, ter imaginado a semelhança entre as duas manhãs, ou estar confundindo a realidade com os sonhos.
— Quer vir à porta? — rosnou Spaulding.
Timon sentou-se. Mergulhou as mãos na bacia d'água ao lado do urinol e borrifou o rosto, o que apenas tornou a sede mais desesperada.

O velho entrou no quarto como um exército de homens. Mesmo naquele estado desidratado, Timon viu que centenas de pensamentos martelavam a cabeça do colega, que espremia os olhos evasivos e parecia apontar-lhe o rosto com o nariz. O manto perfeito, sem um vinco, e o solidéu apenas intensificaram a suspeita de que era de fato a encarnação da morte.

— Levante-se! — gritou.

Timon continuou sentado, calculando o esforço que lhe exigiria matar o outro naquele momento, desmembrar o corpo e esconder os pedaços, sem ser visto, nos arredores de Cambridge.

— Problemas demais antes do desjejum — resmungou, esfregando os olhos.

— Hem? — irritou-se Spaulding.

— Foi salvo por um ovo quente e um pouco de cerveja — bocejou Timon.

Levantou-se, afinal, agigantando-se acima do companheiro, cuja altura curvada não era páreo para a dele, de mais de um metro e oitenta e dois.

— Que quer dizer? — exigiu saber o velho.

— Vamos conferir a questão de sua mais recente teoria — explicou Timon, e dirigiu-se à porta — no desjejum.

— Acho que não. Esperam-nos imediatamente no gabinete do diácono Marbury.

— Se, em primeiro lugar, eu não comer um ovo e tomar cerveja — admitiu Timon, quase diante da porta —, vou ficar distraído e é impossível saber o que poderei dizer ou fazer.

Spaulding hesitou ao vê-lo partir.

— Rápido, então — disse, com um pouco menos de vigor, seguindo-o logo atrás. — O diácono espera.

— Por que não o convida para juntar-se a nós no desjejum? — gritou Timon, virando-se para trás ao atravessar com preguiça o corredor rumo à doce luz solar.

A cozinha do diaconato media pouco mais de um metro quadrado. Fora construída bem distante dos principais espaços de residência habitados, para os aromas e ruídos dos preparos culinários não interferirem no restante da casa. Toda de pedra cinza e negra, tinha uma janela pela qual o sol da manhã dividia em partes iguais a escuridão do espaço; este se distribuía na área de uma lareira, um fogão, uma grande mesa para o preparo de comida, um gabinete que servia de despensa e uma mesinha com quatro cadeiras. Ali, nas horas de refeições, os empregados reuniam-se para comer em pratos de madeira.

A mesa de preparação fora abarrotada de comida, medicamentos e misturas de agradável aroma. A lareira, grande e larga, ocupava quase toda a parede externa. Velas consumidas na superfície de madeira da janela confirmavam milhares de preparos do início da manhã.

O fogão, a um lado da lareira, fora usado antes naquela manhã para o cozimento de linguiças e bolos de aveia. Continuava quente, e persistiam os odores.

Timon inspirou o delicioso ar da cozinha, feliz por estar a sós para reunir as ideias. Spaulding saíra em busca de Marbury.

Após um momento de investigação, Timon juntou brasas quentes da lareira e despejou-as numa cesta de grelha em cima do fogão. Quis a sorte que visse uma cumbuca com uma dúzia ou mais de ovos na mesa de preparação. Encontrou uma caçarola sob o arco abaixo do fogão.

Bem estocada, na cozinha havia uma grande coleção de panelas de cerâmica. Imensos pratos decorados, sem dúvida para servir comida na mesa do diácono, ocupavam espaço na mesa. Uma série de canecas comuns, com desenhos mais simples do que as usadas na sala de jantar, achavam-se no chão. Numa, ele encontrou cerveja. Despejou um pouco numa panela, na ausência de boa água, e instalou-a num tripé sobre a cesta de grelha. Sempre com muito cuidado, deslizou o ovo dentro do líquido marrom.

Também encontrou vários bolos de aveia secando num suporte acima do fogão. Agarrou um como se pudesse salvar a própria vida.

Spaulding entrou intempestivo.

— Mandei chamar o diácono Marbury — avisou em sílabas comprimidas.

Timon respondeu mostrando o bolo para o recém-chegado.

— O acompanhamento perfeito para o ovo — disse, engolindo-o inteiro.

— O senhor está cozinhando o ovo em cerveja — censurou o velho, rispidamente.

— É. E vou beber o resto. — Timon ergueu a caneca com o resto da bebida e bebeu com vontade por um minuto. — Pronto, agora esperamos.

Para Spaulding, a espera parecia interminável, e ele percorreu de um lado a outro a curta distância da cozinha quase uma centena de vezes, até o diácono surgir no vão da porta.

Timon sofreu o que pareceu uma espera de horas por um ovo de cinco minutos, embora um pouco mais de cerveja marrom contribuísse para aliviar a agonia.

Apenas Marbury mostrava-se animado ao irromper na cozinha.

— Dormi como um bebê.

Deu um radioso sorriso; os olhos claros, o rosto lavado. Usava a vestimenta confortável: túnica cinza, calças, botas velhas de couro e um casaco azul acolchoado.

— O senhor precisava — reconheceu Timon, o mais obsequioso que conseguiu. — Espero que não tenha sido perturbado por sonhos.

— Sonhei que longas pilhas de papel me saíam voando da boca sempre que eu tentava falar — respondeu Marbury, meio surpreso com a própria imagística. — Que significa isso?

— Esse sonho, sem dúvida, deve-se à sua humilhante experiência diante de outra cozinha na manhã de ontem. — sugeriu Timon.

— Claro, deve ser. — Marbury juntou as mãos. — Por falar nisso, estou faminto. Boa ideia essa reunião na cozinha. Que tem aí cozinhando no fogo?

— Fervo um ovo — respondeu Timon.

— Excelente — bramiu Marbury. — Comerei seis. E com uma cerveja.

Dirigiu-se à despensa talvez três ou quatro passos antes de Spaulding explodir.

— Não estamos aqui para falar de sonhos nem preparar desjejum! Mas para confinar um assassino!

— *Confinar*, foi o que disse?

Marbury parou atônito.

— Esse monge — respondeu Spaulding, apontando Timon com um dedo ossudo — é o assassino. Precisamos juntos confiná-lo nesta cozinha até podermos alertar a divisão de guardas local.

— Timon é o assassino? — perguntou Marbury, mal se contendo.

— Concluí que um homem da laia dele não podia saber todas as coisas que sabe apenas com educação de Igreja. Não é da classe certa para ser capaz de alcançar tais pensamentos, nem deduzir nada sobre nossas atuais dificuldades. Que negue. Vejo com toda a clareza agora que o único motivo para excluir o dr. Chaderton como o assassino foi que, de fato, o assassino é *ele*! Assumi o comando do grupo desde a morte de Lively, e exijo que chame os policiais!

— Espantosa lógica — bocejou Timon, levantando-se. — Acho que meu ovo está pronto. Ponho na panela meia dúzia para o senhor, diácono?

— Por favor — respondeu Marbury.

— Não, mas não vê... — falou Spaulding, cuspindo.

— Meu caro doutor — disse Marbury, com toda a calma —, eu talvez deva lembrá-lo de que o primeiro assassinato, o do estimado Harrison, que descanse em paz, foi cometido antes de Timon chegar. E irmão Timon?

— Sim, diácono Marbury? — respondeu Timon, e enconchou com a colher o ovo da panela.

— Quem é o senhor? Que faz em minha casa?

— Sou chamado de irmão Timon, como tive o prazer de dizer-lhe ontem quando me fez a mesma pergunta — ele respondeu com muita animação.

— A história corre em círculos — disse Marbury, igualando sua alegria com a dele.

— Eu pareço estar me repetindo muito esta manhã... mas, para responder à pergunta, fui contratado para encontrar o homem que assassinou Harrison. E agora preciso trabalhar com mais afinco, pois o assassino parece inclinado a destruir todos os tradutores do rei aqui em Cambridge.

— É. — Marbury virou-se para encarar o velho nos olhos. — E também parece inclinado especificamente a matar qualquer um no comando, não?

O silêncio deu a Spaulding um momento para pensar na próxima pergunta.

— Como chegou a contratar esse Timon, diácono Marbury? — Ele cruzou as mãos diante do peito. — Onde o encontrou? Já o conhecia?

— Não conheço este homem — Marbury respondeu devagar. — Encontrei-o sob os auspícios de outros homens que conheci enquanto fazia o trabalho do rei. Mais que isso, não posso dizer, por decreto real.

— Mas sem dúvida admite a possibilidade — continuou Spaulding, um pouco menos estável — de um homem dessa espécie ter matado Harrison e depois ter se colocado em certa posição para que lhe atribuíssem a tarefa de encontrar o assassino. Seria o cargo perfeito para continuar a mutilação criminal.

Timon pegou o ovo, que lhe queimava os dedos, e começou a soprar a casca.

— Precisa decidir, sr. Spaulding, se não sou suficiente ou demasiadamente inteligente. O que sugere exigiria um considerável grau de planejamento e inteligência.

— É.

A expressão de Marbury mudara.

Timon começou a descascar o ovo, pondo os pedaços de casca bem arrumados na mesa, e encarou Marbury, na tentativa de saber o que ele pensava.

"Está se lembrando de minha lâmina ao ferir-lhe a pele", imaginou. "Pensa na facilidade com que falei em cortar um coração ao meio, enquanto ainda batia num corpo vivo. Acredita que eu, de fato, poderia ser o responsável pelo assassinato dos tradutores. Talvez até se pergunte como conheci Pietro Delasander."

Observava esses pensamentos brincando na expressão de Marbury. Não era difícil ler, tendo a máscara como a melhor armadura. Havia muito se exercitara para nada revelar. Mas ficou surpreso ao descobrir que desejava revelar-lhe a verdadeira missão. Não fora enviado para matar ninguém, mas apenas para memorizar a tradução do rei James por ocasião do início da colheita de trigo. Conseguiria também, de fato, desvendar os assassinatos e dispunha-se a fazê-lo. Quanto *disso* poderia contar a Marbury?

— Dr. Spaulding — disse, após um instante —, certamente pode mandar chamar quaisquer homens locais que julgue capazes de me confinar. Sem dúvida, não seriam o senhor nem o diácono Marbury. Mas, quando eu me for, os assassinatos continuarão, o senhor será a próxima vítima, e eu ficarei privado da satisfação de mostrar seu erro... pelo menos a todos os demais. Pois, por certo, o senhor estará morto.

O idoso estremeceu com o ruído de gelo que ouvia naquela voz.

— Por favor, dr. Spaulding, vá buscar a guarda da cidade — acrescentou Marbury. — Esperarei com o irmão Timon. Apesar da opinião dele, posso segurá-lo aqui até o senhor voltar.

— Eu... — começou o outro.

— Vá! — vociferou Marbury.

Spaulding saltou. Voltou-se para trás e viu Timon encarando-o e mordendo com vontade o ovo. Recuou dois passos, tateou as mãos à procura da porta e fugiu da cozinha. O monge escutou por um instante o ruído de sua corrida.

— Trará a guarda — perguntou Timon com a boca cheia — ou não?

— Difícil saber. — Marbury riu. — A quantas andam meus ovos?

Timon terminou o dele e foi tomado por um súbito e inexplicável desejo de contar a verdade.

— Fui prisioneiro da Inquisição cinco anos atrás — deixou escapar, surpreendendo tanto a si mesmo quanto a Marbury. — Soltaram-me com a condição de realizar certas tarefas. Uma delas era treinar homens na arte de assassinar; um desses homens chamava-se Pietro Delasander, o sujeito que tentou matá-lo na estrada quando o senhor voltava de Londres para casa.

Marbury fitava-o, os olhos arregalados. Timon viu que ficara desarmado por completo com aquela óbvia sinceridade, pois começou a falar várias vezes e deteve-se, pensando, e depois descartando perguntas.

— Peguei-o desprevenido — disse o monge em voz baixa.

— Em outras circunstâncias, eu teria feito isso como uma tática, para ganhar alguma vantagem. Neste caso em particular, não sei por que sou honesto com o senhor. Não é do meu feitio. Tive uma noite difícil e fui atormentado por certos sonhos. Mesmo assim...

Esperou a reação do outro, que parecia, afinal, decidir-se por uma pergunta, talvez aleatória, dando o melhor de si para não se mostrar tão estupefato quanto estava.

— Como adquiriu tanta habilidade nessa *arte*, como a chama, a ponto de saber instruir outros?

— Nem sempre fui monge — respondeu Timon calmamente.

— Não. — Marbury achou dilacerante o tom daquela voz. — Suponho que não.

— Contei-lhe demais, mas o fiz num espírito de franqueza.

— Timon disparou-lhe um olhar com tanta intensidade que lhe doeu no rosto. — Quero que acredite em mim: não sou o homem que tem assassinado esses tradutores.

— Quem é o assassino?

— Isso — ele garantiu ao diácono — eu vou descobrir.

— Mas esta não é a sua única obrigação em Cambridge.

— Marbury recostou-se na cadeira. Timon acabou de tomar a cerveja e nada respondeu. — Gostaria de saber se o senhor me diria mais alguma coisa.

— Eu também — respondeu Timon.

— Há três cadáveres muito próximos desta cozinha — continuou Marbury em voz baixa. — O de Lively à espera, o de Thom já se cuidou, mas, desejo saber, já terminamos com o de Pietro Delasander?

Três minutos depois, com o bolso cheio de ovos bem cozidos, Marbury se movia o mais rápido possível para acompanhar Timon. Corriam para os estábulos.

— Depois que o senhor me deixou com o corpo do assassino Delasander — disse Timon, virando-se para trás, irritado com o ritmo mais vagaroso do colega —, eu fiz um exame completo. Depois o transferi para a estrebaria.

— Não encontrou nada, por certo — deduziu Marbury, a respiração difícil —, senão teria me contado no porão, diante do cadáver de Lively.

Timon percebeu o tom da voz: sons que definiam a suspeita. Marbury tinha certeza de que ele encontrara algo e não revelara.

Os dois chegaram ao pátio dos estábulos. O cheiro de feno, a distração de carriças pulando nas pedras do calçamento, o calor do sol — tudo se unia para oferecer a Timon outra visão, um fantasma de sua própria meninice.

— Já lhe contei que fui cavalariço quando tinha 9 ou 10 anos? — A voz adquirira cordialidade para combinar com o ar iluminado pelo sol. — Ou que entrei em... em outro ramo de trabalho, quando me tornei cocheiro de certo homem? Eu era um rapazinho não muito diferente do que o levou a Londres.

Embora houvesse tirado um ovo do bolso, Marbury sentiu-o congelar-se na mão. A voz que ouvia tinha tanta saudade pelos idos dias que ele sentiu-se incapaz de mexer-se por um momento.

— Ah... — Timon esfregou o rosto com as palmas das mãos. — Que foi que me levou a pensar naquele rapaz? O cadáver de Delasander é por aqui.

Avançou mais devagar ao entrar na cocheira onde guardavam a carruagem real, limpa e desprendida dos arreios. Uma pilha de mantas de cavalo encontrava-se nos fundos da estrebaria. Ele ajoelhou-se e atirou-as para o lado, revelando o cadáver no simples manto vermelho. Dois escaravelhos negros que examinavam o rosto do homem afastaram-se rápida e levemente para a palha no chão e esperaram.

Marbury desviou o olhar.

— Por que ele tirou a própria vida? Achou que eu fosse matá-lo?

— Este sujeito? — O monge fez que não com a cabeça. — O senhor não poderia matá-lo.

— Então por quê...?

— Ele se matou para não ter de sofrer, ferido, um encontro comigo.

— Com o senhor? — perguntou Marbury, engolindo em seco.

— Ele sabia que eu trabalhava com o senhor e quem era o senhor.

— Como podia ele... espere! Qual a natureza da missiva secreta que o senhor diz ter descoberto na posse dele?

— Observe que este homem está vestido de vermelho — respondeu Timon com um suspiro, como se não houvesse ouvido a pergunta.

— Como? — insistiu o outro, confuso com a visível mudança de assunto. — São as vestes clericais, não são?

— Não exatamente — Timon adotou os tons de professor. — O milhafre médio tem o peito que parece coberto de sangue, as asas cinza-claro parecem lâminas de faca que retalham o ar. São aves que se alimentam de carniça. O homem que jaz aqui, o morto, adorava-as. Considerava-as colegas, colaboradoras. Por isso se vestia de vermelho.

— Quem era ele? — perguntou Marbury em tom baixo, parado e olhando o corpo. — Vai falar-me mais sobre este homem?

Uma carriça bem próxima da entrada, na luz do sol, encontrou um verme, engoliu-o, cantou e alçou voo para longe.

— E se eu lhe dissesse — começou Timon, devagar — que este homem era o principal médico da rainha Elizabeth?

Marbury deixou cair o ovo.

— Lopez?

— O dr. Rodrigo Lopez salvou a vida da rainha em inúmeras ocasiões e acabou condenado por tentar envenená-la. Enforcaram-no, arrastaram-no e esquartejaram-no nas ruas... para deleite de uma animada multidão que entoava sem parar: "judeu, judeu, judeu".

— O dr. Lopez *era* judeu — insistiu Marbury. — Embora ninguém o julgasse culpado do crime pelo qual morreu.

— Mas lhe peço que pense numa pergunta hipotética — suspirou Timon. — E se ele não morreu naquele dia? E se morreu ontem na estrada de Londres?

— Não. Aquele não era Lopez. Milhares de pessoas viram Lopez morrer.

Timon ergueu os olhos para ele.

— Precisa acreditar em mim quando digo que é possível substituir um homem por outro em tais execuções. A cabeça que todos acreditavam ser a do dr. Lopez foi coberta com um saco preto e o homem estava vestido com a cor preferida do médico: vermelho vivo.

— Mas quem salvaria a vida dele dessa maneira? — Marbury viu que precisava encostar-se na carruagem real para equilibrar-se. — E por quê?

— Muitos homens poderosos — respondeu Timon, sem se alterar — julgaram útil recrutá-lo entre os mortos.

— Não acredito que esse cadáver que temos aqui seja o do dr. Lopez! E, mesmo que acreditasse, não creio que fosse um agente da Coroa inglesa. Lopez era judeu e foi acusado, ainda que injustamente, de um atentado contra uma personagem real. Um soberano inglês não recrutaria tal homem. E não se confiaria em tal homem, tampouco ele seria colocado a serviço de um soberano... E, quem mais, senão um rei, teria poder suficiente para tirar um homem da cela da morte...

Empertigou-se. Temia olhar Timon, que também desviou o olhar.

— Que foi, diácono Marbury?

Timon puxou as mantas de cavalo que estavam sobre o rosto do assassino morto.

— O Papa. — Marbury mal mexeu os lábios. — Está tentando me dizer que essa criatura era um agente do Papa Clemente?

"Que estou fazendo?", pensou Timon, consigo mesmo, sentando-se no feno. "*Tentando* levá-lo a saber o que sou de verdade? Por que eu faria isso?"

No dia seguinte àquele, logo após a meia-noite, Timon viu-se passar a pé por um açougue em Cambridge. Um aviso escrito às pressas dizia a todos que ficaria fechado até nova informação. Uma coroa fúnebre pendia da porta. Parecia que, em solidariedade, o céu noturno acima da loja escurecera mais ainda. Sem lua, tampouco estrelas, nem sequer uma única luz no firmamento se refletia na rua.

O dia passara como fumaça. Marbury, concluiu o monge, ficara a manhã imaginando como contar aos onze filhos de Lively que eles agora eram órfãos. Ele, por sua vez, passara as mesmas horas a perguntar-se por que sentia mais afinidade com o diácono Marbury do que com o aluno Pietro. No fim, enterrou Delasander numa cova rasa e esforçou-se ao máximo para esquecê-lo.

Havia ido para a cama, na esperança de dormir, às nove horas da noite. Mas, em vez disso, encontrou um bilhete em cima da manta.

"Aguardamos, em prece."

Pareceria, a qualquer outro, a mensagem de um dos tradutores, ou até do próprio Marbury. Embora o sentido fosse obscuro, o bilhete dava a impressão de inócuo. Timon sabia melhor das coisas. Reconheceu a caligrafia. Quando os ponteiros de um relógio se unem à meia-noite, parecem orar. Ele sabia que três homens o esperavam após essa hora num lugar público combinado de antemão: uma casa pública na mais mal-afamada rua de Cambridge.

"Mentes tacanhas julgavam inteligentes palavras como essas", ele pensava, a encarar o bilhete.

Sabia que devia ter descansado ou rezado durante as poucas horas antes de encontrar-se com os três, mas, em vez disso, retirara o cachimbo e sugara um pouco, apenas um pouco, do asqueroso bafo do diabo.

As visões haviam desaparecido quando passou pelo fétido açougue. Restaram-lhe a língua em chamas, um assustador estado de espírito e um ar de imprudente abandono. Todas as circunstâncias possíveis eram iguais no fogoso cérebro de Timon. Um quartilho de cerveja goela abaixo ou a simples garganta aberta à faca, tanto fazia. O que quer que o aguardava na casa pública, o encontro com a trindade do demônio era-lhe de pouca consequência em tal humor.

Quando chegou à taberna, empurrou a porta e lançou um descuidado olhar na sala em volta. Ninguém o olhou de volta.

Ele ocultou a beleza angular e encaminhou-se meio curvado, para parecer mais baixo, até sentar-se ao balcão de madeira do bar. Inclinou-se e captou a mirada de uma jovem de vestido verde-amarelado. Era, sabia por visitas anteriores, a filha do proprietário, Jenny. Objeto de muitos olhares furtivos, a moça tinha menos de 16 anos.

— Cerveja, por favor — pediu numa voz rouca, que mal se elevou acima do barulho.

"Com certeza", pensou, "não vou enfrentar de boca seca aqueles homens ali atrás."

— *Por favor?* — A jovem travou os olhos nos dele. — Uma alma gentil numa cidade de madeira. Cerveja será. Já o vi antes, padre. Não são muitos os que se vestem de preto por aqui.

Sem outra palavra, ela se virou, pegou várias canecas no bar e afastou-se. Timon olhou-a sair em direção à cozinha. Movia o corpo como uma patinadora sobre água congelada. Ele achou que parecia possível a moça jamais tocar os pés no chão. Tinha a pele cor de neve, com um toque de rosa. Os cabelos, sedosas tranças douradas.

Desapareceu na cozinha e retornou quase de imediato com uma caneca. O padre deu-lhe quase o dobro da quantia devida.

— É demais — gaguejou Jenny.

— Muito pouco para tanto serviço.

Ele não tinha a menor ideia de por que lhe dera o dinheiro.

— Quero dizer — continuou ela, sem-graça, como se houvesse feito algo de errado —, é a maior gratificação que já recebi neste lugar. Em toda a vida.

— Difícil de acreditar — disse-lhe o monge, sorrindo. — uma menina com seus encantos...

Jenny relaxou os ombros. Era o tipo de comentário que entendia.

— Continue. — Os olhos claros da moça resplandeceram.

— O senhor, um padre, flertar assim com uma jovem...

— Não é flerte — respondeu ele com simplicidade. "Estou retardando de propósito o encontro com os homens nos fundos da sala", pensou.

Os olhos de Jenny encheram-se de certa doçura que não possuíam antes.

— Não fui feita para uma vida neste lugar — disse, uma lenta melancolia apoderando-se da voz. Curvou-se para a frente, o rosto apenas a centímetros do dele. Apoiou os cotovelos no balcão e a cabeça nas mãos, fitando do outro lado a fumaça poluída, os rostos encardidos, o chão imundo. — Eu deveria ter me casado, entenda. Mas agora ele se foi.

— Lamento muito ouvir isso. O homem que a deixou era um idiota.

— Oh — ela suspirou. — Ele não partiu; pelo menos não como o senhor quer dizer. Morreu. Foi morto pelo próprio cachorro quando trabalhava até tarde... há apenas poucas noites.

Timon deixou a mão na caneca de cerveja. Encarou a espuma branca e exalou um longo suspiro.

— Ele era açougueiro — continuou Jenny. — Ganhava um bom sustento. Eu teria sido dona do açougue.

— É — Timon conseguiu articular com doçura.

— Coisa estranha naquele cachorro — murmurou ela. — Era tão amigo. Mas assim é a vida: tudo se volta contra a gente no fim. Uma coisa luminosa como a estrela-d'alva pode nos queimar ao meio-dia e nos deixar frios ao fim do dia.

— Lamento do fundo do coração, Jen — disse Timon, em voz baixa.

Ela pareceu despertar do abatimento.

— Bobagem. Não desperdice compaixão comigo. Eu não o amava... não assim. Era apenas uma saída deste lugar. O senhor entende.

— Mesmo assim — murmurou ele.

— Mais cerveja?

— Não, é uma pena.

Timon lançou os olhos para a porta quadrada no canto dos fundos da taberna.

— Bem — disse ela, sorrindo —, não seja um estranho.

Antes que Timon pudesse responder, Jenny desaparecera na multidão. Por mais que tentasse, ele não conseguiu sequer ver um pedaço do vestido verde-amarelado.

33

Timon esvaziou a caneca de cerveja de um só gole. Levantou-se e caminhou em direção à temida porta. Em dez passos, agarrou a maçaneta de ferro. Prendeu a respiração, apalpou-se à procura da faca e abriu a porta.

Todos os três levantaram-se de um salto. Os dois mascarados, de tendência a nomes codificados e mensagens secretas, logo se recuperaram. O cardeal Venitelli, porém, continuava tremendo quando ele fechou a porta atrás de si.

— Então — disse Timon, antes que qualquer outro pudesse falar —, que se deram esta noite.

— Por favor, sente-se, irmão Timon — respondeu Samuel, rapidamente. — Vai lembrar-se de irmão Isaiah, à esquerda; na outra ponta, o irmão Daniel é...

— Boa noite, cardeal — disse Timon, encarando os olhos de Venitelli, que os baixou para a mesa. — Prefiro ficar em pé — comunicou em voz baixa. — Talvez precise andar.

Isaiah olhou como se fosse protestar, mas, antes que pudesse expressar a objeção, Samuel adiantou-se.

— Muito bem — grunhiu este último, irritado —, mas a questão é de suprema importância. Por favor, tente concentrar-se.

Timon disparou a mão direita à frente até deixar os dedos a menos de dois centímetros dos olhos dele.

— O senhor não faz ideia dos poderes de concentração que sei reunir. Estes dedos, por exemplo, movem-se com velocidade e precisão necessárias para arrancar o olho de um homem. Sei fazê-lo tão de repente quanto mostrá-lo à vítima antes que ela desmaie.

Venitelli receou desfalecer só ao ouvir a sugestão. Samuel, para seu crédito, não se acovardou e disse:

— Tenho pleno conhecimento de seus pavorosos truques mágicos, irmão Timon. Tais talentos, de fato, são o principal motivo desta reunião.

Timon fez a mão desaparecer na manga do manto.

— Sim, por que me chamaram aqui?

— Precisa dar-nos algo do que decorou — apressou-se a responder Samuel. — Anote o que gravou no cérebro, que levaremos à Sua Santidade.

— Anotar? Quando?

— Agora. Esta noite. Antes de ir embora.

Timon olhou o sujeito, que examinava as próprias unhas.

— Para quê?

— Saberíamos do seu progresso — repreendeu Isaiah.

O monge sorriu.

— Sem dúvida, quer dizer que o *Santo Padre* saberia do meu progresso.

— Há outra questão! — interrompeu Isaiah, e quase se levantou da cadeira. — Sem saber, o senhor tem ameaçado outros planos que pusemos em ação.

— Continue — disse o padre, firmemente.

O outro empinou a cabeça na direção dele, como um cachorro. O cardeal Venitelli parecia ter parado de respirar. A reação não fora o que haviam esperado.

Timon percebeu que vinha se curvando desde a entrada na sala pública. Endireitou a postura devagar. Ossos deslocaram-se, juntas estalaram. Os homens na mesa assistiam como a uma peça — a encenação de um homem que podia ficar dez centímetros mais alto, bem na frente deles. Um satisfatório ruído no pescoço assinalou o movimento final quando retribuiu o olhar a Samuel.

— Continue — repetiu, um leve sorriso nos lábios.

— O senhor... o senhor está pondo em perigo a outra metade de nosso plano — conseguiu articular Samuel, o gume desaparecido da voz. — Não tínhamos como saber...

— Por que Sua Santidade não deixou toda a questão sob seu comando, é um mistério para nós — rosnou Isaiah.

— Não, mas entenda: — irrompeu Venitelli, estendendo a mão espalmada na mesa — os plenos poderes de memória do irmão Timon são exigidos para essa missão. O Santo Padre não desejava que ele se distraísse.

— E, no entanto, ele agora ameaça todo o... — começou Isaiah.

— Chega — disse Timon, com toda a calma e ainda sorrindo. — Precisam dizer-me qual é o problema.

Samuel engoliu em seco.

— O senhor está interferindo na eliminação dos tradutores.

Timon cruzou as mãos nas costas, paciente. O volume da adaga cutucou-lhe o antebraço.

— Sim.

— Precisa parar com isso.

Isaiah, como quem não quer nada, arrancou a cutícula da unha do polegar.

Timon exalou, entendendo de repente.

— O homem que anda assassinando os tradutores também é agente do Papa Clemente.

— *Não* — apressou-se a insistir Venitelli. — Jamais Sua Santidade ordenaria uma coisa como essa.

— Exato — endossou Samuel. — Mas não queremos interferir nessa obra de inspiração divina.

— Obra de inspiração divina — repetiu Timon.

— Com toda a certeza o plano de Deus é eliminar os chamados homens de saber — entoou Isaiah — antes que profanem ainda mais Sua Divina Obra. Esse homem, seja quem for, atua em nome de Deus.

— Matando os estudiosos — concluiu Timon, como em busca de confirmação.

— Isso mesmo — afirmou Samuel.

— Mas sem dúvida entendem a ironia da questão — continuou Timon, aumentando o sorriso. — Fui trazido a Cambridge com a expressa finalidade de descobrir e deter esses assassinatos.

— Incorreto! — respondeu Samuel, tamborilando com os dedos na mesa e mal conseguindo controlar a ira. — Foi trazido aqui para decorar o que os tradutores estão produzindo. Para ser uma biblioteca humana, um repositório de todo o livro vil que esses ingleses estão compondo.

— Mas os senhores disseram ao diácono Marbury que eu podia salvá-los do assassino.

Timon começou a balançar-se, muito de leve, nas plantas dos pés, de um lado para o outro.

— Que importância tem? — quis saber Isaiah.

— Que importância tem? — Timon repetiu as palavras para si mesmo como se houvessem sido proferidas por um idiota. — Se pelo menos não parecer que eu faço algum progresso na causa, Marbury logo me demitirá. Se o sujeito a mando dos senhores conseguir assassinar, em breve, todos os tradutores, nada restará a ser memorizado por mim. Além disso, há dois outros grupos de tradutores. Outros homens manterão viva a obra do rei. Tenho certeza de que Marbury seria informado se algo tivesse acontecido a qualquer um deles. Nenhuma notícia do gênero me foi comunicada. E essas são apenas as primeiras preocupações que me ocorreram. Se eu perder um momento, com certeza descobrirei vários outros furos no tecido do *plano* dos senhores. Pelo menos o senhor, Venitelli, precisa entender a insanidade desse pensamento.

— O irmão *Daniel* só está aqui numa função consultiva — rosnou Samuel. — As opiniões dele não têm influência alguma em nossos esforços.

— Que querem que eu faça? — perguntou Timon, a voz inflamada. — Como, exatamente, querem que eu proceda?

— É para esse preciso motivo que o chamamos aqui esta noite — fungou Isaiah. — Para dar-lhe outras instruções.

— Pare de tentar capturar o homem que está assassinando os estudiosos de Cambridge — começou Samuel, como se recitasse um documento legal. — Continue a decorar tudo o que esses homens têm escrito, e, quando tiver concluído, ajude o assassino em sua obra.

— Como?

Timon afundou os ombros num movimento quase imperceptível, que foi notado apenas por Venitelli.

— Liquide-os — continuou Isaiah. — Não importa quantos restem, quando o senhor concluir o trabalho de memória; elimine-os o mais rápido que puder.

— Esta noite, porém — interrompeu Samuel, enfiando a mão debaixo da mesa —, precisa escrever o que memorizou até agora.

Apresentou um maço de páginas em branco, um tinteiro e uma pena.

— Pode sentar-se aqui — ordenou Isaiah, e apontou-lhe uma cadeira defronte à mesa; aquela em que haviam esperado que ele se sentasse desde o início.

Timon olhou furioso para o papel.

— Talvez demore algum tempo para escrever tudo.

Ele não se mexeu.

— Vigiaremos. — Samuel recostou-se e ofereceu um sorriso de gárgula. — E, Deus seja louvado, *aqui* o senhor não será distraído por aranhas rastejantes nem pelo açoite de muitos nós. Como aconteceu em ocasiões semelhantes em nosso mútuo passado.

Num piscar de olhos, Timon isolou da mente a lembrança das aranhas antes que o poder delas tivesse algum efeito. Os ferimentos da chibata, que ainda trazia, não tinham importância. A tentativa de intimidação do outro malogrou por completo.

Ele apalpou o cabo da faca próximo à pele nua. Percorreu com os olhos o rosto dos homens sentados um ao lado do outro ao redor da mesa. Com apenas um movimento, bastante rápido, poderia cortar todas as três gargantas.

— Para esclarecer minha tarefa esta noite — Timon perguntou, despreocupado —, desejam que eu anote tudo o que li do que foi traduzido até agora pelos eruditos?

— Sim — suspirou Samuel, com total falta de paciência.

"Então, posso eliminar do texto tudo o que os acadêmicos ainda não traduziram", pensou Timon. "Guardarei, portanto, o conhecimento dos Evangelhos secretos apenas para mim. Não preciso relatar o que Lively me mostrou do texto antigo."

Então, com todo o cuidado, pesou as duas opções: matar aqueles homens e partir ou sentar-se e escrever o que lhe fora atribuído.

"Se eu matar esses homens agora", pensou, "a menina Jenny vai precisar limpar a sujeira. Ela teve uma semana difícil."

Pôs a mão na cadeira vazia ao lado.

— Sintam-se à vontade, senhores — disse, puxando a cadeira para a mesa. — Isto vai levar o resto da noite.

34

A manhã chegou com uma batida na porta. Ninguém entrou, mas a voz de um homem sussurrou do outro lado.
— Já passa muito do nascer do sol. Os senhores vão precisar do quarto também para o dia?
Timon não pareceu ouvir. Samuel roncou e coçou a face. Venitelli e Isaiah dormiam.
A princípio haviam ficado fascinados pela visão do monge girando a estranha roda com os dedos. Olhavam-no como se ele tocasse um instrumento musical. Ele escreveu durante horas, murmurando consigo mesmo, sem a mínima pausa.
Mas, depois que a noite se esgotara, o cardeal desistira. Desde então se retirara para um canto do quarto, enroscara-se como uma criança e adormecera. Isaiah seguira-o no mar de sonhos, deitando a cabeça na mesa, e roncava como um javali.
Despertado pelo homem na porta, Samuel gritou:
— Sim, vamos querer a sala por mais algum tempo.
— Então... — começou a voz hesitante, do outro lado da porta.
O agente do Papa bocejou e conseguiu levantar-se. Arrastou os pés até o vão e abriu uma fresta. Estendeu a mão cheia de moedas.
O homem à espera pegou todas.

— Desjejum?

— Sim — resmungou o outro.

— Para três?

— Quatro.

O taberneiro ficou parado em silêncio por um momento.

— Quatro? — repetiu, afinal.

Samuel levou um momento para esfregar os olhos e perceber que o sujeito esperava mais dinheiro. Enfiou a mão na bolsa e ofereceu um punhado de moedas — o suficiente para pagar o alimento de dez.

Após pegar todas, o homem desapareceu.

— Sete horas, irmão Timon — disse o agente, limpando o cascalho na garganta —, ou oito. Como faz isso?

— Talvez a Inquisição estivesse correta quanto ao meu conluio com o diabo — respondeu o monge, sem erguer os olhos.

Antes que o outro pudesse responder, Venitelli sentou-se.

— Desjejum?

Isaiah acordou com um susto, atirou-se para trás na cadeira e exibiu uma lâmina pequena, fina, do tipo usado em geral para eviscerar peixe.

— Irmão! — repreendeu Samuel.

O outro olhou a sala em volta, incapaz, por um momento, de lembrar onde estava. Quando conseguiu, arregalou os olhos para a mão e pareceu perguntar-se de onde viera a faca.

— Assim começa uma manhã, minha Trindade Profana.

— Os lábios de Timon traíram o espectro de um sorriso. — Fome, medo e ganância.

— Como? — o cardeal esforçou-se para levantar-se.

— Digo: Bom dia, senhores — suspirou Timon, recostando-se e empurrando para longe o grosso maço de papéis na mesa. — Pronto: o antigo gesto cerimonial de conclusão. Afasto estas páginas de mim porque já terminei.

A roda de memória desaparecera.

— O senhor... o senhor terminou? — gaguejou Isaiah.

— Pode guardar a faca, irmão — Timon respondeu, o sorriso mais substancial. — Creio que teremos bolos de aveia e ovos como desjejum. Nenhum dos dois exige corte.

Isaiah perdeu mais um momento fitando a faca na mão antes de guardá-la. Venitelli aproximou-se da mesa e olhou a grande pilha de páginas.

— Tanto trabalho já feito em Cambridge — sussurrou.

Timon lambeu os lábios.

— Ficarei muito feliz com o desjejum. E com um pouco de cerveja. Esse meu trabalho me deixa sedento.

— A forma como consegue concentrar-se por tanto tempo — começou o cardeal, ainda não totalmente desperto — assombra a imaginação.

— A forma como consegue sentar-se a uma mesa e escrever *qualquer coisa* por tanto tempo — grunhiu Isaiah.

— Eu explico, irmãos — disse Timon em tom alegre. — Não fiquei nesta sala durante quase toda a noite. Andei em outro país: uma terra cujo mapa é feito de palavras, cujas fronteiras são sinais de pontuação. Não tenho corpo, nem peso, nesse outro lugar. E tampouco sensação, exceto a nítida e constante precipitação de frases, como uma chuva de primavera a despejar-se sobre mim. Tomei o doce licor da mente e senti-me refrescado; intoxicado, mas revigorado. Era, em suma, um residente de meu próprio lar.

— Não entendo seu sentido. — Mais uma vez, o cardeal vasculhou a sala em busca de respostas. — O senhor saiu daqui enquanto eu dormia?

Uma sólida batida na porta impediu a continuação da conversa.

— Ah! — Timon levantou-se. — Um senhorio veloz. Que rara criação.

— Paguei muito dinheiro por isso — queixou-se Samuel, e abriu a porta.

O senhorio, juntamente com uma versão mais velha e redonda de Jenny, irrompeu na sala. Cada um trazia duas bandejas e ambos movimentavam-se ativamente na transformação da mesa de escrever em uma de jantar. Venitelli mal teve tempo de pegar o manuscrito antes que a superfície fosse usada como descanso para as canecas de cerveja.

Timon encarou a mulher. Via diante dos olhos o destino de Jenny.

— Voltaremos num momento — disse o taberneiro — com pão branco e uns damascos muito gostosos.

— Damascos e pão branco? — disse Timon a Samuel. — O senhor pagou muito bem.

— É sempre um prazer receber do clero — respondeu o proprietário, com uma leve e inconsciente reverência.

O agente levantou-se, dominado por uma súbita compulsão.

— Um momento, senhorio. Soube que sua jovem filha Jenny perdeu há pouco o futuro marido.

— Bem, as notícias de fato correm — suspirou o outro, com um ar filosófico. — Imagino que todos já saibam da história a essa altura. Estranho o próprio cachorro atacá-lo daquele jeito. Alguns dizem que foi obra do diabo. Encontraram outro corpo próximo... Parecia ter sido atingido por um disparo de canhão. Nada restou, além de ossos e vísceras. E sem nenhum canhão visível. Para não falar do carrinho de mão desaparecido e do ajudante do padeiro...

— É — interrompeu Timon, e encarou Samuel. — Como um símbolo da misericórdia cristã, nas circunstâncias, o irmão Samuel gostaria de contribuir para o bem-estar da moça. Qual é o preço do melhor quarto?

— Depende do tempo que for ocupado — respondeu devagar o proprietário, sem entender bem o que acontecia.

— Digamos dois meses? Quase sempre é esse o período costumeiro de luto nos dias de hoje.

— Dois meses? — explodiu o outro. — Dez xelins!

— É o mínimo que podemos fazer pela coitada da menina — decidiu Timon, estendendo a mão para Samuel, que continuou imóvel, olhos arregalados de descrença.

— A filha deles, Jenny — explicou-lhe —, ia casar-se com um açougueiro cuja loja fica perto daqui, quando sofreu um infeliz acidente. Morto pelo próprio cachorro. As pessoas andam dizendo que talvez tenha sido a obra de algum demônio das trevas... ou de um anjo vingador.

O cardeal sorveu um hausto de ar. "O anjo vingador do Papa", pensou, agarrando o crucifixo no pescoço. Os olhos de Samuel traíram a visível compreensão da escolha das palavras por Timon.

— Rogo a Deus que o mesmo anjo não venha atrás de nós — concluiu Timon, varando com os olhos os olhos de Samuel.

— Dez xelins, é? — apressou-se a perguntar Samuel, e mergulhou a mão na bolsa.

— Deus do céu! — sussurrou o senhorio.

— Pronto — suspirou Timon. — Assim é melhor.

A esposa persignou-se.

O marido agarrou o dinheiro e recuou do quarto como se fosse transportado por um tufão.

35

O silêncio infiltrou-se na sala.
Timon quebrou-o, tornando a sentar-se. Puxou uma caneca de cerveja. Esvaziou-a de uma só vez.
— Agora — disse, enxugando os cantos da boca com o dedo indicador —, vamos tratar do resto de nosso negócio.
Venitelli grudava o manuscrito no peito como se pudesse protegê-lo de outras interpretações. A expressão *anjo vingador* queimava-lhe a mente. Isaiah pegou um ovo cozido.
Samuel continuava em pé.
— O açougueiro — começou, afinal — é outro dos homens que o senhor matou?
— Não prossiga com a inquirição a esse respeito — aconselhou Timon. — Falarei do incidente apenas para dizer que ocorreu em conjunção com o desaparecimento de um antigo empregado, Jacob, ex-serviçal da família Sidney. Revendo tudo, eu gostaria de que os fatos se houvessem desenrolado de outra forma, e, neste caso, as reconsiderações invocam velhos fantasmas. Podemos, porém, tratar de meus outros deveres, se quiser.
Samuel pareceu oscilar, na opinião de Timon, mas acabou por sentar-se e pegou um bolo de aveia.
— Quanto aos outros deveres — grunhiu Isaiah, devagar —, acho que deixamos bem claros ontem à noite. Precisa parar de tentar capturar o assassino dos tradutores.

— Não; sua instrução foi além. O senhor disse desejar que eu o ajude.

— Sim — ele logo se interpôs, com o queixo pontilhado de pedaços de gema de ovo. — Tão logo tenha copiado o trabalho dos tradutores, precisa eliminar quantos estudiosos restem.

Timon pegou outra cerveja.

— E depois? Vai enviar-me para o grupo de Oxford, ou ao amálgama de Lancelot Andrews, em Londres?

— É possível.

Samuel não o olhou.

— Vai manter-me trabalhando — continuou Timon, meio para si mesmo —, sempre me expondo a risco cada vez maior de captura, até eu concluir o trabalho. Ou até eu também ser eliminado.

— Dificilmente — apressou-se a dizer Venitelli. — Sua Santidade tem o mais alto respeito...

— Já estou morto — ele respondeu apenas. — Minha vida pertence ao Papa Clemente, que pode fazer com ela o que quiser.

— Irmão Timon — disse Samuel, seriamente —, precisa entender que seu trabalho no serviço maior...

— Eu lhe digo o que entendi — ele interrompeu. — Passei a pensar neste corpo... nesta carne, nestes ossos... como uma prisão. E conheço alguma coisa de prisões, graças a pessoas iguais aos três senhores.

— Prisão? — gaguejou o cardeal.

— Digo que já me sinto preso em matéria corporal. A sensação é apavorante, se a deixo ocorrer. Descubro que nos piores momentos mal consigo respirar, afogo-me em pele, sangue e tutano. Quando essa sensação me domina, fico em tal estado de ânimo que chego a ansiar pela morte. Portanto, suas ameaças nesse sentido não me afetam nem um pouco. Ai, também me vejo nos últimos dias a perguntar-me o que acontecerá ao meu espírito tão logo seja libertado desta cela terrena. Alguma coisa me alfineta a lembrança, traz de volta o rosto de todo homem que enviei antes de mim à sepultura. Quando isso acontece, minha única salvação é o exercício diário de memorizar *outras* coisas. Preciso usar muito o cérebro para entulhá-lo e impedir a entrada de tão ardentes pensamentos, obscurecendo-os. Na verdade, esse obscurecimento deixa-me na escuridão, mas uma escuridão bondosa. Há pouco constatei que preferiria sofrer os horrores desta vida a suportar a retaliação que me aguarda quando me houver libertado deste invólucro mortal. Temo que a punição seja tirânica. E, assim, irmãos, encontro-me numa encruzilhada, como podem ver. De um lado, não suporto mais nem sequer um momento preso neste corpo vivo, mas algo em meu espírito teme a morte do corpo. Como prosseguir? Os senhores entendem meu dilema.

A sala e as próprias paredes de pedra pareceram abaladas pelo peso desse discurso.

Ele pontuou o final descascando um ovo.

Samuel começou a falar por três vezes, mas, em cada uma, inspirou profundamente, depois pensou melhor no que ia dizer e nada disse.

— Então — concluiu, afinal, Timon, após terminar de comer o ovo —, querem que eu deixe o assassino em Cambridge continuar a matar os estudiosos. E, quando tiver concluído meu trabalho de memória, que eu o ajude a matar o restante. É um plano muito mal concebido. A escolha do momento e a lógica estonteiam pela absoluta incompetência, mas isso não tem importância. Descubro, com reflexão e um pouco de ovo, que não me importo.

Levantou-se de forma tão brusca que os outros estremeceram. Isaiah lutou para exibir mais uma vez a faca.

— A verdade é que, lembrando uma frase da Bíblia, matar um açougueiro, não fazer nada enquanto homens são assassinados, é tudo a mesma coisa para mim. Tudo mesmo. Descansem em paz. Suas ordens serão comunicadas.

Isaiah tinha a faca numa das mãos. Timon encarou-a.

— Meu discursinho não significou nada para o senhor? — perguntou-lhe. — Precisa entender que no momento não temo a morte. Atire a faca. Mas mire o pescoço. Uma coisa tão pequena assim seria apenas uma chateação, a não ser que corte uma veia vital.

— Guarde isso — ordenou Samuel a Isaiah, que piscou.

— Terão notícias de mim em breve — tranquilizou-os Timon.

Deu-lhes as costas — um gesto de claro e destemido desprezo — e dirigiu-se à porta com a graça da fumaça.

"Não fosse por Jenny e o açougueiro", pensou, ao pegar a maçaneta, "talvez eu aceitasse cumprir a ordem deles. Agora faço outros planos: planos só meus. Por que essa estranha, Jenny, tem tanta influência, ao contrário de qualquer outro numa dezena de seres humanos?"

Já seguia pela rua rumo ao quarto, o sol nascente nos olhos, quando entendeu que a jovem e o pai senhorio eram as personagens secundárias equivalentes às duas principais na peça em que pensava: Anne e o diácono Marbury.

"O céu é o pano de fundo", pensou. "As coisas que acabei de dizer são as falas escritas por Deus; os homens que deixei atrás naquele quarto, atores menores."

Entender as personagens, os relacionamentos de uns com os outros — de fato, a peça como um todo — era, de algum modo, o motivo pelo qual não mataria os tradutores. E pelo qual deteria o assassino, desafiaria o Papa e veria a fruição da obra do rei James.

Pensou na observação de Anne na noite em que o pai fora ver o rei: "Se a peça for apenas conversa, sem ação futura, a trama jaz morta no palco. E creio que, a fim de nos fornecer tal ação, meu pai vai esta noite... a Londres."

Quando cessa o diálogo e começa a ação, a personagem já se decidiu. Todas as dúvidas desaparecem. Pode avançar em direção ao inevitável fim com graça, além de pressa.

Timon protegeu os olhos do cegante ardor do nascer do sol e pensou de repente num hino, o preferido quando era cavalariço.

Luminosas estrelas matutinas despontam, dizia. *O dia em minha alma desperta.*

36

Num escuro canto de Cambridge, uma furiosa batida na porta do quarto arrancou dos sonhos o diácono Marbury.
— Pai! Depressa!
Ele sentou-se. Após grande esforço, espalhou as cobertas azuis que o envolviam. A única janela no aposento recebia enviesada luz marfim através do vidro áspero. Ao lado da bacia de rosto sob a janela, alguém deixara um pequeno vaso cheio de prímulas para assegurar-lhe de que, apesar do frio no quarto, a primavera chegara em algum lugar. A cama de carvalho rangeu como um velho barco quando ele lançou as pernas pelo lado.
— Um momento! — berrou.
Ao pôr os pés no chão, insinuou-se a compreensão de que dormira a noite toda de botas e roupas. Embora de um sono profundo, despertava com uma opressiva exaustão, as conversas com os filhos de Lively ainda bramindo no cérebro.
Saiu cambaleante do quarto para a porta do corredor, e por duas vezes chutou coisas na relativa escuridão da sala.
Segurou a maçaneta, abriu a porta e armou uma carranca para a filha.
— Vestiu-se depressa — ela disse.
— Que é isso? — perguntou o diácono.
Anne se arrumara de forma impecável: vestido preto do queixo ao chão, cabelos puxados para trás, o rosto lavado.

— Timon passou a noite toda fora do quarto — disse Anne. E disparou da porta pelo corredor.

O pai ficou parado na entrada e disse-lhe, rispidamente:

— Pare.

Ela voltou-se para ele.

— Precisa vir ver o que descobri, pai.

— Descobriu onde?

— No *quarto* de Timon. Não deixei claro que ele passou a noite toda fora? — concluiu a moça.

— Você entrou no quarto do irmão Timon? — perguntou, indignado, o diácono Marbury.

A moça deu um suspiro de impaciência.

— Vi o senhor e ele voltarem ontem à noite. Soube que havia algo em andamento. Ouvi o senhor ir para a cama. Então, uma hora antes da meia-noite, Timon partiu!

A filha corara com a crescente excitação. Marbury conhecia a expressão. Significava apenas mais dificuldade.

— Você não dormiu, Anne? — ele perguntou.

— Como consegue dormir — respondeu ela, ofegante — com tudo o que tem acontecido neste lugar?

— Algum dia fui tão jovem quanto você é agora? — indagou o pai, quase a si mesmo.

— Não — ela respondeu, grosseiramente. — Agora, vem comigo ver o que descobri ou não?

— Não!

Marbury começou a fechar as portas do quarto.

— Pai! Precisa ver logo, antes que ele retorne. Já é de manhã.

Ele olhou pelas altas janelas do corredor.

— Dificilmente.

— O senhor vai querer ver o que encontrei. E talvez queira chamar a guarda, ou pelo menos os bedéis.

— Que foi que você encontrou? — ele perguntou, a porta quase fechada.

— Venha e veja! O irmão Timon roubou documentos do Grande Salão!

O cérebro do diácono livrou-se da última poeira de sono, e ele inspirou fundo. Cerrou bem apertados os olhos por um instante, para clarear a visão, pisou no corredor e fechou a porta atrás de si.

Anne já ia um metro adiante, sem olhar para trás. E, no meio da escada, quando Marbury a alcançou, disse-lhe:

— Preciso protestar severamente contra sua invasão...

— Eu o vi partir ao luar. Esperei. Sabia que tinha ido embora e pude em segurança...

— Sua segurança dificilmente é a questão! *Propriedade...* Por que fez isso? Por que ousaria...

— Ele talvez seja o assassino! — suspirou com força a filha, parando na escada. — Portanto, minha segurança *bem* poderia ser a questão.

Marbury esfregou a testa.

— Anda ouvindo Spaulding.

— É difícil alguém evitar. Ele ralha o tempo todo.

— Timon não é o assassino.

— Por favor, pai — disse Anne, amável. — Venha ver o que encontrei. Talvez possa me explicar.

Marbury oscilou entre a cama e a filha por apenas um momento antes de descer o degrau seguinte até o térreo.

Ela corria na frente e ele a olhava, a perguntar-se quando a filha passaria a comportar-se como adulta em vez de criança. "A culpa é minha", pensou, consigo mesmo. "Não soube ser mãe para ela. Mal fui pai. E os primeiros impulsos dela foram imitar-me. Que podia ser pior para uma mulher na Inglaterra que do debater as virtudes do puritanismo aos nove anos?"

Esforçava-se ao máximo para acompanhá-la, mas a jovem já serpeara pelos corredores dos fundos do andar de baixo e chegava à seção dos empregados, quando ele a viu irromper no quarto do tutor.

Apertou o passo e, ao chegar ao vão da porta de Timon, viu-a ajoelhada sob a escrivaninha. Vela comprida na mão, cutucava o piso.

— Anne! Pare. Que está fazendo? — perguntou.

E precipitou-se para dentro do quarto.

Ela ergueu uma única pedra e aproximou a vela. Ali no chão, sob a pedra, via-se a parte de um manuscrito.

— Escrito na caligrafia de Harrison — disse o diácono, devagar.

— Descobri por acaso — explicou a filha. — Parei diante da mesa à procura de algo que talvez julgasse interessante, e tentei fazer de conta que tinha a altura do irmão Timon. Fiquei na ponta dos pés e vacilei. A pedra soltou-se, e vi isto embaixo.

Marbury ajoelhou-se ao lado dela.

— É o trabalho de Harrison.

Anne levantou-se de um salto e levou a vela consigo. As páginas do manuscrito escondidas debaixo da pedra mergulharam na escuridão. Ela já chegara à cama de Timon e deslizou a mão livre por baixo.

— Veja! — arquejou.

A iluminação da vela revelou uma pequena caixa de madeira.

— Que é isso? — resmungou o pai, indo até lá. — E o que, pelo amor de Deus, você julgava fazer, vasculhando assim a cama de um homem?

— Vi uma protuberância na colcha — ela respondeu, na defensiva.

— E então?

— Então o *quê*?

— O que há na caixa?

— O senhor jamais vai adivinhar.

— Cristo, ajude-me — ele murmurou, e ergueu a caixa.

Abriu-a; viu o cachimbo e vários frascos. Sentiu-se por um instante dominado pelo cheiro de especiaria queimada.

— Inspecionei os frascos — disse Anne, excitada. — Contêm óleo de noz-moscada, esse é meu palpite. Será que ele cozinha com isso? É um cachimbo de argila?

— É. — Marbury encarou a caixa. — Que pode significar?

No corredor escuro além da influência da vela, respondeu uma voz rouca:

— Posso explicar?

Anne largou a vela e caiu de costas na cama, ofegante. Marbury atrapalhou-se com a caixa, tentando escondê-la, e perguntou-se com que rapidez poderia sacar o punhal.

Timon ficou ali, emoldurado no vão da porta, e baixou a cabeça, o fantasma de uma sombra.

37

— *Devia* pegar a vela, Anne — disse Timon com toda a calma. — Tenho apenas uma manta, e, se for chamuscada...
— Irmão — gaguejou Marbury, largando a caixa perto de onde a filha estava sentada.
Embora a respiração lhe atrapalhasse as palavras, ela conseguiu fazer a nítida acusação:
— O senhor roubou documentos do Grande Salão!
Timon olhou de relance a pedra solta sob a escrivaninha.
— E também, Anne, poderia levantar-se? Como homem dedicado ao celibato, fico nervoso com uma moça em minha cama.
Ela disparou do lugar onde ele dormia, feliz pelo fato de a luz fraca ocultar o enrubescimento carmesim. Abaixou-se, pegou a vela e segurou-a perto da caixa na cama.
— E o que é isto? — exigiu saber.
— Anne! — repreendeu Marbury.
— Não me incomodo — respondeu Timon. — Ela ataca porque foi flagrada fazendo uma coisa que não devia. É uma reação humana comum... sobretudo nos jovens. Suponho que tenha vindo ao meu quarto enquanto estive fora, feito várias descobertas e ido buscá-lo.
— É, isso mesmo — resmungou Marbury.
— Não dormi a noite passada — piscou o monge. — Meu trabalho ao luar exigiu demais. Preciso dormir, mas talvez seja melhor tratar primeiro dos assuntos imediatos.

Timon se moveu de repente. Anne segurou a vela na frente como uma espada, a respiração mais difícil. Marbury fincou os pés e tateou à procura da faca. Timon disparou a mão entre os dois e pegou a pequena caixa de madeira. A moça recuou, arquejante. A lâmina do pai apareceu.

— Esta caixa — anunciou Timon, ignorando lâmina e vela — contém um mundo. Nesse mundo, tudo pode acontecer, pois é um lugar não restringido por paredes como as pedras ao nosso redor. As únicas fronteiras são os limites do meu cérebro. É uma terra onde posso voar, destilar e evaporar inteiramente do corpo. Lá, sou um rei do espaço infinito. Em suma, esta caixa é minha melhor liberdade.

A jovem baixou a vela. Marbury, embora agarrasse a faca, soltou a respiração.

— Uma explicação mais mundana, porém — continuou Timon, fitando a caixa —, é que os frascos contêm um certo óleo de noz-moscada que pode ser queimado, e a fumaça, sugada por um cachimbo até os pulmões. Estes, ao receberem-na, absorvem as propriedades químicas e as relacionam com o cérebro. O cérebro então interpreta esses elementos de várias maneiras, como alguém pode interpretar outra língua. Nos detalhes dessa tradução, encontro a verdade.

Anne olhou o pai.

— Eu não entendo.

— Um homem toma vinho — explicou Timon — e embriaga-se. Nesse estupor, às vezes percebe o mundo sob uma luz diferente. Talvez veja coisas que outros não vejam. Já testemunhou esse fenômeno?

Ela franziu a testa.

— Já.

— É semelhante à minha experiência, só que na minha... — ele esforçou-se para explicar. — Ah! Minha experiência, Anne, cria um teatro mental. O cérebro torna-se um palco onde se representam muitas tramas. Nesse teatro, sou o dramaturgo... como *neste* mundo Deus inventa nossos papéis.

A moça fitava a caixa com novos olhos.

— Quanto aos documentos que a senhorita descobriu em meu esconderijo — ele concluiu — são de Harrison. No esforço para investigar esse assassinato, julguei útil ler um pouco do trabalho dele. Creio que seu pai e eu concordamos que os assassinatos têm mais que ver com o *trabalho* dos tradutores que com os próprios. Portanto, parece adequado examiná-lo com mais atenção.

"Tudo o que eu disse é verdade", pensou, "mas não é toda a verdade."

— Irmão Timon — apressou-se a dizer Marbury, e escondeu a faca —, nossa invasão foi imperdoável. Por favor, não pense que Anne e eu somos do tipo que...

— Diácono, temos assuntos muito mais importantes a tratar. Este quarto é seu; só fico aqui por seu desejo. Ninguém pode invadir a propriedades de si mesmo.

— É muita generosidade sua.

— Não entendo muito bem essa coisa do óleo de noz-moscada — gaguejou Anne.

— Filha! — advertiu Marbury.

Timon virou de repente a cabeça para ela.

— Seu pai se preocupa que, como professor, eu explore áreas de sua educação que é melhor deixar não reveladas.

— Mas...

— Há um mundo de esforços terrenos do qual todo pai protegeria o filho. — Timon estendeu a caixa. — É improvável que eu chegue algum dia a entender esse impulso. Se sua curiosidade é de esmagadora magnitude, sirva-se à vontade. Basta despejar algumas gotas grossas do óleo no cachimbo.

Marbury pôs a mão na caixa.

— O irmão Timon acha que o confronto dessa forma a fará ter escrúpulos. Não a conhece. — O pai olhou o monge.

— Ela o faria.

— Sinto-me cansado até o sangue e os ossos. Talvez meu discernimento tenha sido comprometido.

— Deseja dormir — apressou-se a lembrar Marbury, afastando-se da cama simples.

— Sim — respondeu Timon, e olhou a cama —, mas temo os sonhos que talvez cheguem. E sinto igual necessidade de partilhar informações. Aproxima-se uma escuridão. Precisamos trabalhar rapidamente.

— Algo ruim vem vindo nesta direção — concordou Anne, em voz baixa. — Também senti.

Os dois a olharam fixamente.

— Pior que dois homens assassinados no campo visual de meu quarto? — perguntou o pai.

— Haverá outros assassinatos — afirmou Timon. — Mas nada comparado com a traição... nada comparado com as forças maiores em ação. — Jogou a caixa na cama e esfregou os olhos com as palmas das mãos. — Meu Deus... — exalou um suspiro. — Preciso despertar.

Adiantou-se rapidamente até a bacia, enconchou água com as mãos e lançou-a no rosto.

— Chaderton — murmurou, mais uma vez borrifando-se. — Anne, faria o favor de chamá-lo? Ele me disse certas coisas que precisam ser bem mais examinadas. Precisamos fazer isso logo.

— E depois você precisa deixar-nos — disse Marbury à filha.

— Não, pai — ela respondeu, com razão. — A melhor maneira de impedir-me de invadir quartos estranhos é manter-me bem informada. O mistério deixa-me curiosa. Acabe com o mistério e a curiosidade acaba. A melhor maneira de eliminar meu comportamento difícil é educando-me. Preciso, portanto, acompanhar os senhores nesse debate, ou, caso contrário, eu me revelarei um aborrecimento de várias outras formas: invadindo outros quartos, ouvindo em buracos de fechadura, espiando por cima de sebes.

O pai suspirou, sabendo ser verdade o que ela dizia. Lutou por um momento e tentou entender por que aquelas palavras pareciam conhecidas — e tão estranhas.

Mas Timon interrompeu, dizendo com apenas uma sugestão de humor:

— Como seu tutor, julgo essencial à sua educação que esteja presente enquanto conversamos. Agora, vá procurar Chaderton.

Anne disparou em direção à porta antes que o pai pudesse pensar em como protestar.

Marbury levou alguns inúteis minutos tentando desculpar-se com Timon por perturbar-lhe o quarto. Toda vez Timon protestava dizendo que o silêncio, mais que qualquer conversa, era um aliado bem melhor. Parecia precisar de silêncio para absorver a energia do ar. Esse mesmo tempo parecia sobrecarregar Marbury até a dor, retesando-lhe a testa, causando tensão nas juntas, acrescentando pesos de metal ao peito.

Chaderton chegou, afinal, com a respiração pesada, atrás de Anne. Usava uma capa roxo-escura, e um chapéu, combinando com um delicado bordado em ouro, cobria-lhe a cabeça. Marbury cumprimentou o velho, que continuava a ofegar, com um aceno de cabeça.

— Sem preliminares! — disse Timon em voz alta. — Creio que houve uma conspiração desde a morte de Nosso Salvador para levar mentiras a todos os cristãos. Algumas dessas prevaricações talvez tenham resultado de erros inocentes. Na maior parte, porém, representam um esforço deliberado para perverter a vida e a morte... O próprio sentido do homem a quem chamaram Jesus. De agora em diante, precisamos despender todos os esforços para deter o avanço dessas mentiras, que já vêm em formação há mais de mil anos. Precisamos encontrar a verdade.

Chaderton, sem pensar, persignou-se.

Timon deu um sorriso solidário. Anos como protestante não tinham livrado o idoso do fantasma católico do pai.

— As mentiras de que falo — continuou o irmão — estão em processo de santificação na Bíblia de James. Nenhum monarca na Terra ordenou tal trabalho. Outros tentaram, na verdade, mas agiram de má vontade, ou com metade da intenção, ou com um terço da erudição da presente obra. Precisamos cuidar para que a Bíblia do rei James diga a verdade como jamais a contaram antes. Para fazer isso, precisamos impedir o assassinato dos tradutores.

— Estamos sendo assassinados para impedir a revelação do verdadeiro significado de Cristo. — Um instante de estupefato silêncio separara os comentários de Timon da compreensão de Chaderton. — O que significa problema para os outros grupos de tradução. É visível que alguma coisa pode acontecer a eles.

— Já aconteceu — comunicou Marbury em voz baixa. Todos os olhos voltaram-se para ele. — James informou-me de que Lancelot Andrews visitou Hampton Court antes de mim.

— É, o senhor viu o rei, quase esqueci — gemeu o velho.

— Devia ter-lhe perguntado logo sobre a visita.

— O rei falou dos outros tradutores? — perguntou Timon.

— Só disse que o grupo de Westminster havia recebido bilhetes estranhos — apressou-se a dizer Marbury. — Ninguém lá foi morto. Roubaram textos.

— Espere! — quis saber Anne. — Que mentiras? — Todos os olhos viraram-se na direção dela. — Conte-me o que quer dizer com mentiras! — explodiu a moça.

— Como a senhorita já sabe, após ouvir por acaso, o verdadeiro nome de Nosso Salvador era Joshua — respondeu Timon, sem rodeios.

— Mas... — balbuciou a jovem — deve haver mais coisas que apenas isso.

— Maria Madalena talvez tenha escrito um evangelho há muito proibido — admitiu o pai, hesitante. — Por que o esconderam de nós, não sei.

A filha prendeu a respiração.

— A ressurreição de Cristo talvez tenha sido, na verdade, de natureza mais espiritual que física — suspirou Chaderton. — Ele, talvez, tenha-se desfeito do corpo e apresentado o Verdadeiro Eu, o espírito, aos discípulos, após a crucificação... não a forma terrena.

A pupila juntou as mãos com tanta força que mudaram de cor: cor-de-rosa avermelhado nas pontas, branco-ósseo nos nós dos dedos. Abriu a boca, mas nenhuma palavra saiu.

— Uma mulher escreveu um evangelho — ela acabou por sussurrar.

— E não qualquer mulher — acrescentou Chaderton.

— E a ressurreição do corpo... — arquejou a moça.

— O irmão Timon e o dr. Chaderton expressaram *opiniões* — disse Marbury, com mal-estar. — Não há fatos que confirmem esse discurso precipitado e, aliás, extraordinariamente ilegal.

— Ao contrário — apressou-se a responder Timon. — Proliferam fatos.

— Sim, mas talvez sejam interpretados de uma centena de modos diferentes — argumentou Marbury, com veemência.

— O engano foi solicitar estudiosos de língua — interrompeu Chaderton —; homens cujo espírito de competição acadêmica às vezes os vence. Foi onde James errou. — O comentário pareceu deslocado, e o idoso, perdido num mundo só seu. — Quero dizer apenas — ele continuou, quando viu que todos o encaravam — que James cometeu um erro ao empregar homens de intensa curiosidade intelectual. Somos todos, aí, dos que seguem mais a ideia que a atribuição.

— É. Mesmo que mandassem todos esses homens copiar palavra por palavra a Bíblia dos Bispos — concordou Timon —, eles não conseguiriam reduzir a busca da verdade, a sede de conhecimento...

— E o desejo de estar um passo à frente de todos os demais — exclamou Chaderton. — Admito que somos um grupo competitivo.

— Parem um momento. — Anne mordeu o lábio superior. — Os homens empregados para traduzir a Bíblia não poderiam deixar de esclarecer o que já foi traduzido. Procuram recorrer aos textos originais, traduzir documentos antigos. E alguns desses documentos contêm as informações que os senhores acabaram de revelar.

Timon esforçou-se ao máximo para não fitá-la, pois o zelo da moça combinava com o dele. Os olhos emanavam um fogo semelhante. Também tinha na mente as perguntas dela. "Quanto a isso, que sente Marbury?", perguntou a si mesmo. "O orgulho que todo o pai conhece?"

— Na medida do possível, recorremos, sim, aos textos originais — respondeu Chaderton, a força retornando à voz. — Todos encontramos ou recebemos textos que acreditamos terem sido escritos no espaço de uns cem anos após o tempo do Nosso Senhor.

— Há outros evangelhos — ela lutou para dizer. — Livros da Bíblia, escritos sobre Cristo, que não li. Como é possível?

— Tomaram-se decisões no ano 325 de Nosso Senhor — começou Chaderton.

— O Concílio de Niceia — assentiu a jovem com a cabeça.

— Os documentos aos quais o senhor se refere foram vítimas daquele conflito — apressou-se a dizer Timon. — Muitos acabaram destruídos. Outros, escondidos.

— Anos de pesquisa do assunto — afirmou Chaderton — levaram-me a discordar das decisões de Niceia.

— Mas o senhor disse que *recebeu* certos textos.

Anne não despregara os olhos dos de Timon. Estava claro que ainda desconfiava de alguma coisa escondida.

— Do próprio James — disse Chaderton. — Ele também tem um interesse permanente por assuntos espirituais. O gosto do rei difere do meu, mas creio que tenha a mesma sede.

— Eu li *Demonologia* — desdenhou a moça. — Os senhores diferem em muito mais do que apenas em questões de gosto.

— Qual o sentido dessa especulação? — explodiu Marbury.

— Se o corpo de Cristo não ressuscitou — ela respondeu com igual força —, nossa religião seria fundamentalmente diferente. Disponho-me a chamar Cristo de qualquer nome mundano que possa, mas, se o corpo dele não ressuscitou da sepultura...

— Certos textos que li — interrompeu Chaderton, na tentativa de aliviar a tensão entre pai e filha — julgam revoltante a ideia de um corpo retornar à vida: a ocupação da necromancia! Sugerem que os padres predominantes no concílio estavam possuídos por demônios. A grotesca insistência deles na ressurreição de um cadáver tornou-se ainda mais monstruosa pela ideia de canibalismo ritual: comer carne e beber sangue. Quem, senão um demônio, sugeriria tal comportamento?

— Fala da Sagrada Comunhão — ralhou Anne.

— Sim.

Chaderton tentou sorrir.

O próprio ar imobilizou-se em torno da palavra. Átomos recusavam-se a agregar-se. A moça achou que não conseguiria respirar, e Marbury começava a suar no quarto frio.

— Posso ver a verdade — ela disse, devagar. — Cristo teve um corpo na Terra, mas sem importância, como todos os corpos. Quando morreu, não tinha mais necessidade dele. Seu *espírito* ascendeu da sepultura.

— O fogo do espírito é essencial — concordou Timon. — A carne não passa de uma prisão.

— O milagre da Ressurreição é essencial para a fé cristã — insistiu Marbury, enxugando a linha dos cabelos com as pontas dos dedos. — E o corpo é um *templo*; não uma prisão.

— Meu corpo é um estorvo — resmungou a jovem. — Um terço das mulheres do mundo concordaria.

— Preciso ver esses textos ocultos! — disse Timon, bruscamente. — Preciso vê-los por mim mesmo. Preciso vê-los agora, senão minha mente vai virar de cabeça para baixo. Preciso conhecer a verdade sobre esses assuntos hoje! Esta manhã!

A urgência da voz deteve qualquer outra conversa.

Ele precipitou-se para o vão da porta e deixou Anne e Marbury encararem-se.

Não se voltou para eles ao cruzar o limiar.

— Vejo-me numa encruzilhada, entendam — disse, antes de desaparecer no corredor. — Sinto que vai começar uma nova época.

39

Os outros seguiram-no até o pátio comum e rumaram ao Grande Salão. O ar estava luminoso. O vento matinal varria o céu com os dedos frios de rachar e limpava-o das nuvens.

Marbury lutava com uma frase após outra, tentando encontrar as palavras exatas que fizessem o tempo imobilizar-se. Precisava de tempo para pensar.

Anne alcançou Timon e acompanhava-lhe os passos largos, com os olhos fixos no lado do rosto dele.

Chaderton, na rabeira, falava para si mesmo:

— Podíamos começar com os documentos secretos que recebi — sugeriu com moderação — e depois pedir a cada um dos outros que apresente os seus. Dessa maneira, diácono, o senhor logo verá o que enfrentamos. Mas será que eles vão partilhar o trabalho com o irmão Timon? Eis uma questão.

A moça escutou-o e sussurrou, ao mesmo tempo, a primeira pergunta Timon, sem rodeios:

— Que aconteceu com o senhor?

— Perdão? — murmurou Timon, olhos fixos na entrada do Grande Salão.

— Exibe uma nova aparência esta manhã.

— É mesmo? — ele sorriu.

— Viu? Esse sorriso é diferente do que me deu quando nos conhecemos.

— Diferente como?

— Não sei dizer, mas parecia de um homem solto da prisão. Timon parou de chofre. Marbury quase colidiu com ele. Anne continuou a dar vários passos adiante até perceber o que acontecera. O pai, furioso, olhou-a, perguntando-se o que ela dissera.

— É — disse Chaderton, juntando-se ao grupo. — É melhor acertarmos um plano antes de prosseguirmos. Alguns dos homens já estão no salão trabalhando esta manhã.

— Diácono — disse Timon, olhando dentro dos olhos da moça —, sua filha bem pode ser a melhor arma secreta da Inglaterra. Tem a mente ousada de um homem e as percepções mais sutis de uma mulher.

— Tivemos uma rainha assim — Anne lembrou-lhe —, até há pouco tempo.

— É — repetiu Chaderton, perdido em pensamentos —, nosso plano não deve ser ousado demais. — Todos os olhos dirigiram-se a ele. — Sugiro — continuou — que eu mostre todos os documentos que tenho, e os senhores reúnem-se, entusiasmados, à minha volta. Façam elogios, como se ficassem surpresos. Tal atenção é mel para nossas abelhas. Somos todos atraídos por isso. Se um de nós descobriu alguma coisa que os levou a reunir-se, garanto que os outros virão em bando.

— Fazê-los achar que precisam competir com o senhor pela nossa atenção. — Anne cruzou os braços e sorriu. — Perfeito.

— Isso os provocará para mostrar seus trabalhos. — O monge balançou a cabeça. — Até para mim. Vão achar que a ideia foi deles.

— Então — Chaderton disse juntando as mãos, muito satisfeito consigo mesmo —, sigam-me.

Dirigiu-se logo à porta com a maior rapidez que já conseguira antes. Os outros o rodearam.

— Não respondeu à minha pergunta — sussurrou Anne a Timon.

Ele assentiu com a cabeça.

— Que minhas ações sejam a resposta.

Chaderton segurou a gelada maçaneta de ferro da alta porta de carvalho, mas hesitou.

— Precisamos ter cuidado, por certo — sussurrou —, para não revelar demais. Talvez o assassino ande por perto. E, como acredito no que examinamos, talvez haja demônios em ação.

Sem mais conversa, lançou-se à frente e empurrou a porta, que se abriu com um alto ruído de raspada.

Na verdade, o salão já estava ocupado. Três dos estudiosos remanescentes dedicavam-se com intensidade ao trabalho, cada um numa escrivaninha separada. O estrondo da porta perturbou-os apenas um pouco, mas a visão de Chaderton seguido pelo incomum trio despertou curiosidade.

Chaderton começou a tática numa voz completamente teatral.

— Por aqui, diácono — disse, com vigor e num volume suficiente para ecoar pelo salão. — Logo verá por si mesmo que eu falei a verdade!

O estranho quarteto avançou quase como uma só pessoa diretamente para a escrivaninha dele.

Os outros na sala encararam-no. Timon alegrou-se ao ver, pelo canto do olho, que Spaulding não se incluía entre os presentes. A intrusão dele enlamearia as águas do esforço de Chaderton.

— Aqui, por exemplo — anunciou Chaderton —, encontra-se o evangelho mais curiosamente excluído, em minha opinião. Em perfeita sintonia com Mateus, Marcos, Lucas e João. Não tenho a menor ideia do motivo para ser incluído na Bíblia de nosso rei.

Ergueu o documento para todos verem.

— De Tomás? — perguntou Marbury, fitando o alto da página com genuíno espanto. — Está meu grego correto? O apóstolo Tomás?

— Exato! — gritou Chaderton. — Por que o eliminaram de nossa Bíblia?

— Que poderia dizer de tão ofensivo? — sussurrou Anne.

— Leiam aqui! — disse Chaderton, apontando uma frase poucas linhas abaixo do topo.

Timon leu em voz alta.

— "Perguntamos-lhe: 'Queres que jejuemos? Como devemos orar? Devemos fazer caridade'. E Ele respondeu: 'Não mintais e não façais o que detestais. Se souberdes o que está diante de vós, o que se encontra escondido será revelado'."

— Por que nos ocultariam tais palavras? — arquejou a jovem.

Chaderton suspirou.

— Em duas frases, Nosso Senhor elimina a necessidade de regras, leis e padres para interpretá-las.

— O que elimina o dinheiro — concluiu Timon, em voz baixa. — Um sentimento, sem a menor dúvida, não católico.

— A simples perfeição — começou Chaderton.

— Pare! — explodiu uma voz atrás deles.

Todos viraram-se e viram Roger Andrews a encará-los da escrivaninha que estava a algumas filas de distância.

— Pare já com isso! — ele exigiu, uma carranca incendiando-lhe o rosto.

Usava a veste de gala acadêmica, uma arrogância que Timon considerava tão risível quanto reveladora. Era o único dos tradutores que exibia as credenciais na manga. Os mantos azul-escuros conseguiam evitar, com todo o cuidado, a aparência de serem negros. Canutilhos de ouro e um ornado penacho de família enfatizavam a cor do tecido. O chapéu, que caía ridiculamente em cascata sobre um lado da testa, balançava com violência e ameaçava sair voando. Magro, o dedo ossudo que apontou para Chaderton era um graveto de vidoeiro à luz fraca. Os cabelos louros e a tez clara exageravam o rubor das faces; o efeito total fazia-o parecer mais jovem.

— O dr. Spaulding deu expressas instruções — continuou Andrews, ao marchar para a mesa do colega mais velho — para evitarmos esse monge. Ele não é erudito; é um estranho entre nós, e o provável assassino de nossos camaradas tombados!

— Dr. Andrews — começou Marbury, a voz no tom perfeito para tranquilizar e acalmar —, nosso irmão Timon está aqui para ajudar.

— E espanta-me a presença de uma mulher neste salão olhando como idiota nossos textos secretos! — O acadêmico parecia próximo da violência. — Uma *mulher*!

— Dr. Andrews! — O volume de Chaderton igualava-se ao do camarada. — Pare de berrar neste lugar sagrado!

— Não acha curioso — perguntou Anne a Timon, um diabo dançando no olho — que o dr. Andrews se oponha mais à presença de uma mulher que à de um assassino?

— Um assassino — gaguejou Andrews, fechando a garganta nas palavras — que devia estar na nossa prisão, e não em nosso salão. Este é um lugar de erudição; não um antro para crianças bastardas e vis assassinos.

— Um lugar de erudição — refletiu Timon. — Anne, sabia que o dr. Roger Andrews não foi *escolhido* para seus deveres aqui em Cambridge?

— Eu... — ela começou.

— O falecido Harrison, disseram-me, foi quem escolheu os outros acadêmicos deste grupo. Não escolheu Andrews.

— O problema é mais complicado do que o senhor pode imaginar — interpôs-se Marbury, ao perceber o que ele pretendia. — Harrison foi... deverei usar a palavra *encorajado*?... a incluir Andrews.

— Que palavra, na verdade, caberia melhor na situação que *encorajado*? — sorriu a moça, calmamente.

— Bem — respondeu o pai, cortando o ar em volta com um grande aceno de mão —, digamos *obrigado*, então. Ninguém contestaria.

— Quem forçaria tal decisão? — A filha deu o melhor de si para articular uma inocente pronúncia das palavras.

— Quando Harrison rejeitou Roger Andrews, chegou um decreto inclinando-o a mudar de ideia — afirmou Marbury. — Uma carta breve, porém precisa, com lacre real afixado.

— O rei insistiu? — perguntou a jovem, os olhos fixos nos de Andrews.

— É mais provável que tenha sido Lancelot Andrews quem influenciou essa virada nos acontecimentos — respondeu Marbury. — Ele é bispo de Winchester e o homem que preside o *primeiro* grupo de tradutores.

O rosto de Andrews passara de rubro à malva. Os ombros começaram a tremer involuntariamente.

— Mas foi o rei — continuou Marbury, animado — quem ordenou a inclusão de Roger Andrews no trabalho aqui em Cambridge.

— Que infortúnio — comentou Timon, alargando o sorriso. — O restante dos estudiosos se ressente disso. Eles não têm a menor consideração por ele como sendo uma força intelectual e não parecem ligar para o colega fora do ambiente de trabalho.

— Dr. Andrews, ai, só piorou tudo ao acusar Harrison de menosprezá-lo — acrescentou Marbury. — Acusação destituída de todo o sentido, pois Harrison menosprezava a todos por igual.

Timon exalou alto.

— Disse-o bem.

Andrews se enfurecera tanto que não conseguia falar. Todo o seu corpo tremia, e o rosto pulsava com um mar de sangue. Ruídos baixos, grunhidos, perturbavam-lhe o ar em torno da cabeça.

Chaderton pareceu confuso.

— Que quer dizer, irmão Timon, com a afirmação: "Disse-o bem?".

— Quero dizer — Timon avançou um passo para o acadêmico enfurecido — que o dr. Andrews tem os melhores motivos para assassinar. É *ele* o nosso assassino.

Timon via que seu instigante plano daria certo. Andrews se precipitaria salão afora, incapaz de reagir ao escárnio, e Chaderton poderia continuar com o plano dele.

Por infelicidade, Andrews tinha outras ideias. Avançou com um passo instável, estendeu as mãos para a garganta de Timon e então desabou. Caiu-lhe aos pés como um saco de nabos.

40

— *Eu* só queria fazê-lo ir embora — desculpou-se Timon, ajoelhando-se no chão ao lado de Andrews.
— Não acredita que ele seja o assassino? — sussurrou Chaderton.
— Só pensei nisso enquanto falávamos. Um pouco de improviso. Mas, levando-se em conta a reação, será que fiz uma descoberta?
— Ele *é* o assassino — sussurrou Anne. — Sentia-se humilhado porque Harrison não o tinha escolhido, porque o grupo fora obrigado a aceitá-lo. Atacou, com o coração cheio de inveja.
— Permitam-me salientar — disse Marbury, o único do quarteto não curvado sobre o caído — que ele não tinha nenhum motivo para matar Lively.
— Mas entenda — respondeu a filha —: Lively, apesar de todos os defeitos, era um homem competente. Teria acabado por descobri-lo. Spaulding, por outro lado...
— Chamem os guardas — murmurou Andrews, fraco, os olhos ainda fechados.
— Ah, que bom — disse Timon, animado, ajudando-o a levantar-se. — Eu não o matei.
— Sou um sujeito sensível — gemeu Andrews. — De vez em quando meu cérebro irrompe e o corpo desaba. Estou melhor agora. Chamem os policiais.

— Para que finalidade? — perguntou Chaderton.

— Para prender o irmão Timon — rebateu Andrews, recuperando força.

Os outros dois estudiosos na sala haviam-se juntado ao grupo e olhavam-no com o que parecia divertimento. Timon conhecia-os. Um, Dillingham, era famoso como o grande helenista. O outro, Richardson, considerava-se o erudito superior da Europa, ou assim ouvira dizer.

Richardson falou, mal disfarçando o prazer:

— Andrews, é o senhor no chão?

Vestia-se de maneira muito régia. A capa escura era primorosamente forrada de penas e costurada com uma excelente filigrana. As roupas, de cetim creme claro, pareciam imaculadas. Apesar de branco, o chapéu tinha um bordado em ouro tão pesado que parecia um halo — uma aparência, sem dúvida, calculada. Ele também exibia a barba mais bem aparada da Inglaterra.

— Dr. Richardson — disse Timon, levantando-se —, o senhor é, eu sei, o principal experto em latim entre seus colegas, talvez em todo o mundo. Sinto-me muitíssimo honrado por conhecê-lo.

Andrews exalou um ruidoso suspiro, e Dillingham baixou o olhar.

— *Combato* na justa causa com os grandes expertos em latim. — O recém-louvado baixou a cabeça, entusiasmado.

— Derrubo todos da sela. Até os italianos. A minha é a espada do conhecimento, o escudo da absoluta confiança. Sou, em suma, um cavaleiro das antigas: fiel a um graal, a uma busca. Ter-me-ia sentado com Arthur, o senhor sabe. Ninguém na Terra se iguala a mim nessa língua de imperadores e poetas.

— Concordo. — Timon cruzou as mãos.

— Não me vanglorio nessa questão; apenas anuncio os fatos.

— O dr. Chaderton está partilhando nossos textos secretos com um assassino e com essa mulher! — protestou Andrews.

— Bem, se *todos* sabemos dessas coisas — arrastou Richardson, com languidez nas palavras —, dificilmente se pode chamá-las de *secretas*, pode?

— E sempre foi nossa intenção *partilhar* nosso trabalho aqui, dr. Andrews. — Chaderton ergueu as sobrancelhas.

Richardson juntou as mãos.

— Ainda na semana passada, tive o prazer de partilhar com o grupo a descoberta de um antigo texto em grego escrito por ninguém menos que...

— Dr. Richardson! — explodiu Andrews.

— Sim? — perguntou Richardson, irritado.

Andrews lutou para levantar-se sem ajuda.

— Exijo que cesse tal conversa com *essas* pessoas!

— Fez certas descobertas, dr. Richardson? — perguntou Timon, num deliberado tom vago. — Descobertas que alterariam o conteúdo da Bíblia do rei?

— Milhares! — afirmou Richardson. — E quase todas resultam da deliberada supressão ou interpretação do cérebro estúpido de monges católicos. Poderia ter descoberto mais, porém o *sr.* Harrison recusava-se a conceder-me qualquer espaço. Provocava-nos a vagar na escuridão, entende? Não me permitia examinar todos os textos, a Bíblia inteira. Mas o senhor deve ver que um homem com minha extensão de conhecimento precisa tomar, por assim dizer, a inteireza do... como se diz?

— Precisa ver o todo para entender melhor as partes.

— Exatamente!

— E Harrison era um homem pequeno — espetou Timon —, incapaz de ver o plano maior.

— Incapaz.

— É de admirar como alguém tenha chegado à posição de escolher os outros para suas atribuições — incitou Timon, com um ar conspirador.

— Procure o corpo político — sussurrou Richardson, de repente em tom baixo — e encontrará as respostas.

— Disseram-me — respondeu Timon, em tom semelhante — que Harrison, de algum modo, teve o apoio de nosso rei nesse sentido.

— Refere-se ao fato de que era escocês, como o rei.

— Richardson franziu os lábios. — Mas a nomeação dele jamais foi do rei, com certeza, e sim obra de algum funcionário menor da corte, alguém que escreveu uma recomendação com uma das mãos quando descobriu que a outra se enchera de moedas.

— Sem dúvida.

Timon disparou um olhar a Marbury.

Richardson notou o olhar.

— Entenda, o que digo não passa de mera especulação, decerto.

— Exijo — começou Andrews no máximo da voz.

— Imagino, dr. Andrews — berrou Richardson —, que ainda não tenha descoberto o motivo de Marbury pôr o irmão Timon nesta investigação.

— Ele nos disse que era para descobrir o assassino — respondeu Andrews —, mas...

— Não! — Richardson ajeitou a capa. — O senhor foi enganado.

— Enganado?

— Irmão Timon — ele continuou, em tom tranquilizador, e dirigiu o olhar a Timon —, o senhor foi iludido e induzido ao erro. O sr. Lively, antes de morrer, aperfeiçoou o interesse por assuntos acadêmicos dos quais o senhor sem dúvida tem pouca compreensão. Vejo o que ele fez.

Distraía-o com um propósito. Estava em conluio com Marbury, precisa compreender.

— Em conluio com Marbury? — perguntou Timon com o olhar fixo, sem ver aonde o outro ia chegar.

— A mim o senhor não enganou, diácono — disse Richardson a Marbury, acenando majestosamente com a mão —, embora eu não ouse revelar meu conhecimento até chegar a hora certa. Escolheu esse *Timon* para investigar por um motivo e apenas um: para que o verdadeiro assassino tivesse algum títere no qual pôr a culpa pelos assassinatos!

Timon conteve a vontade de rir e transformou-a num breve momento de tosse.

— Vejo que está estupefato, irmão. — Richardson balançou com sensatez a cabeça. — Mas é assim mesmo. Percebi que o puseram nessa missão na crença de que tropeçaria, cairia e seria revelado *como se* fosse o assassino. Ainda não sei os pormenores do plano de Marbury, mas logo descobrirei. Ele é um homem inteligente, mas, como percebe, não chega a ser páreo para mim. Nenhum puritano chegaria. Eu o descobri.

— Perdeu o juízo? — gaguejou Marbury, mal controlando o escárnio.

— Dr. Richardson, o senhor tem um juízo inigualável — interrompeu Timon, conseguindo ocultar parte do rosto sob a mão.

— O senhor ainda não percebeu a total importância de minhas deduções — respondeu Richardson, batendo de leve no antebraço do monge com um único dedo, em absoluto deleite consigo mesmo. — Não compreende que sei a *verdadeira* identidade do assassino!

— Deus do Céu! — arquejou Andrews.

— Ou, na verdade, devo dizer *assassinos* — fungou Richardson. — Deduzi isso quase do início.

— Rogo que me conte logo, senhor, o que quer dizer — pediu Andrews.

Richardson fechou os olhos.

— Deixe-me ver se consigo levá-los todos às minhas conclusões com algumas perguntas bem escolhidas, como tento muitas vezes fazer com meus alunos. Quem empregou Timon como tutor de Anne?

— Marbury, por certo.

Andrews cruzou os braços bem apertados.

— E quem o designou para a missão de encontrar o assassino?

— Marbury.

— Isso mesmo. Pois bem. Quem foi agora o primeiro a rebelar-se de forma tão inflexível contra Timon?

— Lively.

— Exatamente! Aí tem a resposta!

— Tenho? — perguntou Andrews, ainda fraco.

— Marbury e Lively são as partes culpadas, homem! Conspiraram para assassinar Harrison.

— Por quê? — gaguejou Andrews.

— Pelos grosseiros insultos dele a todos nós. Harrison foi retirado do projeto pela única maneira possível. Era uma indicação do rei, afinal, e jamais poderiam apenas demiti-lo.

— Mas, então... — arquejou Andrews.

— Ah! Marbury livrou-se de Lively a fim de garantir a própria segurança. Agora tinha Timon para fazer o papel de bobo: um monge pobre, um forasteiro, um títere, como eu disse.

— Deus do Céu! — sussurrou Andrews, recuando um passo.

Richardson dirigiu a benevolência ao monge.

— Jamais duvide disso, irmão Timon. Marbury, em breve, vai acusá-lo formalmente pelos assassinatos.

— Então ele me empregou — começou Timon, hesitante — e depois me mandou encontrar o cadáver só para fazer

Lively me acusar, em tom vociferante, pelo assassinato, a fim de plantar as sementes de minha suposta culpa.

— Exato.

Richardson cruzou os braços no peito, uma máscara de grande satisfação refinando-lhe as feições.

Timon olhou Marbury, que tinha os lábios finos e cujos ombros tremiam com silenciosas risadas mal controladas.

— Que devo fazer? — Timon perguntou, com falsa docilidade. — Estou perdido.

— Não tema — respondeu Richardson com toda a valentia. — Quando chegar a hora certa, Sir Galahad virá em sua ajuda e acertará tudo.

— O senhor?

— Eu mesmo. Sou sua salvação — ele tranquilizou Timon. — Enquanto isso, continue com as investigações. Quem sabe, talvez encontre provas que possam ser de pouco uso. Atacarei quando se apresentar o momento perfeito, quando Marbury menos esperar.

— Bem — pigarreou Marbury —, talvez eu espere alguma coisa *agora*.

Anne, sem mais conseguir conter-se, desatou a rir.

— Vê como a filha reage com histeria? — confidenciou Richardson a Dillingham. — Trágico, não é?

Dillingham respondeu fechando os olhos e suspirando.

— Creio — disse, a óbvia tolerância retesada ao limite — que eu deva retornar ao trabalho.

Sem outra palavra, dirigiu-se à sua escrivaninha, a bainha da longa capa marrom sussurrando no chão de pedra. Sentou-se, correu a mão pelos não lavados cabelos castanho--avermelhados e pegou a pena.

Timon conhecia a reputação do homem. Todos na Inglaterra sabiam do debate em grego entre Francis Dillingham e William Alabaster. A disputa ficou tão famosa que já se tornara um marco de referência da época: os helenistas eram considerados antigos quando ganhavam notoriedade antes do debate; e os novos, se a ganhassem depois.

Sem dúvida, o tradutor do grupo de Cambridge tinha maior compreensão de grego e de suas sutilezas que qualquer homem vivo. O fato de mostrar-se desinteressado em assassinato, política ou competição tornava-o ainda mais interessante para Timon.

— Bem, então... — grunhiu Chaderton, vendo o seu plano de conseguir que os outros partilhassem os textos secretos em óbvia ruína.

— Não confio em mim mesmo em tal companhia — anunciou Richardson, grandioso, e disparou um olhar furioso a Marbury. — Talvez esqueça as propriedades e ataque antes de ter toda a capacidade de provar minha tese. Portanto, retiro-me.

Virou-se como faria um monarca, a mão no peito, e deslizou para a porta.

Timon dirigiu-se a Andrews.

— Chamar a guarda neste momento talvez seja imprudente — disse, em tom confidencial —, pois o senhor, eu *e* o diácono Marbury somos suspeitos.

— Deus do céu! — berrou Andrews.

Ele juntou os mantos acadêmicos como se levasse nos braços meio saco de maçãs e saiu correndo da sala para alcançar Richardson.

— *Vale* salientar que eu estava em Londres quando assassinaram Lively? — Marbury apontou, uma vez que Andrews já estava do lado de fora.
— Provavelmente, não — respondeu Timon.
— Por mais divertido que tenha sido... — começou Anne.
— Divertido? Isso é obra do diabo! — lamentou Chaderton, balançando a cabeça como um galho de árvore ao vento. — Satanás anda fazendo esses homens de tolos. Irmão Timon, vejo a sabedoria de sua afirmação de que alguma grande força está em ação para esconder verdades maiores do mundo. Que faremos?

Timon encostou-se na escrivaninha mais próxima do quadril, uma onda de exaustão cobrindo-o diante da perspectiva da tarefa à frente.

— Precisamos trabalhar com toda a nossa força para que essa Bíblia... todo o projeto... seja concluído sem interferência de ninguém nem de nada. A Bíblia do rei James precisa ser perfeitamente traduzida, isenta de erros. Também precisa conter todos esses livros ocultos. Não podemos permitir que transcorra mais um ano neste planeta nas trevas criadas pelas mentiras e pelos enganos do passado.

— Deveríamos visitar Lancelot Andrews — sugeriu Marbury quase a si mesmo. — Ele tem o favor do rei acima de todos os outros eruditos. Preside o primeiro grupo, e seus homens foram ameaçados. É o aliado de que precisamos.

— Começo a achar que Roger Andrews — disse Anne, em voz baixa —, apesar das óbvias incapacidades, talvez seja o homem que tem assassinado os tradutores aqui.

— Poderia um homem de estômago tão fraco retalhar o rosto de Harrison? — perguntou Chaderton.

— Um homem tomado por um momento de raiva e medo — respondeu Timon, sem se alterar — é capaz de milhares de coisas que, de modo geral, ninguém jamais pensaria.

— Que precisamos fazer? — quis saber a moça. — Que mais se pode fazer para garantir que essa Bíblia conte, afinal, a Verdade das verdades?

— Acelerar o trabalho — sugeriu Chaderton.

— Proteger os homens — acrescentou Marbury.

— E deter o assassino — concluiu Timon.

Guardou as outras decisões silenciosas para si mesmo, trancadas nas mais sombrias alcovas do coração.

De repente, numa das sombras ocultas no outro extremo do salão, viu uma nauseante sombra.

Os outros perceberam a mudança na expressão dele. Retesara os músculos e toda a alegria deixou-lhe os olhos. Alguma coisa o alertara.

— Há alguém nos vigiando — sussurrou.

Chaderton jogou a cabeça para trás.

— Onde? — murmurou Anne. — É Andrews?

Timon levou um dedo aos lábios.

— Não façamos um espetáculo — avisou com urgência, a voz quase inaudível. — Dr. Chaderton, queira, por favor, trancar o Evangelho de Tomás de volta na sua gaveta? O intruso talvez deseje destruí-lo.

Marbury disparou os olhos na direção da porta do porão. Também viu alguma coisa.

Timon balançou a cabeça uma vez, reconhecendo a provável posição do intruso.

Uma absoluta quietude caiu sobre o salão. Toda sombra, todo lampejo das velas, o próprio ar pareceram imobilizados por um momento; todos os olhos esforçaram-se à procura de movimento. Anne tinha a respiração rasa e tentava não emitir um único som. Marbury torceu os dedos na direção do punhal escondido. O seu olhar arregalado fazia um grotesco contraponto com o olhar intenso de Timon ao examinar os cantos mais escuros da parede do outro lado.

Sem aviso, a porta do porão abriu-se de repente e passos claros podiam ser ouvidos nos degraus da escada. Alguém mergulhou no cômodo sem luz logo abaixo

— Nós o assustamos — Chaderton gritou.

Timon irrompeu numa corrida. A lâmina na mão pareceu surgir do nada. Guinava ao redor de mesas e cadeiras, e voava para a porta aberta do porão.

Marbury partiu atrás, pegou a própria faca e inspirava profundos haustos.

Timon chegou ao degrau no topo da escada e espreitou a escuridão embaixo. Parou por uma fração de segundo, forçando os olhos a ajustarem-se à falta de luz no porão. Uma estranha arranhada na outra ponta do aposento garantiu-lhe que a aparição não o esperava no pé da escada. Mergulhou à frente, quase cego, e deslizou pelos degraus.

Atingiu com os pés o sólido piso de pedra quando uma bofetada de ar gelado golpeou-lhe o rosto. Outro arranhado e um grave grunhido disseram-lhe onde se encontrava o intruso. Ele precipitou-se, mas deu apenas com a parede de pedra.

Madeira e pedra traíram mais uma vez o paradeiro do invasor. Timon agitou os braços e soltou uma intensa expiração.

O estranho grunhiu e esquivou-se da lâmina, e o arranhado intensificou-se.

Timon lançou-se à frente, na direção do ruído, esperando pressionar o volume do corpo no homem, desatento a qualquer arma que ele talvez portasse. Estalou a cabeça na parede fria e o joelho atingiu uma quina de outras pedras. Ao redor havia apenas ar.

Seria o intruso um fantasma? Era um pesadelo enlouquecedor lutar com alguém invisível.

Começou a ajustar os olhos à total ausência de luz e julgou distinguir o vulto ao lado da lata de batatas. Deu um chute alto, na esperança de atingi-lo na barriga. A respiração do intruso explodiu, mas o golpe de Timon não acertou o alvo, e a imagem sombreada do homem desapareceu.

Onde estava? O ruído da respiração parecia vir de todos os lados. O movimento no porão era uma força invisível, não um homem.

Abandonando todo o cuidado, ele tornou a saltar, e lançou-se na direção do barulho de arranhado. A lata de batatas impediu-lhe o arremesso para a frente e ele bateu com força o cotovelo direito na lata.

Timon saltou para trás, à espera de um ataque, e tentou não respirar, para não revelar sua posição. Parou, em absoluto silêncio, e torceu para que essa imobilidade realizasse o que o frenesi não conseguira.

Distendeu os músculos cansados. Forçou-se a fechar os olhos, para depender dos outros sentidos. Nenhum ruído, nenhum cheiro; apenas o gosto na língua do ar rançoso do porão.

"O assassino também está prendendo a respiração", pensou, "à espera de atacar."

Um repentino barulho no alto da escada anunciou a chegada de Marbury.

— Timon?

Ele não respondeu, por temer revelar sua posição.

— Maldito inferno! — resmungou Marbury.

Pisou no segundo degrau, que estalou.

No porão, nenhum ruído. Os pulmões de Timon martelavam, o sangue latejava nas orelhas, não lhe restava mais ar algum.

— Timon! — chamou de novo Marbury. Nada. — Está bem, então! — ele berrou e saltou à frente. Caiu perto de Timon e, enlouquecido, disparou a faca para todos os lados.

O outro percebeu que ele poderia facilmente esfaqueá-lo por engano no escuro.

— Diácono — exalou a menos de dez centímetros da orelha de Marbury.

— Ai! — explodiu Marbury, de susto.

Os dois imobilizaram-se.

Timon viu que se haviam revelado, mas agora já ajustava aos poucos os olhos à escuridão.

— Vê alguma coisa? — sussurrou Marbury.

— Shhh!

Deu vários passos de lado para a mesa onde jazia o cadáver de Lively. Com a mão livre, riscou a pederneira e logo acendeu uma vela.

A chama tremeluziu e revelou tudo.

Marbury acocorara-se bem baixo. A mão direita era um punho fechado; a direita segurava uma faca.

Timon levantou-se, a lâmina nas pontas dos dedos como um pintor segura um pincel, pronta para o arremesso.

Lively continuava intocado na mesa fria.

Ninguém mais se encontrava no porão.

42

À luz pardacenta da vela, ficou óbvio demais que o intruso deixara o porão.
— Como pôde passar por nós dois? — sussurrou Marbury.
A respiração dele era um fantasma branco de palavras. O porão continuava numa imobilidade mortal. O rosto de Lively, tinto de azul. A chama da vela parecia congelada no ar.
Timon vasculhava com os olhos todos os cantos do lúgubre aposento. Uma resposta à pergunta de Marbury logo se apresentou.
— Ali — Timon apontou. — Marbury concentrou o olhar no chão. O recém-feito desenho de um quarto de círculo desfazia a poeira no chão sob a lata de legumes. — É o resultado do arranhado que ouvi — continuou ele. — Essa lata se mexe.
Os dois deslocaram-se para a estante de prateleiras de madeira empilhadas e puxaram até ela começar a ceder. Uma vez aberta, foi fácil encontrar as dobradiças ocultas. Pela abertura, viram um corredor baixo atrás da lata.
Timon entrou direto, indiferente à impenetrável escuridão.
Marbury foi buscar a vela na cabeceira de Lively enquanto os passos do companheiro se afastavam na oca gruta de pedra. Com a vela à frente, seguiu os ruídos cada vez mais fracos no túnel.

O porão era gelado, mas o túnel era um inferno de gelo. Marbury sentiu os dedos congelados; os pulmões ardiam. Ainda assim, avançava o mais rápido que podia, a vela cuspindo cera na mão esquerda, a lâmina tremendo na direita, até encontrar Timon parado no que parecia um beco sem saída.

Ele deslizava a mão pela superfície de uma maciça parede de pedra.

— Em algum lugar aqui há uma abertura ou uma maçaneta — resmungou.

— Como atravessou esse corredor sem luz? — perguntou-lhe Marbury, encarando-o.

Embora parecesse encher o pequeno espaço com vapor branco, Timon não parecia sequer respirar.

— Passei um longo tempo na escuridão quando estive encarcerado — respondeu, bruscamente. — Em vez de ficar cego, adquiri uma espécie de visão sobrenatural. O sol mais brilhante me queima os olhos, mas eles veem os mais escuros recessos da noite. Maldita parede! — Essa repentina explosão assustou o colega. — Nosso homem a esta altura certamente já desapareceu — sibilou. — Mas onde?

— Poderia este lugar levar a alguma cozinha? — perguntou Marbury. — Uma conveniência para o cozinheiro, de modo a permitir-lhe pegar coisas no porão sem ter de enfrentar os elementos?

— Quando foi que um construtor algum dia se preocupou com a facilidade de um cozinheiro? — Timon balançou a cabeça. — E sou um imbecil por não ter imaginado até agora por que haveria um porão sem passagens secretas no Grande Salão.

— Espere.... — Marbury massageou a testa com as pontas dos dedos, como a incentivar algum pensamento para libertar-se do emaranhado de lembranças. — O Grande Salão é um dos prédios mais antigos da universidade. Foi... será minha lembrança correta?... uma capela, ou até um mosteiro no passado. É possível?

— Alguns desses prédios têm quatrocentos anos de existência — respondeu Timon, fitando o corredor oculto em direção ao porão —, e muitos mosteiros da época possuíam túneis de fuga. O que parece ser o exato caso deste: nosso homem me ludibriou. Mais uma vez.

— Tem certeza de que era o assassino?

— Suponho que pudesse ser qualquer um. — Timon encostou-se na parede. — Porém, quem mais fugiria?

— Bem, não estamos em pior situação do que antes: já sabíamos que um assassino se escondia por perto, à espreita.

— Sim. — Timon virou a cabeça e olhou de novo o corredor oculto em direção ao porão. — Anne e Chaderton ficaram sozinhos no salão. Perdemos nosso homem aqui. Gostaria de ter certeza de que ele não retornou ao...

— Santo Deus! — explodiu o diácono e, irrompendo numa corrida, passou a toda por Timon, atravessou de volta o túnel e entrou no porão.

O outro o alcançou e os dois juntos subiram correndo a escada até o Grande Salão.

Anne e Chaderton sentavam-se lado a lado e liam alguma coisa na escrivaninha do velho.

A moça levantou-se, assustada com a entrada dos dois, mas arregalava os olhos por outro motivo.

— Maria Madalena escreveu um evangelho. Estou lendo! Ela mal respirava.

— Cheguei a certa conclusão com a qual espero que todos concordem — interrompeu Chaderton, dirigindo-se a Marbury e a Timon. — Creio que devamos esconder o maior número possível dos livros secretos que conseguirmos reunir... e acho que Anne deveria ser a guardiã.

— Não! — explodiu o pai.

— Escute-me — continuou o mais velho, erguendo a enorme mão —, acho que a atitude que Andrews lhe expressou será em certo aspecto a mesma de todos os outros tradutores. Nenhum deles acredita que uma jovem pudesse ter qualquer entendimento desses assuntos. Jamais imaginarão que ela pudesse, talvez, esconder os textos.

— O que o senhor sugere — grunhiu Marbury, ao chegar à escrivaninha — põe minha filha em risco máximo. Não permitirei.

— Já estou no caminho do perigo — respondeu Anne, pronunciando ferreamente cada sílaba. — E sou bastante invisível a esses acadêmicos para repelir um exame minucioso. Acho que o plano do dr. Chaderton é perfeito.

O principal interesse da moça, obviamente, era o acesso total aos volumes que desejava com tanto desespero devorar.

— Diácono — apressou-se a dizer Timon —, concordo que precisamos esconder esses livros secretos. Deixá-los com Anne é uma ideia acertada. Trata-se de uma vantagem feminina numa era de homens o fato de ela ser muitas vezes invisível.

— Não! — Marbury insistiu. — Se precisam ser escondidos, deixem-me levá-los!

— O senhor não tem tempo! — Timon balançou a cabeça. — Sua sugestão de consultar Lancelot Andrews também é acertada. Sem dúvida ele terá mais influência com o rei que qualquer outro. Talvez ele até tenha chegado às mesmas conclusões que nós.

— É provável que o próprio Lancelot chegue a alguma compreensão desses assuntos — sugeriu Chaderton. — Ele tem uma mente excepcional e perspicaz. Trocamos ideias muitas vezes ao longo dos anos. Continuamos colegas fervorosos.

— Como posso partir para Westminster com a vida de minha filha em perigo e os homens aqui em Cambridge... — começou Marbury.

— Ficarei aqui — disse Timon, e só então guardou o punhal. — Se eu o acompanhar, talvez Lancelot Andrews não fale a sós com o senhor tão de imediato. Então, ficarei aqui, vigilante. Prometo que nenhum mal acontecerá a Anne.

Estava claro que ninguém na sala duvidava da determinação dele.

— Vou já para Westminster? — perguntou Marbury, tamborilando com os dedos na escrivaninha.

— Os homens vão trabalhar em grupos — apressou-se a responder Timon — e Anne permanecerá no quarto dela. Suponho que tenha uma tranca na porta.

— Tem — ela disse —, embora raras vezes seja usada.

— Faça bom uso dela agora. — Timon disse com firmeza.

— Invejo a leitura que a aguarda. Quais são os empregados de maior confiança?

— Não precisa dizer mais nada. Sei como me proteger em meus aposentos.

— E eu estarei em toda parte — Timon anunciou em voz alta, como se alguém talvez ouvisse.

— Mas temos *certeza* de que os documentos devem ficar com Anne? — insistiu Marbury, desesperado, baixando a voz.

— Não sou criança! — ralhou a jovem. — Sei cuidar de mim mesma.

— Dispense os coches, diácono — disse Timon, rispidamente, ignorando a preocupação do pai e a ira da filha. — Não há a menor necessidade de exibição régia a esta altura. Lancelot Andrews o receberá, não?

— Sim, mas... — questionou Marbury, depois se aproximou dele e sussurrou: — E se houver outros da espécie de Pietro Delasander atrás de mim?

— Eu devia ter-lhe contado antes — respondeu Timon num sussurro. — Quando revistei o corpo de Delasander, descobri um documento... uma missiva cifrada... que me revelou o verdadeiro propósito dele.

— Foi o que disse — respondeu Marbury, e franziu a testa.

— O senhor não era o alvo dele. Ele só o seguia de volta a Cambridge para poder me matar. Não tenho a menor ideia do motivo, mas sei quem o enviou: os mesmos homens que o recomendaram me empregar; os mesmos que me mandaram trabalhar para o senhor. A missiva estava no código deles.

— Deus do céu! — exclamou Marbury. — Nadamos em loucura.

Anne inspirou fundo, claramente à beira de uma centena de perguntas.

— Dr. Chaderton — açoitou mais uma vez Timon na força máxima da voz —, disse que conhece muito bem Lancelot Andrews?

— Muito bem — confirmou o velho, meio confuso.

— Bem o bastante para saber onde encontrá-lo no fim da tarde?

— Vejamos... — disse Chaderton a si mesmo, pensando o mais rápido possível. — Quando estou em Londres e nos encontramos, sempre caminhamos nos jardins do colégio antes do pôr do sol. Creio que ele me disse ser esse um hábito que tinha ao entardecer, antes das preces e do jantar. Por que pergunta?

— O tempo é essencial. O diácono Marbury talvez não deseje perdê-lo vasculhando Westminster à procura do homem. O jardim do colégio é um bom lugar para começar.

— Conheço aquele jardim — afirmou Marbury.

— Se cavalgar na velocidade máxima e exaurir o cavalo — disse Timon, as palavras disparadas — pode trocar a montaria no meio do caminho. Chegaria a Westminster ao cair da tarde. O que acha?

Marbury hesitou apenas por um instante, mas que, para Timon, foi um tempo longo demais.

— *Tem* de falar com Lancelot Andrews — insistiu. — Precisamos dele como aliado na causa da salvação de nossa religião!

— E talvez ele também ofereça informações — acrescentou Chaderton — a respeito do irmão Roger, o homem que bem pode ser o assassino.

— Apresse-se, diácono — encorajou Timon. — Quanto mais cedo terminar o trabalho em Westminster, mais cedo poderá retornar e ajudar-me a pegar o assassino.

Vinte minutos depois, Marbury lançou-se sobre uma surrada sela marrom, perguntando-se como chegara ali, quando, apenas momentos antes, ao que parecia, estava em sua cama dormindo — e todo vestido.

"Outra viagem a Londres", pensou, exausto, "e desta vez a outro grupo de tradutores, como se meu grupo já não fosse problema suficiente. Que mal fiz eu a Deus?"

Suspirou, incitou o cavalo e saiu do pátio para o verde campo aberto. O ar fervilhava de pássaros vermelhos. O céu por entre as árvores assemelhava-se a uma janela de vidro colorido, azul e forte. Prímulas silvestres floresciam e acenavam à brisa matinal.

Reunindo as forças, o diácono curvou-se e sussurrou alguma coisa ao animal, que se precipitou a toda. O vento contra o rosto do cavaleiro era frio, mas suave; o perfume aqui e ali era adocicado pelos prazeres do início da primavera: narciso e lauréola, o solo fértil de húmus vegetal, uma algazarra de trinados, o verde novo em cada árvore.

Alegrava-o estar a cavalo, pois permitia-lhe tomar um caminho que nenhum coche podia percorrer, pela mata espessa com colinas ondulantes acima. Essa viagem seria mais rápida que a anterior, graças às estradas menos usadas, além de Westminster ficar mais perto que Hampton Court.

"Mas o melhor motivo para tomar esse caminho em particular", pensou consigo mesmo, "é que evita a floresta onde moram aqueles meninos. É preferível não me distrair. Haverá outra ocasião, outro dia, para pensar neles."

Ocupava-se, em vez disso, com os três metros de estrada que se apresentavam adiante — depois seriam mais três, com os campos passando voando. O ruído da respiração do cavalo era tudo o que ouvia.

Às quatro horas da tarde, a estrada virava a oeste antes de Shoreditch. Marbury mantinha-se ao norte de Red Bull e Gray's Inn, para contornar o pior do caos vespertino na cidade e evitar a travessia do Tâmisa. Virou, afinal, para o sul, seguindo por Charing Cross até a King Street.

Pouco depois, distinguiu as torres de Westminster, não distantes, na neblina. Chegara à periferia de Londres e, então, reduziu a corrida a um trote. Só então deixou os receios por Anne e pelos tradutores distraírem-no. Misturavam-se à apreensão da iminente conversa com Lancelot Andrews. Juntou-se a essas preocupações uma outra. Ele viu que se sentia mais nervoso do que em uma década.

Nos espaços grandes e abertos dos gramados, aqui e ali, ovelhas pastavam e quase davam a ilusão de paz bucólica, mas, ao longe, Marbury ouvia, varando o tecido azul do ar, vozes citadinas aos gritos:

— Mexilhões brancos como o lírio! Arenques, sardinhas ou mariscos? E ostras de Wallfleet! — Garganta matraqueavam carentes de gordura. — Sapatos velhos por vassouras novas! — Centelhas distantes do quente carvão londrino, que rasgavam o céu e manchavam o vento. — Menino para trabalhar, barato! Não tem língua!

Marbury começou a imaginar os rostos dos quais emergiam aquelas longínquas vozes, e maravilhou-se com a distância que alcançavam, transportadas pelo ar primaveril.

Após um momento, passou a perguntar-se se as imaginava em vez de ouvi-las.

Meia hora depois, sentava-se num banco de pedra no College Garden, de Westminster. O espaço entre os grandiosos prédios proliferava de mato já alto, que logo viraria forragem. O verde igualava-se ao límpido azul do céu. Suaves ventos haviam purificado o ar, liberto de todas as nuvens. Tudo naquele grande pátio aberto era claro. No lado oposto, ficavam os prédios envelhecidos do colégio, cujas paredes pareciam cintilar com um tipo de vapor dourado, uma espécie de cumplicidade com o passado mais antigo discutido e debatido dentro delas.

Lancelot Andrews apareceu sem demora para a salutar caminhada diária. Se ficou surpreso ao ver Marbury, não demonstrou. Avançava decidido, a majestosa capa azul e o manto deslizando atrás. A barba branca cultivada e arrumada da forma mais perfeita.

Marbury levantou-se.

— Dr. Andrews — começou logo —, nós nos conhecemos na Conferência de Hampton Court, embora sem dúvida o senhor não se lembre de mim. Sou o diácono Marbury, de Cambridge.

— Não direi que o esperava — gritou Andrews; a voz, um sino maciço e baixo —, mas não me surpreendo vê-lo, diácono Marbury. Não o teria reconhecido; mudou desde que o vi em Hampton. Mas há que se admirar muitíssimo a sua reputação.

— Sua Graça — disse o outro, apenas com uma leve sugestão de ironia.

— Suponho — disse o colega, aproximando-se para apertar-lhe a mão — que se encontre aqui para me contar as coisas estranhas que vêm acontecendo com o grupo de tradutores do sr. Lively em Cambridge.

— O sr. Lively está morto — respondeu no mesmo instante Marbury. — Como também o sr. Harrison. Há um monstro à solta em Cambridge. Mas esse fato *nada* significa, acredite, comparado com o principal motivo de minha visita.

— Eu sei.

O presidente do primeiro grupo deu o melhor de si para manter uma máscara severa onde nada se pudesse ler.

— Sabe dos assassinatos? Então o rei lhe falou de minha visita.

— De fato falou, embora eu confesse que não sabia da lamentável morte de Lively.

— Toda a tradução corre perigo. — As palavras de Marbury irromperam como o disparo de uma pistola. — O trabalho de gerações corre risco. Convenci-me de que isso, na verdade, é mais importante que a vida de qualquer homem. A própria natureza de nossa religião talvez corra grave perigo.

Dr. Andrews sentou-se no banco.

— Alguém tem assassinado os tradutores para deter o trabalho — afirmou Marbury, ainda em pé. — É apenas uma questão de tempo a mesma coisa acontecer com o grupo aqui em Westminster, e também com os homens em Oxford. Vim dar-lhe esta notícia… e mais.

— Na esperança de que eu fale com Sua Majestade. — O presidente do primeiro grupo fechou a carranca. — Mas ele já sabe de…

— Esperamos que o convença a produzir uma Bíblia completa… uma Bíblia *verdadeira*.

Dr. Andrews ergueu os olhos do lugar onde estava.

— Não entendo o que quer dizer quando se refere a uma "uma Bíblia verdadeira".

— Os homens de Cambridge descobriram inúmeras coisas — sussurrou Marbury, disparando os olhos. — Sem dúvida, seu grupo aqui também fez o mesmo.

— Descobriram?

Dr. Andrews cruzou os braços no colo.

— Milhares de erros de tradução que datam da época de Cristo — impacientou-se Marbury. — Dezenas, talvez centenas, de evangelhos e autênticos textos antigos foram expurgados das várias bíblias ao longo do tempo. Sim, precisamos impedir que os tradutores sejam assassinados, mas também assegurar que a verdadeira Bíblia...

— Entendo. — O presidente dos tradutores levantou-se bruscamente. — Precisamos trabalhar rapidamente.

O visitante exalou um suspiro.

— Então entende a importância, dr. Andrews. Sinto-me aliviado. Dr. Chaderton fala em termos muito elogiosos do senhor, e eu sabia que suas decisões seriam rápidas.

— Claro — Andrews pareceu mergulhado em pensamentos. — Primeiramente, vamos aos assassinatos. Como posso ajudar?

— Preciso ser ousado para fazer-lhe várias perguntas — gaguejou Marbury — relacionadas ao seu irmão Roger.

— Como? — Dr. Andrews largou as mãos ao lado do corpo; o rosto afrouxou.

— Isso faz parte da investigação — apressou-se a inventar Marbury. — Tememos que ele possa ser a próxima vítima.

— Entendo. Bem, Roger é meu irmão caçula. O senhor possui irmãos?

Marbury fez que não com a cabeça.

— São uma bênção e uma maldição — sorriu o acadêmico. — Quando era mais jovem, Roger copiava tudo o que eu fazia... a ponto de fazer confusão. Vestia-se de maneira igual, andava de maneira igual... E, quando me ouvia falar com os colegas de escola, muitas vezes repetia o que eu dizia, palavra por palavra, bem baixo, até os outros garotos gritarem e rechaçarem-no. Se eu tivesse mais consciência da natureza e da intensidade dessa adulação, talvez fosse mais afável, porém os irmãos discutem, até brigam, e não se pode fazer nada.

— Sem dúvida fez reparações quando adulto — disse Marbury, desviando o olhar. — Deu um jeito de seu irmão ser aceito como tradutor.

— Ele se ressente do meu sucesso — suspirou o outro. — Lamenta minha posição elevada, a proximidade com o rei.

— Na verdade, dizem que o senhor é para James o que Burley foi para Elizabeth.

Marbury baixou os olhos para o mato alto que lhe envolvia as botas.

— Mas chega dos meus problemas. O senhor tem perguntas a fazer sobre Roger.

— Talvez tenha acabado de respondê-las — ele murmurou.

— Curioso. — Andrews olhou-o de cima a baixo. — Então talvez me fale sobre seus planos para garantir... como se expressou mesmo?... essa Bíblia *completa*.

— Precisa incluir todos os pontos, todos os livros redescobertos — ele respondeu de imediato —: os textos antigos, se forem verdadeiros e autenticados por todos os tradutores. Todos os erros, por menores que sejam, precisam ser corrigidos.

— Com que finalidade? — Andrews cruzou os braços. — O senhor não concorda, em geral, com a Bíblia dos Bispos?

— Isso vai muito além da divergência com...

— Qual o sentido? — interrompeu o acadêmico, exigindo uma resposta direta.

— Bem — respondeu Marbury, pouco à vontade —, discutimos a natureza do corpo de Cristo. A insistência em que ele era em essência *carne*, e que sua carne ressuscitou da sepultura, é um conceito que possibilitou muitas das outras decisões tomadas pela antiga Igreja.

— Mas trata-se da crença fundamental da cristandade — rugiu dr. Andrews, assustando Marbury. — Se não acreditarmos que Cristo ressuscitou dos mortos como carne e sangue, não poderemos participar do milagre da Eucaristia! As palavras muito claras da Bíblia são: "O Verbo tornou-se carne". Que a carne e o Verbo não sejam separados. Celebramos as duas coisas; honramos as duas recebendo a carne d'Ele, para que Ele possa suprir-nos de Sua graça e verdade.

— Eu sei... Ouvi seus sermões sobre o valor da Eucaristia — gaguejou Marbury, tentando reunir as ideias diante do poder do colega.

— A carne de Cristo é a pedra angular de nossa religião! — continuou o outro, dirigindo o olhar arrasador a Marbury.

— Seu amigo, o dr. Chaderton — respondeu Marbury —, ousou sugerir que a insistência na reanimação de carne morta, e o ritual canibalístico de comê-la, era mais província de demônios que de Nosso Senhor.

— Não! — grunhiu o acadêmico. — O dr. Chaderton jamais disse coisa de tal monstruosidade.

— De fato, disse.

— Deus do céu! — Andrews enterrou os dedos nas têmporas. — É demais para absorver, estou desnorteado. Compreendo, sim, a grave importância de suas preocupações. Preciso encontrar-me. Por favor, fique sentado. Preciso reunir os homens que temos aqui e... e todos nos reuniremos. Precisa jantar conosco... sim?... e decidiremos o que se pode fazer. Espere aqui. Mandarei buscá-lo daqui a pouco.

Sem outra palavra, virou-se, o manto azul levantando-se num redemoinho, e afastou-se a toda para o prédio mais perto.

"Que entender disso?", observou Marbury para si mesmo, vendo o outro desaparecer por uma porta escura.

Mesmo ao ver o guarda armado, poucos instantes depois, não percebeu o que acontecia... até ser tarde demais.

44

Cambridge, Naquela Noite

Timon imobilizou-se diante da porta de Anne. Já se encontrava ali parado havia dez minutos sem conseguir bater. Por fim, chamou:

— Anne! Esqueci um nome.

Uma pausa silenciosa pairou no ar por um momento, e então a voz dela respondeu:

— Irmão Timon?

— Poderia vir até a porta?

O pânico na voz dele era óbvio.

Ouviu-se um barulho de ferrolhos, o estalo de outra tranca, e a porta abriu-se devagar, apenas um pouco. A jovem espichou a cabeça para fora.

— Esqueceu o nome de quem?

— Do mestre dos estábulos!

— Lankin?

— Santo Deus! — Ele revirou a cabeça e deu um inconsciente passo para o lado. — Lankin!

— O senhor parece nervoso.

Ela abriu a porta mais uns poucos centímetros, intrigada.

— Eu não conseguia lembrar o nome dele — disse Timon, com o rosto exangue. — A senhorita não tem ideia do que isso significa.

— Não conseguir lembrar...?

— Minha memória é minha vida! — ele rebateu furiosamente.

A moça viu um genuíno terror nos olhos de Timon, embora não entendesse o porquê.

Ele pôs-se a murmurar consigo mesmo e a andar de um lado para outro diante da porta do quarto.

Após um momento, ela achou que devia perguntar:

— É grego o que o senhor sussurra?

— Recito certo trecho de Erasmo.

— Por quê?

Timon encarou-a.

— Alguma coisa está acontecendo comigo. — As palavras tremiam como folhas novas ao vento. — Não sou eu mesmo.

Anne estreitou os lábios.

— O senhor não dormiu.

— Não.

— A mente sempre se trai quando precisa de descanso — ela censurou-o. — E quando comeu pela última vez?

Ele fitou o chão. Engoliu em seco, lambeu os lábios e disparou a furto os olhos em toda a volta.

— Então talvez um pouco de comida lhe faça bem — sugeriu Anne.

— Não sou eu mesmo porque sinto que minha vida mudou de rumo. Bruscamente. Muito bruscamente.

Anne tinha a expressão tão severa quanto a de qualquer freira.

— Não tenho a menor ideia de quanto seu hábito de fumar noz-moscada naquele cachimbo lhe perturba a mente, mas sei, sim, que, quando meu pai toma conhaque um pouco demais à noite, na manhã seguinte acorda num imenso nevoeiro.

— É — ele começou, mas interrompeu-se.

Repugnava-lhe admitir que houvesse ingerido o conteúdo de um cachimbo em vez de jantar. Não amainara a febre. Como explicar o que lhe ardia na mente? O que revelar e o que manter em segredo?

— O senhor veio ao meu quarto tão tarde da noite apenas para perguntar o nome do mestre dos estábulos?

A jovem retesou a mão na maçaneta sem o perceber.

Timon agarrou o cabo da faca e respirou devagar, em silêncio, acalmando o coração e preparando a mão.

Ela não se mexeu.

— Vi como o senhor lidou com os dois cadáveres. Talvez se sinta perturbado pela morte.

— Já vi a morte muitas vezes. Impressionou-me sua competência ao se encarregar da retirada do corpo do rapazinho. A senhorita parecia...

— Cuidei de homens que morreram — Anne comentou com simplicidade.

— E eu matei homens — disse Timon, sem pensar.

Não reconheceu a própria voz.

— Combateu em batalhas — Anne concluiu.

— Não. Assassinei homens como parte do trabalho sagrado, ou do trabalho que numa época eu julgava sagrado.

Anne ficou com a respiração mais rasa. Embora os olhos a impelissem a piscar, achou que, de algum modo, não devia fazê-lo.

— Um homem que considera sagrado um assassinato perde-se nas trevas.

— É — foi só o que ele conseguiu dizer.

— É o senhor quem tem assassinado esses sábios aqui em Cambridge?

A jovem curvou o peso para a frente, mal acreditando que fizera tal pergunta.

— Não — garantiu-lhe Timon, vacilante. — Sou o que vai deter esses assassinatos.

— Por quê?

Era uma pergunta simples.

— *Fiquei* intrigado com eles — admitiu Timon, recuperando aos poucos o equilíbrio. — Tantos cometas colidem em meu cérebro, tantos elementos disparatados, que chegam ao ponto de enlouquecer-me: o coração de um bondoso empregado velho, um cão leal, uma garçonete decepcionada, a repugnante natureza de determinado trio de homens, as várias coisas estranhas reveladas pelo trabalho de seus intelectuais... Toda a profundidade... da história e do escopo... não podemos deixar que se esconda a verdade por mais tempo... porque...

Descobriu, para sua grande surpresa, que não podia continuar. As mãos dele tremiam e os olhos ardiam.

Anne encarava-o.

— Sinto os átomos de minha carne transpondo-se — Timon sussurrou, fitando os dedos. — Senti-me assim no dia de minha morte.

A moça engoliu em seco.

— Trata-se de uma frase que precisa de explicação — ela disse, hesitante.

— Bem, então, sem rodeios: fui sentenciado à morte pela Inquisição. — Timon ainda fitava os vincos e as pregas nas palmas das mãos. — Na manhã da execução, o Papa Clemente veio me ver. Sabia tudo de minha vida, e sempre teve conhecimento dos meus poderes de memória. Instruiu-me a realizar esse trabalho, que fiz durante cinco anos. Agora... por motivos que se digladiam no meu cérebro e mal compreendo... afasto-me da instrução dele em favor de... A senhorita me disse que eu parecia um homem recém-libertado da prisão. Talvez estivesse correta. É possível que, de algum modo, eu tenha me libertado dos votos à Igreja católica... para fazer outro trabalho.

A moça via que ele se esforçava para encontrar as palavras perfeitas.

— Nesta época, um homem representa muitos papéis no palco de seu mundo — comentou Anne.

— Que estranho... — sorriu Timon. — Ainda esta manhã eu pensava em como minha vida se parece com uma peça.

— O senhor precisa de sono e comida — insistiu Anne, destacando cada palavra. — Tem os olhos enlouquecidos, as mãos trêmulas, e está criando ideias muito estranhas.

— Muito estranhas — ele concordou, assentindo com a cabeça.

A filha do diácono levou apenas um segundo para decidir o curso de ação.

— Então deixe-me levá-lo até a cozinha — disse firmemente — e preparar uma ceia para o senhor.

45

Westminster, Naquela Noite

Marbury ficou incrédulo quando ouviu baterem as barras de ferro da porta da prisão, que se fechava, e os guardas armados se afastarem a marchar.

A cela tinha espaço suficiente para dez prisioneiros e era bem iluminada por tochas em todo o corredor. Via-se pedra cinzenta em seis lados, mas também vários colchões de palha, com mantas por cima, e uma janela alta, estreita, pela qual se podia pelo menos imaginar o sol poente.

"Fui um idiota", pensou consigo mesmo. "Um absoluto imbecil. Como pude chegar a acreditar que o conselheiro favorito do rei James fosse... em que pensava eu? E agora aqui estou, numa cela de prisão, enquanto abandono minha filha indefesa diante de um louco."

Foi até a porta da cela e segurou a barra mais próxima da fechadura. Sacudiu a porta, apalpou a fechadura com a ponta do dedo, a face encostada no frio ferro de várias outras barras, e espichou os lábios. Fechou os olhos e percebeu como seria fácil abrir aquilo. Alguns desajeitados estalos com a faca e ficaria livre.

Uma súbita voz na escuridão do corredor assustou-o.

— Vamos jantar juntos? — O dr. Andrews surgiu do escuro, a mão direita já na porta da cela. — Queira perdoar-me por detê-lo dessa forma inospitaleira — continuou, enfiando uma chave na fechadura.

A porta abriu-se.

Marbury encarou-o, desconfiado. "Não tenho a menor ideia do motivo que o levou a trancafiar-me", pensou, "e tampouco por que me soltaria. Só pode ser algum tipo de artimanha." Como quem não quer nada, inspecionou a lâmina escondida.

Dr. Andrews não pareceu notar, virou-se e conduziu-o por um longo corredor até um grande salão de jantar vazio. Era um terço do tamanho do Grande Salão, em Cambridge, e pontilhado de velas que faziam girar pequenos círculos de luz em torno da mesa, onde viam-se apenas dois lugares postos; travessas, canecas e pratos vazios.

Um toalha bordada de dourado cobria o meio da comprida mesa de ripas de madeira e dava-lhe um aspecto mais refinado. O piso da sala, obscurecido pela pouca luz, tinha incrustado um único símbolo, imenso demais para identificar. As vigas negras dez metros acima, grossas e cruzadas, sustentavam o teto perdido em sombras.

Dr. Andrews seguia alguns passos adiante de Marbury, silencioso como uma sepultura.

Marbury esforçava-se ao máximo para formular perguntas perfeitas na mente antes de expressá-las. Onde estavam os outros tradutores? Por que o tinham posto na cadeia? Por que fora solto? Corria perigo?

A última foi respondida quando conseguiu distinguir, mais ou menos, os contornos dos guardas ocultos em cada porta.

Andrews sentou-se à cabeceira e indicou o lado direito a Marbury, que se sentou em seguida. Parecia esperar que o convidado falasse, mas este decidira permanecer calado. O primeiro a quebrar tal silêncio seria o que perderia a vantagem.

Os dois, então, ficaram sentados em absoluta imobilidade por longos minutos. Não se serviu comida. Nenhum deles parecia respirar. Era como se os homens que guardavam as portas fossem de granito, apesar de todo o movimento que faziam.

De repente, dr. Andrews martelou a mesa com o punho, enviando os pratos para o alto e derrubando canecas.

— Quem é o senhor? — berrou. — Diga-me agora mesmo! *Não* é o diácono Marbury!

O convidado sentiu-se desatinado apenas por um instante. Quando se recuperou, tornou a recostar-se na cadeira e sorriu. Determinou-se a deixar o outro continuar.

— Chamar-se de Marbury... — rosnou dr. Andrews. — Eu *sabia* que nem de longe se parecia com o homem. Vi-o apenas uma vez, mas ele tinha porte e graça invejáveis... Ao contrário de seu desmazelo e pouco-caso.

— Quem sou eu, então? — perguntou Marbury, tateando à procura da faca escondida na manga.

— Guardas! — Andrews chamou.

No mesmo instante, vinte homens cercaram a mesa, lâminas desembainhadas.

— O senhor — Andrews anunciou em triunfo — é o famoso assassino Pietro Delasander!

Marbury não conseguiu conter o momentâneo sorriso.

Andrews continuou, muito satisfeito consigo mesmo:

— E agora vai contar-me o verdadeiro sentido de sua visita a Westminster, embora eu ache que já sei.

O suposto assassino continuou sentado, percebendo aos poucos que não seria posto em contato com o rei. O homem que Andrews denunciaria como o visitante a Westminster — o verdadeiro assassino Delasander — na verdade já morrera. Só lhe restava agora escapar. E, para isso, bastava retornar à frágil cela, esperar que todos se fossem, abrir a fechadura e cavalgar para casa.

Sentiu o estômago rosnar. "Bom sinal", pensou. A fome substituíra o medo.

— Fale! — exigiu o outro, lançando a cabeça em sua direção.

— Pietro Delasander é, como sabe, o maior assassino da Europa. Se eu fosse ele, seria obrigado a matá-lo. Embora não fosse esse o objetivo dele aqui, poderia ser uma necessidade.

— Matar-me? — riu o tradutor de Westminster. — Minha guarda talvez tenha alguma coisa a dizer a respeito.

Vários homens da guarda também riram. Marbury observou-os para futura referência — o riso traía excessiva confiança em tais situações. Um dos guardas adiantou-se mais para perto, a espada em posição de ataque. Era óbvio tratar-se do capitão.

— E diga-me — continuou Andrews — qual era sua meta original aqui?

— Como sabe, circulam estranhos rumores — explicou Marbury com toda a calma — relacionados ao trabalho de todos os tradutores da Bíblia do nosso rei. Devemos descobrir se há alguma traição aqui em Westminster apresentando-lhe tal traição como um fato do grupo de Cambridge. Se houvesse concordado com nossas sugestões rebeldes e oferecido ajuda, teríamos... informado.

— Não meça palavras — protestou o outro. — Sua missão deveria ser executar qualquer um em quem se comprovasse traição nesse sentido. Por que mais o rei designaria um assassino para a tarefa? E a grande consciência que tem James da existência do sobrenatural em ação para subverter-lhe os planos só emprestaria mais motivo para essas execuções.

— Eu não sei dizer — respondeu Marbury com a fala arrastada, e desviou o olhar.

— Nada disso... Nada disso, senhor. — Andrews abanou a cabeça. — Já não fez o suficiente em Cambridge? Não são dois os mortos naquele lugar?

— Ouvem-se histórias estranhas.

— Astuto — murmurou o anfitrião consigo mesmo. — O rei James é astuto.

— É? — Marbury deu de ombros.

— Entendo. Não tem liberdade para falar.

— E agora eu gostaria de saber se haverá alguma coisa nestes pratos de jantar. Estou esfomeado.

Andrews encarou a louça, tentando decidir-se.

— Não — respondeu, afinal —, acho que não. Para ficar no lado seguro, o senhor entende, preciso insistir em que retorne a um encarceramento temporário, até eu me aconselhar com o rei. Preciso confirmar a veracidade de suas afirmações. Por favor, capitão, leve esse homem ao nível inferior agora.

— Vai mandar-me de volta à cela? — perguntou Marbury sem pensar. — Sem jantar?

— Não exatamente, Mestre Delasander — respondeu o chefe dos tradutores, e levantou-se. — O lugar onde ficou por um breve tempo não é tão seguro quanto os níveis inferiores, mas não se preocupe. Cuidarão bem do senhor enquanto ficar lá... Apenas vários dias, imagino. — Virou-se para o capitão: — E providencie que sirvam o jantar dele... a refeição completa... que íamos receber nesta mesa.

— Claro.

"Isso não vai dar certo", pensou Marbury, o sangue subindo. "Não posso ser posto numa cela segura durante vários dias." Agarrou o cabo da faca.

— Bem, então... — Andrews levantou-se e bateu de leve no peito uma vez. — Saio para redigir uma breve consulta ao rei.

Sem aviso, Marbury saltou da cadeira num movimento rápido. Parou atrás do tradutor, a faca apontada para cima sob o queixo dele. Com a outra mão, prendera-lhe os braços por detrás.

No segundo seguinte, o capitão já empunhava a espada a um centímetro do olho direito do atacante.

O quadro imobilizou-se por uma fração de segundo antes de Marbury arrancar um pouco de sangue da garganta do cativo. O oficial não se mexeu.

— Nós dois seremos mortos — sussurrou Marbury no ouvido de Andrews — se seu capitão não baixar já a espada.

Andrews assentiu.

— Ele baixará. Mas o senhor nunca deixará esta sala.

O militar recuou um passo e baixou um pouco a lâmina, mas um caos de outros fios cortantes e pontas cercou Marbury.

De repente, ele empurrou Andrews para a frente, agarrou uma pesada travessa de metal e atirou-a diretamente na cabeça do capitão. Outros guardas lançaram-se com ímpeto, mas Marbury saltou na mesa e aparou os golpes aos chutes. Deixando-os confusos, agrediu o oficial, que tombou no chão, mão nos olhos. Saltou-lhe então em cima, arrancou-lhe a arma e levantou-se no mesmo instante, a espada na mão direita e a faca na esquerda. Começou a girar em círculos lentos e a ofegar. A maioria da guarda cercou-o.

— Sabe que Delasander é alguém que poderia matar seus homens — anunciou Marbury em voz alta. — Todos. Conhece a reputação dele. Vai morrer, dr. Andrews, a não ser que os mande baixar as armas *já*.

Cada palavra pareceu conter tanta verdade que Andrews logo ergueu as mãos.

— Parem! — ordenou. — Larguem as armas, todos. Parem!

Os confusos soldados viraram-se para ele, viram a situação, mas hesitaram em obedecer.

— Capitão! — esganiçou Andrews. — Este é o maior assassino do mundo. Ele não é humano!

Do chão, o combalido capitão grunhiu:

— Baixar.

Marbury recuou com todo o cuidado para a porta.

— Espere um instante — pediu Andrews, um fio de desespero nas palavras. — Se vai a Cambridge... se tiver a consideração de... agradar... eu amo meu irmão Roger, mas sei que ele inveja minhas realizações. Esse sentimento o levou a fazer coisas tolas no passado. Imploro-lhe: não o mate. Prenda-o se precisar; encarcere-o. Providenciarei o confinamento dele; vou consultar o rei para garanti-lo. Por favor.

Marbury assentiu com a cabeça.

— Farei o que puder.

— Obrigado — disse Andrews, embora fosse óbvia a dor que lhe causava na garganta proferir essa palavra.

Marbury encontrou a maçaneta fria e escura às costas, segurou-a e puxou-a. Um capitão astuto poderia trancar um aposento atrás para encurralar a presa. Quis a sorte que a guarda em Westminster, embora numerosa, não fosse tão judiciosa. A porta abriu-se.

Numa fração de segundo, ele já chegava ao lado de fora, sob as estrelas. Usou a espada para segurar a porta, enfiando-a como apertada cunha na madeira, de modo a prendê-la por pelo menos alguns minutos. O sol abandonara Westminster.

Ao correr para os estábulos, Marbury entendeu por que Lancelot Andrews implorara pelo irmão. Era óbvio. Roger Andrews assassinava os tradutores.

46

Cambridge, Naquela Noite

Deliciosos aromas enchiam a cozinha do diaconato quando Anne despejou vinho tinto nas cebolas que cozinhavam. A moça retirara várias travessas de madeira e sentara Timon diante delas. Uma guardava quase uma forma inteira de pão branco, que desaparecera.

— Está acrescentando alecrim e sálvia? — ele perguntou, num devaneio.

— Estou. — Ela assentiu com um ar petulante. — Não conheço muitos homens que identificam essas ervas com uma aspirada.

"Que bom", pensou, "o alecrim cobrira o aroma das outras ervas que acrescentei". Fechou a mão no frasco que trouxera do quarto.

— Nem sempre fui como a senhorita me vê agora — suspirou Timon. — Fui um dia responsável pelo dispensário de um hospital local e, por certo, dirigia o plantio e o cultivo de todas as várias ervas necessárias à enfermaria... funcho e hissopo eram minhas preferidas.

— Também cultivamos essas ervas em nosso jardim.

— E suponho que tenham uma horta — Timon disse, sorrindo. — Alhos-porós, favas, um ou dois rabanetes.

— Sim.

— Algumas pessoas não imaginam a alegria que se sente ao arrancar um rabanete que a gente mesmo plantou — murmurou Timon, quase sem mexer os lábios —, depois de ter vivido uma vida cheia de sangue e bile.

Só então ela pensou na total importância das palavras *Nem sempre fui como a senhorita me vê agora.*

— Timon é o nome que o senhor adotou — disse, sem se virar para olhá-lo. — Não é um nome dado.

— A palavra grega *timos* significa "valor" — ele explicou, distraído — e o substantivo *timoria* significa ao mesmo tempo "ajuda" e "vingança". É um nome que encontra valor tanto na assistência quanto na vingança.

— Não — apressou-se a dizer Anne. — Há a história de outro Timon, um homem que não conhece o meio-termo. É dado aos extremos, primeiramente amando toda a humanidade e, depois, odiando todo ser vivo. Talvez o senhor o conheça. Ele termina tirando a própria vida.

Ela misturou feijão branco na caçarola.

— A senhorita tenta entender a ligação entre essa história e o homem sentado aqui na cozinha. O que não entende é que os homens que me deram esse nome têm apenas uma fração da sua inteligência... e duas vezes seu senso de teatro.

— O que não entendo é por que qualquer um, monge ou misantropo, confessaria a uma jovem que assassinou muitos homens.

— Não sou eu mesmo.

Anne olhou-o por um instante, mas ele não a olhava. Aproveitou o momento para acrescentar o resto do pó negro do frasco à panela. Misturando-o devagar, prendeu a respiração ao vê-lo dissolver-se.

— Bem — sugeriu, animada, recuando um passo —, pode começar com estas favas. Combinam bem com o seu pão.

— Meu pão acabou — lamentou Timon, encarando o prato vazio.

— É mesmo. — A jovem fez o possível para manter a voz calma. — Sirva-se à vontade das favas. Vou pegar mais pão.

Ele continuou ali, sem uma palavra, pegou um prato e levou-o até o fogão. A moça vigiava-o com cuidado; virou-se e dirigiu-se deliberadamente à despensa.

— Estão deliciosas — conseguiu dizer o irmão, de boca cheia. — Deve ser o alecrim.

Após encontrar outra forma de pão, ela foi devagar até a mesa e viu que quase toda a comida desaparecera.

Timon olhou para ela, que inspirou rapidamente e estendeu o pão.

— Tome.

Ele agradeceu com a cabeça e voltou ao prato, terminando o restante em vários e imensos bocados.

— Eu estava faminto — explicou, com a respiração pesada.

— Era o que parecia.

Anne deu um imperceptível passo para trás.

— A senhorita é, sem dúvida, a mulher mais inteligente que sua época conheceu, a melhor cozinheira, e tenho a intuição de que a instruíram em assuntos de defesa pessoal.

— Como?

— Um homem que usa a faca como seu pai é capaz de demonstrar essas habilidades a uma filha. A senhorita é o tipo de pessoa que ficaria ávida por aprender. Em suma, tem uma faca e sabe usá-la.

Anne deu de ombros.

— Há uma diferença entre saber usar uma faca e espetar a lâmina na barriga de um homem.

— Absoluta verdade.

— Sua falta de sono — ela disse, tranquilizando-o — parece dominá-lo.

— De fato.

Ele sentia as pálpebras pesadas.

— Não me surpreenderia se caísse ferrado no sono — continuou a jovem, em voz baixa.

— Não — ele protestou. — Não posso dormir enquanto...

Deitou a cabeça na mesa e começou a roncar quase no mesmo instante.

Anne retirou-se devagar da cozinha. Já no corredor, pôs-se a correr na ponta dos pés para o Grande Salão. Do quarto, vira as janelas acesas quando Timon a perturbara. Tinha certeza de que alguém trabalhava lá.

Saiu a toda do diaconato e correu. A noite estava escura como o breu, mas ela seguia desabalada pelo atalho. Olhou duas vezes para trás, a fim de assegurar-se de que Timon não a seguia.

Chegou ofegante às portas do salão, empurrou e abriu-as.

Do outro lado da sala, viu Roger Andrews, cabeça curvada, a caneta pronta para a ação, absorto em profundo pensamento. Ela hesitou; não podia ir até ele, que, com certeza, a mandaria retirar-se.

Uma rápida olhada em volta e localizou o dr. Chaderton sentado às sombras. Dormiria? A jovem avançou devagar em direção ao velho.

— Anne — ele sussurrou —, fique calada e venha aqui.

Ela deslizou pela parede de madeira até parar ao lado dele, que estava sentado num banco encostado numa parede escurecida.

— Observo Andrews. Decidi descobrir se ele é, de fato, o assassino, como sugeriu nosso irmão Timon.

— Mas é por isso que estou aqui — ela desabafou. — Subjuguei o irmão Timon na cozinha do diaconato.

— Como? — perguntou Chaderton, a voz mais alta do que devia.

— Ele foi ao meu quarto — sussurrou a moça — e agiu de forma tão estranha, dizendo-me coisas tão aflitivas que eu não soube o que fazer.

— Então que fez...?

Chaderton curvou-se para a frente como se fosse levantar-se.

— Dei-lhe uma dose de ervas soporíferas. Meu pai me dá um frasco da poção sempre que me julga excitada demais para conseguir dormir. O efeito é instantâneo.

— E a senhorita deu o medicamento a Timon?

— Dez vezes a dosagem que tomo.

— Por quê?

Ela pensou consigo mesma: "Porque ele bem pode ser o assassino". Mas acabou por dizer:

— Alguma coisa nessa questão o perturba. Leva-o à distração. Não confio nele. Contou-me cada coisa sobre sua vida!

— Talvez devamos ir lá para fora. — Firmando-se no banco, Chaderton preparou-se para levantar-se.

— Ou talvez devesse vir comigo até a cozinha.

Antes que se seguisse mais qualquer conversa, Chaderton levou um dedo aos lábios. Inclinou a cabeça em direção à escada do porão.

Desnorteada por um momento, Anne espreitou na escuridão e assustou-se ao ver uma das sombras mover-se rumo ao corredor.

Inspirou para falar, mas Chaderton puxou-a para baixo até a escuridão do banco ao lado, fora da luz ambiente.

Andrews não pareceu ter notado nada de anormal.

— Alguém acabou de chegar para se encontrar com Andrews.

— Não — sussurrou Anne, espichando o pescoço para ver. — Mas foi isso mesmo que o aconteceu ontem à noite, quando...

Imobilizou-se. A luz de vela captou a repentina imagem de uma faca, comprida, fina, um horror de fatiar carne. O punho que a agarrava era de um vulto encapuzado, um monge, uma sombra. Avançava devagar para Andrews.

A jovem tentou gritar um aviso, mas não conseguiu forçar nenhum som a sair-lhe dos pulmões, um pesadelo de silêncio. Levantou-se, mas Chaderton segurou-a pelo braço.

O encapuzado saltou por cima de várias escrivaninhas; a gravidade não parecia aplicar-se ao seu corpo. Caiu com estrondo sobre a vítima, que soltou um grito agudo. Os dois tombaram no chão, fora da visão.

Um grande ataque de grunhidos, xingamentos estrangulados, pancadas e esfoladuras chegou ao fim quando uma clara mão branca reluziu à luz de vela e Andrews se pôs a rezar. Proferia todas as sílabas, altas, enfurecidas e desprovidas de qualquer sentido, cheias de terror.

Anne lançou-se à frente, tentando libertar-se da mão de Chaderton. Viu o vulto erguer-se alto, a lâmina refletir a chama da vela e depois mergulhar com um nauseante impacto nas costas do homem que orava.

Por fim, ela berrou. Chaderton soltou-a e também gritou.

O assassino disparou a cabeça para cima e esforçou-se por enxergar na direção das vozes. Anne e Chaderton puseram-se a gritar a plenos pulmões. O atacante pareceu assustado pela intensidade do barulho. Pela janela, viram círios ganharem vida nas janelas dos demais prédios. Outras vozes, não muito distantes, pediam socorro.

O estranho imobilizou-se e encarou diretamente a moça, que retribuiu o olhar, mas sentiu os joelhos começarem a tremer. Uma repentina algazarra de vozes elevou-se diretamente do Grande Salão; homens corriam, aos berros.

O encapuzado pareceu hesitar, sem saber o que fazer. Anne teve certeza de que ele ia atacá-la, quando Chaderton, afinal, conseguiu levantar-se.

— Fique onde está! — gritou ele, num tom autoritário.

As vozes do lado de fora se aproximavam.

O assassino exalou um suspiro, virou-se e dirigiu-se desabalado pelas sombras de volta à porta do porão, que bateu com força.

A moça levou apenas um instante para perceber que o intruso se fora, antes de correr em direção a Andrews, que jazia sangrando no chão. Por detrás, ela ouviu que outros homens haviam chegado à porta.

Lançou um só olhar à porta do porão fechada ao aproximar-se e ajoelhar-se ao lado do esfaqueado, que tinha os olhos fechados e a boca aberta. O ferimento no peito continuava a derramar sangue.

Anne enlaçou-o, decidindo a melhor maneira de estancar o sangramento. Apalpou a grossa veia no pescoço à procura de pulsação. Nenhuma. Nenhum ar se desprendia dos pulmões. Já o rosto empalidecia. Ela mordeu o lábio superior, decidida a não se deixar dominar pelos acontecimentos, mas via-se que seus socorros seriam em vão. Baixou os olhos para o rosto e sussurrou uma breve prece pela alma do homem que tinha nos braços.

Roger Andrews estava morto.

Ainda não dera meia-noite quando Marbury avistou os estábulos de Cambridge ao luar. No retorno de Londres, varara a estrada. A cada respiração, a cada batida do coração, a cada quinhentos metros, tivera a mente invadida por visões más. A tortura derivara mais do terror que da exaustão. Esforçara-se ao máximo para contê-la no íntimo enquanto cavalgava, mas, diante da visão de luz que ardia de cada janela do Grande Salão, as últimas defesas desapareceram. Permitiu-se dar plena vazão aos receios. Acontecera alguma coisa. Ninguém deveria estar ali tão tarde da noite, com todas as velas acesas.

Mal entrara no pátio, e antes de desmontar do cavalo ainda em movimento, Marbury gritou por Lankin. Sem esperar resposta, correu ao salão. Lutava como um louco pelas pedras soltas para equilibrar-se. Ouvia um zumbido de vozes. Alguma coisa *de fato* acontecera.

Momentos depois, já irrompia no salão, mais iluminado que o dia. Jamais vira tantas velas acesas ali. Foi saudado por tais suspiros conflitantes que suas emoções quase desabaram umas sobre as outras.

Viu de imediato Anne e pareceu reconhecer o rosto dela pela primeira vez. Vira a Virgem de Rafael e a Vênus de Botticelli, mas nem de longe captavam o milagre, a perfeita simplicidade, a absoluta santidade do rosto da filha.

— Anne! — gritou.

Ela rodopiou.

— Pai! — respondeu, e correu ao seu encontro.

Reuniram-se e abraçaram-se, trocando um olhar reservado apenas a pais e filhas.

Outros viraram-se para vê-lo aproximar-se.

Então, Marbury viu Timon, a expressão amargurada, debruçado sobre o corpo de Roger Andrews, estendido imóvel no chão.

— Que aconteceu aqui? — perguntou.

— Roger Andrews foi esfaqueado três vezes — respondeu Timon, a voz tão incisiva que feria o próprio ar em volta. — Com a lâmina na horizontal para deslizar entre as vértebras. O ângulo de quarenta e cinco graus destinava-se a avariar o funcionamento do coração; fazê-lo muito rápido. O sangue fluiu dos ferimentos. Por minha culpa.

Marbury encarou-o. Todos o fizeram.

— Eu — gaguejou Timon — poderia ter evitado isso. Devia ter montado melhor guarda.

— Por favor, senhores... — anunciou Chaderton. — Acho que os fatos agora deixam claro que nem o irmão Timon nem o sr. Andrews é o assassino. Acho melhor sairmos deste lugar e deixar o irmão Timon fazer seu trabalho.

Anne disparou um olhar agradecido a Chaderton. Marbury percebeu e decidiu interrogá-la mais tarde a respeito disso.

Os homens sonolentos, todos de roupas de dormir, assentiram com a cabeça, concordando com Chaderton. Até Spaulding achava-se demasiado desanimado ou cansado para discursos.

Chaderton demorou-se.

Quando os demais arrastaram os pés rumo à porta, a jovem juntou-se ao pai e disse em voz baixa e urgente:

— O irmão Timon nada podia ter feito. — Seus olhos fulgiam fitando os do pai. — Ele dormia na cozinha quando aconteceu o assassinato. O dr. Chaderton e eu estávamos aqui e não pudemos impedir.

— Como? — perguntou Marbury, recuando.

— Vi luzes no salão — apressou-se a dizer a jovem.

— E eu já me encontrava aqui, espionando Andrews — acrescentou o velho, com igual rapidez.

— O assassino veio do porão — interrompeu Anne.

— E não nos viu.

— Caiu em cima de Andrews antes que soubéssemos o que acontecia — acrescentou a moça, que elevara a voz.

— Como pude ser tão idiota? — gritou Timon, apertando a testa na palma da mão, como se tentasse estabilizar o cérebro. — Por que não prendi os recipientes no chão do porão?... a porta secreta que leva à passagem subterrânea! Devíamos tê-la prendido com pregos. Maldição!

Marbury perguntava-se o motivo da preocupação da filha com a culpa de Timon. Sem saber o que dizer, fitou Andrews no chão.

O morto tinha o rosto contorcido de raiva. Continuava de olhos abertos. O colete azul-claro manchado de marrom. Na mão, uma caneta presa.

— Quando? — foi só o que conseguiu expressar.

— Não faz nem uma hora — apressou-se a responder a filha. — Eu havia preparado um jantar para o irmão Timon e ele sucumbiu à exaustão em nossa cozinha. Foi então que notei as luzes no salão. Vim ver quem estava aqui. Chaderton e eu vimos tudo. Gritamos. Os homens vieram correndo.

— E eu *dormi* o tempo todo — lamentou Timon, a aversão por si mesmo óbvia em cada sílaba. — Anne teve de me acordar, me buscar.

— Eu... O senhor dormia, enquanto minha filha presenciava o *assassinato*? — à exaustão de Marbury misturava-se uma crescente raiva. — Era exatamente isso o que eu temia quando parti...

— O senhor voltou com grande rapidez — interrompeu-o Chaderton, em voz baixa. — Lancelot Andrews...?

— Não podemos contar com a ajuda de Lancelot Andrews à nossa missão — sussurrou Marbury. — Depois explico o que aconteceu.

Timon levantou-se do lado do cadáver e transferiu-se para a escrivaninha dele.

— Que era tão importante para Roger Andrews — perguntou em voz alta, com visível irritação — que o fez arriscar-se a vir aqui tarde da noite após tantos avisos?

Sem querer, Marbury espreitou a escrivaninha enquanto Timon mantinha a vela próxima a várias páginas. Pareciam novas notas numa página quase em branco. As notas terminavam num longo e grosso rabisco de tinta abaixo, como se a caneta houvesse rasgado a superfície do papel — ou a página tivesse começado a sangrar.

— "O Diabo permite-se apresentar-se à semelhança dos santos" — suspirou Timon. — Lê-se claro nas Escrituras um trecho que diz: "Pois se o próprio Satanás se transfigura em Anjo de luz".

— Conheço essa frase — disse Marbury devagar. — Não vem apenas de um livro da Bíblia. São palavras do próprio rei James, no livro intitulado *Demonologia*.

Timon assentiu com a cabeça.

— Eis o trecho no qual Andrews trabalhava quando o assassino atacou: "Ninguém pode estudar e pôr em prática os círculos e a arte da Magia sem cometer uma horrível deserção de Deus".

— Que quer dizer? — maravilhou-se Marbury. — Tentava Andrews incluir tais frases em algum trecho da Bíblia?

— E seria a intenção do assassino roubar esta página — continuou Timon — ou foi mera coincidência o fato de a passagem ser a última que escreveria Roger Andrews? O assassino assustou-se no ato da execução. Não teve tempo para a desfiguração facial, nem para pôr um bilhete na boca da vítima. Essa parte, pelo menos, foi frustrada por sua filha e Chaderton... O que é lamentável...

— Há milhares de motivos para lamentar a presença de Anne em tal acontecimento — resmungou Marbury. — Mas permita-me dizer que não me acho em condições de examinar este assunto no momento. Nem o senhor, irmão Timon. Dormiu quanto?... Apenas uma hora em quase duas noites. Sofri vários choques na carne e na mente. Sugiro que levemos o dr. Andrews ao andar de baixo, o estendamos com o sr. Lively e demos por encerrada a noite.

Antes que Timon pudesse protestar, Anne chilreou:

— Por favor. Nenhum dos dois fará qualquer coisa de mérito sem descanso.

Timon suspirou, largou a vela e curvou-se para segurar os tornozelos de Andrews.

— Tem razão; por certo minha mente é um nevoeiro. Vamos levar o cadáver para o porão. E também trancar de uma vez por todas a porta secreta lá embaixo.

Marbury balançou a cabeça. Tinha outras ideias sobre o túnel, porém as manteve em suspenso até um momento mais oportuno.

Ajudou Timon a erguer o cadáver de Roger Andrews do chão. Grunhindo e chocando-se com escrivaninhas na luz fraca, dirigiram-se ao porão.

— Espere — pediu Timon, assim que a porta se abriu.

Apoiou os pés do morto no primeiro degrau e desapareceu no aposento escuro. Um instante depois, uma luz bruxuleante lavou as paredes do poço da escada e ele reapareceu.

Sem uma palavra, tornou a suspender os pés do cadáver e desceu de costas a escada. Marbury, segurando o corpo pelos braços, cambaleava atrás.

Uma vez no porão, estenderam o cadáver de Roger Andrews no chão, embaixo da mesa onde descansava o de

Lively. Timon foi, então, até as latas do depósito que ocultavam a porta secreta.

— Ah! — exclamou, a sílaba esfaqueando o ar, quando apontou o chão.

— Detectou alguma coisa?

Marbury fitava o lugar onde o outro apontava.

— Esta é nova. — Timon bateu o dedão perto de um desenho na poeira e na terra no piso do porão. — Diferente da anterior. O assassino *entrou* no salão por aqui. Precisamos encontrar pregos e martelos.

Marbury suspirou.

— Em primeiro lugar, reiteremos a necessidade de sono. Em segundo, acho sua sugestão mais ou menos como fechar a porta do estábulo depois que o cavalo fugiu. E, por fim, se conhecemos o método de entrada preferido do assassino no salão, isso nos dá uma vantagem que talvez não desejemos eliminar bloqueando o caminho dele, se é que me entende.

— Que se passa comigo? — A expressão de Timon traía genuína confusão. — Não sou eu mesmo. Tem absoluta razão ao pensar assim. Podemos com segurança supor que o assassino virá pela passagem quando tentar matar de novo. Trata-se de uma enorme vantagem tática. Por que eu... meu Deus! Preciso *mesmo* de sono.

— Como eu — concordou o outro, num tom delicado.

— Vamos nos encontrar pela manhã após um bom sono, e, então, traçar nossa estratégia? Num saudável desjejum na cozinha?

— Isso, muito de repente, parece o céu. Sabe que grande cozinheira é Anne?

— Sei.

Marbury virou-se desajeitado para subir, a custo, a escada.

Quando Timon avançou para segui-lo, roçou no cadáver de Roger Andrews, o braço sem vida recuou e caiu em seu pé, a mão enganchando-se no tornozelo. Marbury viu.

— É um sinal — murmurou Timon.

— Sinal?

— Os mortos me chamam. Talvez eu logo me junte aos homens que matei.

A manhã seguinte chegou tarde para Timon: eram quase seis horas. O sol começava a surgir lá fora, embora o quarto continuasse escuro como breu.

Ele acendeu a vela próximo à cama e assustou-se ao ver uma trouxa embrulhada num pano branco-gelo bem perto da porta. Detectou o aroma de pão quente. Os músculos mal conseguiram acompanhar-lhe o ímpeto quando correu em busca do prêmio.

Para seu deleite, quando desembrulhou o pacote, descobriu uma forma inteira de pão, um jarro arrolhado — e mais alguma coisa. Enfiadas com todo o capricho em outro invólucro de pano, as páginas em grego antigo — os textos escondidos que Anne guardara no quarto. Afinal, poderia lê-los!

O que teria motivado Anne a entregar tal presente escapava a Timon, mas ele logo retornou à cama, mais deliciado do que se lembrava de algum dia ter ficado. Sentou-se ereto nas ripas de madeira e apoiou as costas na parede, com a trouxa no colo. Desarrolhou o jarro e tomou com prazer, surpreso, um bom vinho tinto. Rasgou quase metade da forma e enfiou-a na boca.

Ao mastigar, voltou-se para a primeira página na pilha de papéis, levou-a mais para perto da vela e leu:

Há poderes que lutam contra o homem, não querendo que ele seja salvo, para que possam abastecer-se. Tais poderes não veem aqueles que estão vestidos com a Luz Perfeita, e por isso não podem detê-los. Eram frases atribuídas ao apóstolo Filipe. Timon largou a página ao lado. Incapaz de satisfazer-se com o estudo vagaroso e cuidadoso de cada uma, desejou absorvê-las todas de uma só vez, devorá-las como a forma de pão. Virou para a última página na pilha e deu com os olhos em cheio nas últimas palavras: *Quem descobrir o significado interior destes ensinamentos não provará a morte.*

Os dedos do monge começaram a tremer. Ele largou o pão e pôs o jarro de vinho no chão, prendendo a respiração. Viu-se tomado de repente por um sentimento que não conhecera em trinta anos ou mais. Sentiu que sua fé poderia salvar-lhe a vida e a alma.

Segurou com força a pilha de páginas, como se pudesse absorver alimento apenas tocando as letras ali escritas.

"Por que meus olhos bateram nessas frases específicas?", perguntou-se, febril. "E por que este momento para mim?"

Antes que percebesse, ajoelhou-se, as mãos cerradas com tanta força que começaram a doer. Como, exatamente, rezar? Havia, na verdade, uma força tão perfeita que o tornaria invisível, que o livraria da punição? Um dia acreditara que sim.

Olhos fechados, teve a mente atacada de repente por estranhas imagens.

Ali, próximo à vela no quarto, um menino de 7 anos, cheirando a feno adocicado, atrelava dois cavalos a uma carruagem. Ao lado, o homem que esperava o veículo, um senhor simpático — em muitos aspectos, o único pai que ele conhecera. Sorria e mostrava ao menino uma adaga de prata, pequena, certa para seu tamanho. Um presente — e vinha com instruções.

De súbito, enquanto rezava ali ajoelhado, outra visão o atacou. Era a de si mesmo quando jovem, talvez com 17 anos, acocorado baixo com as costas apoiadas num mourão. Estava cercado por meia dúzia de homens armados, e o pai/ instrutor jazia morto no chão, ao lado. A visão de sangue despejando do amado professor enfureceu tanto o rapazinho de 17 anos, que o próprio sangue tornou-se ferro fundido. Nada ao alcance sobrevivera àquela raiva. Paredes, mourões, braços, olhos, grandes barrigas gordas — tudo rasgado e atacado com ferocidade pela incrível lâmina de Timon. Quando tudo ao redor extinguiu-se, ele desabou numa pilha ao lado do camarada morto e também morreu.

A inundação de lembranças continuou. Fiel à fé, a mente insistia na ressurreição. Na lembrança que se seguiu ao colapso, acordou num mosteiro, num claro e limpo quarto cheio de livros.

A luz rósea entrava pelas janelas como água milagrosa. Fora, viam-se videiras, ovelhas pastando, um céu impetuoso de nuvens brancas e altas no ar matinal.

Sem se anunciar, uma figura escura entrou com uma bandeja e disse:

— Não tema. Cuidei de suas feridas. Trouxemos o senhor de acordo com os desejos de seu professor.

A bandeja vinha repleta. Uma forma inteira de pão recheado com pedacinhos de alecrim, e também água fresca, queijo macio, sopa com aroma de cevada e uvas escuras como a noite.

Timon despertou da visão, esfregou os olhos e inspirou fundo. Que teria desencadeado tal inundação de imagens do passado?

Levantou-se, firmou-se com a mão na parede e pegou o restante do pão antes de compreender a óbvia semelhança entre a trouxa que Anne lhe deixara e a bandeja de comida entregue pelo jovem monge havia tantos anos.

"Deus sempre trabalha em círculos", pensou consigo mesmo, dando uma delicada mordida no pão. "E esse trabalho pouco se relaciona com o tempo. O quarto de uma abadia de tanto tempo atrás é, na verdade, o mesmo em que agora me encontro."

Pegou o jarro do chão ao lado.

Antes de perceber bem o que fazia, já engolira o pão e tomara o vinho, persignando-se. Concluíra a Eucaristia. Todo o sangue nas veias fora substituído por luz branca.

Ele parou, ergueu as páginas do manuscrito como se fossem uma criança delicada, embrulhou-as no pano claro e dirigiu-se à porta da cela.

49

Momentos depois, ao entrar com estardalhaço na pequena cozinha do diaconato, ele surpreendeu-se ao encontrar Marbury sentado à mesa. Era óbvio, pela expressão de Marbury, que alguma coisa séria lhe ocupava a mente.

Trocara de roupa e pusera a indumentária clerical: batina negra sobre calça negra, colarinho branco alto, solidéu — um traje severo. Sentado com as mãos enlaçadas, um prato vazio à frente, um guardanapo amassado ao lado, parecia uma composição de imaculado decoro.

Timon, por outro lado, assemelhava-se a um destroço. Cabelos revoltos, olhos injetados, manto desalinhado. Segurava próximo ao peito papéis soltos como uma armadura.

— Bom! — disse Marbury, em tom austero, quando ele entrou na cozinha. — Vejo que andou lendo.

— Sim — respondeu o colega, dirigindo-se à mesa. — Anne deixou as mais deliciosas...

— Sente-se.

Timon largou todos os papéis na mesa e começou a arrumá-los numa resma um pouco mais ordenada. Quando notou o olhar do outro, parou de mexer nas páginas.

— Que aconteceu? Parece aflito.

— Fui preso ontem por Lancelot Andrews. Ele achou que eu era Pietro Delasander. Tive de lutar para escapar. Chego em casa e descubro que aconteceu outro assassinato enquanto o homem que devia impedi-los dormia, segundo me disseram, nesta cozinha! Decerto estou aflito!

— Mas... — começou Timon, baixando os olhos para os papéis na mesa.

— Ainda não contei o pior — interrompeu Marbury. — Rumores estranhos correm de um lado ao outro pelas ruas de Cambridge, mesmo de manhã tão cedo.

— As pessoas souberam dos assassinatos — disse Timon, sentando-se.

— Não. O motivo de Roger Andrews trabalhar tão febrilmente ontem à noite é que ele, e todos os outros tradutores, foram informados de que Sua Santidade, o Papa Clemente VIII, condenou a Bíblia do rei James como heresia; obra do diabo, de fato.

— Eu... era de esperar. Sem dúvida sabe que o Papa...

— Os rumores citaram trechos da nova tradução feita aqui em Cambridge... *palavra por palavra*. Tiraram cópias exatas de todas as páginas inteiras de Harrison, Lively e Chaderton. O falatório é generalizado. Os tradutores que restam voltaram-se uns contra os outros, cada um suspeitando da traição do outro. Falaram até, mais uma vez, de intervenção demoníaca. Eles decidiram parar o trabalho por tempo *indefinido*.

— Oh — suspirou Timon.

— Por isso Chaderton encontrava-se no salão ontem à noite — grunhiu Marbury. — Não apenas suspeitava de Andrews como o autor dos assassinatos, mas da traição do trabalho, que ele revelara a Roma. Mas creio que o senhor saiba que não é assim.

A mente de Timon disparou. Ele só dera sua transcrição aos homens do Papa duas noites antes. Não houvera tempo para as páginas chegarem a Roma, muito menos para uma resposta e para o início de uma campanha de rumores. Só podia ser trabalho local. O Trio Profano, os homens da sala dos fundos da taberna, encarregaram-se disso. Talvez o cardeal Venitelli houvesse autorizado a rápida propagação de algum veneno pelas ruas de Cambridge, enquanto a verdadeira tradução achava-se a caminho de Clemente. Foi, viu-se admitindo, uma tramoia inteligente. Causara seu estrago. O trabalho na nova Bíblia parara.

Marbury curvou-se para a frente com um olhar tão furioso que Timon soube o que ele ia dizer.

— Desconfiei que a única forma de o Papa saber do trabalho desses homens com tantos detalhes — ele começou, cuidadoso — seria se alguém, algum espião católico, tivesse se infiltrado em nosso meio e de algum modo decorado grandes partes dos textos, escrevendo, depois, tudo para o Papa ver. Como se faria tal coisa? Eu gostaria de saber.

Timon apoiou as mãos nas páginas e tentou, por um instante, reconciliar a revelação que sentira no quarto, a Eucaristia do despertar, e o atual dilema.

"Há um ano", pensou, "eu não teria hesitado em matar Marbury apenas por saber de minha verdadeira missão aqui. Mas hoje não posso imaginar matá-lo, além de ter alterado a missão."

As decisões chocavam-se, cada uma lutando com a outra, até ele, mais uma vez, ver que tinha as mãos trêmulas e a boca seca como papel antigo.

Marbury pareceu sentir alguma mudança na atitude de Timon, o que lhe provocou uma opção nos músculos, embora não na mente: uma reação nascida de medo.

Levantou-se tão de repente que jogou a cadeira para trás e a mesa num solavanco atingiu as costelas de Timon. A lâmina que tinha na mão era pequena, mas ele segurava-a pela ponta, pronto para atirá-la.

Timon absorveu a expressão do anfitrião, a mão que segurava a lâmina, o braço que tremia pronto para o ataque. Viu que ele se preparara bem. Se atirasse a faca, acertaria o alvo. Sorveu um rápido hausto, alto, e levantou-se de um salto da cadeira. Ao fazê-lo, a mesa da cozinha voou e bateu com tanta força no braço de Marbury que lhe arrancou a faca da mão e impeliu-o vários passos para trás.

Timon saltou sobre a mesa ainda em movimento e caiu a centímetros dele. Disparou a mão dentro do manto. Marbury encolheu-se para trás. Timon agarrou-lhe um punhado da batina clerical e empurrou-o mais para trás, até a parede. Com certeza mortal, retirou mais uma vez a mão do manto.

Em vez de faca, ergueu, bem acima da cabeça do adversário, um estranho instrumento redondo, algum dispositivo de tortura da Inquisição.

Marbury chutou. Timon o empurrou de novo contra a parede e gritou:

— Eis sua resposta! — Segurou o objeto bem em frente aos olhos dele. — A culpa está aqui! Nesta ferramenta e em meu cérebro.

Marbury focalizou os olhos no instrumento, uma pequena roda de madeira com números e símbolos estranhos.

— É minha roda de memória, minha própria invenção. Com ela, ninguém na Terra possui maiores poderes de memória do que eu. É meu *telum secretus*.

— Sua arma secreta — disse Marbury, engolindo em seco com força — é a memória?

— Escute. — Timon recuou um passo e soltou a túnica.

— O senhor acreditou que o trio de homens na taberna em Cambridge era de anglicanos que me encontraram a fim de ajudá-los a pegar um assassino.

Marbury tentava acompanhar as palavras.

— São, precisa entender, agentes católicos que me empregaram para vir a Cambridge e decorar o máximo da Bíblia que pudesse. Com a ajuda desta roda, escrevi o texto e entreguei-o a eles para que mostrassem ao Papa. Fiquei sabendo que o assassino que procuramos também é agente deles. Instruíram-me a cessar os esforços para encontrá-lo ou detê-lo. Recebi ordens para deixá-lo terminar esse trabalho e matar todos aqui. Concluí parte do trabalho uma noite dessas, quando entreguei àqueles homens, por escrito, tudo o que tinha memorizado até então. Foi na manhã que voltei e o encontrei com Anne em meu quarto. É claro que o Papa ainda não viu nada da Bíblia. Os homens aqui em Cambridge espalharam esses rumores para provocar o caos entre os tradutores. E o estratagema parece ter surtido efeito.

Tornou a guardar com todo o cuidado a roda no bolso oculto e afastou uma espessa mecha de cabelos grisalhos da testa.

— Por que está me contando isso? — perguntou Marbury, hesitante. — Por que continuo vivo?

Timon disparou-lhe um olhar rápido, irritado.

— Rompi, parece, com a Igreja católica. Renunciei. Desejo seguir os ditames de meu próprio coração.

— E quais são?

Marbury equilibrava-se encostado na parede e ainda respirava com esforço.

Timon ergueu três dedos e baixou-os um por um ao responder a pergunta.

— Deter o assassino; renovar a tradução; revelar a verdade.

— Vai agarrar o assassino.

— Vou.

— E assegurar que a Bíblia do rei James seja...

— Minha melhor esperança me diz — ele interrompeu-o, as sílabas trincadas — que essa Bíblia é o primeiro livro autêntico do gênero na história de nossa religião. Contará a história de Nosso Senhor de todos os pontos de vista. Dará oportunidade de expressão aos homens *e* mulheres que O conheceram. Enfatizará a surpreendente mensagem de que a verdadeira obra de Cristo começa e termina em amor. A nossa religião é a única do globo que contém ideia tão maravilhosa. Não creio que exagere quando digo que cada alma na Terra corre perigo.

Marbury fulminou-lhe o rosto com o olhar.

— Quando convertidos começam a cantar pela primeira vez, perdem-se em prodígios. Que foi que provocou toda essa... que recém-batizou sua... — esforçou-se, mas não conseguiu terminar a pergunta.

— É possível — sussurrou Timon, temendo olhá-lo — que o Espírito Santo se manifeste, mesmo agora, nesta cozinha.

50

Antes que um dos dois pudesse comentar mais alguma coisa, Anne irrompeu na cozinha. Parou ao ver a mesa de cabeça para baixo, os papéis espalhados e a lâmina jogada mais adiante. Vinha envolta num manto de refinado tecido matelassê azul que a cobria da cabeça aos pés. Tinha os cabelos soltos, mas domados por uma única presilha na nuca. As faces afogueadas, respirava com dificuldade.

— Seu pai gosta de me desafiar — disse Timon. — Sacou a faca, aquela ali no chão. Eu derrubei a mesa. Mas foi por diversão. Está tudo bem.

Ele foi até a mesa, segurou a grossa madeira e levantou-a corretamente.

— Andaram lutando um com o outro? — perguntou a filha em voz baixa, olhos arregalados.

Antes que um dos dois respondesse, um grito elevou-se do lado de fora.

— Diácono Marbury! — chamou uma voz aguda. — Olá, do diaconato! Está aí?

Timon e Marbury trocaram olhares.

— Por isso estou aqui — apressou-se a dizer Anne, dirigindo-se à porta da cozinha. — Ouvi uma voz estranha e imaginei que o senhor não tivesse ouvido. Vinha dos estábulos, mas agora parece bem diante de nossa porta.

Marbury saltou para recuperar a faca.

Timon correu e ultrapassou a moça.

A voz do estranho denotava alarme. Trazia notícia vital — ou ameaça mortal. Timon revelou a lâmina, Marbury segurou a sua no alto e seguiu-o.

Timon irrompeu no pátio comum, ficou frente a frente com o estranho e ordenou, com a voz semelhante a areia numa roda de moinho:

— Não se mova.

O homem parou de chofre. Vestido de branco-gelo e azul-aço, o rosto exibia vestígios de pó de arroz, um pouco de ruge e apenas um toque de sombra púrpura nos olhos. As luvas negras de montaria pareciam deslocadas com o restante do traje.

Marbury surgiu na porta no instante seguinte, com Anne atrás.

O homem estendeu os braços para que todos vissem que trazia apenas um bolsa de couro nas mãos. Bem amarrado, ostentava o brasão do rei James.

Pai e filha ladearam Timon. Só então este baixou os olhos para a branca e suave mão de Anne, que apontava uma arma fina, de lâmina arredondada, só ponta, sem fio cortante. Uma arma para dissuadir um atacante, não para matá-lo.

O homem do rei sorriu.

— Diácono, isso lá são maneiras de tratar o homem que lhe salvou a vida?

Marbury inclinou um pouco a cabeça.

— Dibly?

— O rei julgou que seria mais fácil se viesse alguém de Hampton Court que o senhor conhecesse. Ele teve certeza de que o senhor se lembraria de mim.

— Conhece esse homem? — perguntou Timon, em voz baixa.

— Ele me salvou a vida — respondeu Marbury, baixando a faca. — É o homem que me deu o antídoto do rei quando fui envenenado em Hampton.

— Envenenado? — perguntou Anne, e também baixou a arma.

— Esta missiva contém um assunto de gravíssima urgência — insistiu o criado, erguendo a bolsa de couro.

— Por certo — gaguejou Marbury.

Apenas Timon manteve-se firme e em guarda — e com a faca.

— Precisa reunir todos os tradutores. — Era uma ordem; a voz e a atitude do emissário do rei traíram o verdadeiro caráter do sujeito, constituído de material mais austero do que indicava a aparência. — O que tenho a dizer deve ser ouvido por todos.

— Esse é o homem que trazia consigo um conveniente antídoto para o veneno do rei. — Timon não se deu o trabalho de ocultar a suspeita. Pareceu, na verdade, enfatizá-la.

Dibly dirigiu-lhe um olhar desdenhoso.

— Esse, sem dúvida, é o monge irmão Timon, a quem se referiu à Sua Majestade. Ele é, em pequena parte, um dos motivos desta visita. E permita-me dizer que foi uma viagem difícil. Não faz ideia de como é exaustivo cavalgar de Londres com apenas uma parada para trocar de montaria. E ninguém ainda me ofereceu uma libação nem uma casca de pão. Que trabalho ingrato servir a um rei.

Enfiou a bolsa de couro debaixo do braço, retirou chapéu e luvas, deslizou-os com esmero pelo cinto e cruzou as mãos, à espera.

— Vai tentar espetar-me com essa faca, irmão Timon? — perguntou, após um instante. — Espero que não. Não tenho antídoto para isso.

— Ainda não decidi o que farei.

— Só perguntei — continuou Dibly, com toda a calma — porque a notícia de Sua Majestade é mesmo importantíssima, e eu preferiria não ser distraído por sangue em meu belo colete azul.

Timon notou que ele não especificou o sangue de quem causaria a mancha.

— Podemos... devemos oferecer-lhe alguma comida e bebida, então? — tornou a gaguejar Marbury.

— Reúna os tradutores — insistiu o criado, triturando cada palavra até reduzi-la a um fino pó, com toda a civilidade desaparecida da voz e do rosto.

Os demônios da curiosidade, porém, asseguraram a imediata reunião dos tradutores, independentemente do que Marbury ou Timon fizessem. Primeiro de uma porta, depois de outra, surgiram os homens, alguns ainda se vestindo.

— Devíamos ter percebido que, se eu ouvi a voz desse homem, todo mundo ouviria. — Anne suspirou.

A correr, o máximo que podia, para o local onde se encontrava o emissário do rei, vinha o dr. Spaulding, de traje prateado. O reflexo do sol no início da manhã tornava-o quase invisível.

— Que aconteceu? — ele quis saber, ofegante. — Quem é esse homem?

Dibly ergueu a bolsa de couro sem olhar para o que estava atrás.

— Trata-se de uma urgente instrução de Sua Majestade a todos os tradutores. Se não é um dos tais homens, volte para a cama.

Spaulding, então, ficou na frente de Dibly, que continuava a não despregar os olhos de cima de Timon.

— Não sou apenas um dos tais homens — arquejou Spaulding, com desdém. — Sou o responsável aqui.

Dibly permitiu-se um pequeno gorgolejo de risada.

— Dificilmente.

Spaulding começou a disparar a resposta, mas Chaderton, cujos aposentos ficavam mais próximos do diaconato, chegara à cena. O simples manto marrom e a touca de dormir faziam um sóbrio contraste com o cintilante fulgor do colega.

— O brasão real — Chaderton comentou com Anne.

— Silêncio. Todos! — berrou o emissário, mas o tom e as maneiras não eram, mesmo no volume máximo, de todo descorteses. — Se os senhores são os tradutores do rei, então vamos transferir-nos para o lugar onde se faz esse trabalho. Tenho instrução de confiscar certos documentos e insistir em determinado curso de progresso de agora em diante. Preciso da total atenção de todos os homens que trabalham nessa tradução. Ou deveria dizer... todos os que restaram vivos.

Arqueou uma única sobrancelha na última observação. Nesse instante, Marbury concluiu que, apesar de certos impulsos ao contrário, não gostava nem um pouco de Dibly.

Os outros juntaram-se devagar, vestidos de modo variado: azul, púrpura, cinza e negro. Tinham ouvido a declaração do emissário do rei e calaram-se.

Uma sensação de ruína infiltrou-se no glorioso estado de graça de Timon. Assaltou-lhe o ruído sibilante de quando Dibly suspirou e abanou uma língua de serpente para hidratar os lábios.

— Houve — Dibly anunciou em voz baixa — uma importante mudança nos desejos de Sua Majestade. De imediato, certo trabalho cessará. James manifestará seu legado da seguinte maneira: a Palavra de Deus será em perfeita harmonia com a vontade do Estado. E com os caprichos de um rei.

— Não — protestou Timon, sem pensar.

O serviçal voltou-se para encará-lo de frente.

— Guarde sua faca ridícula, irmão Timon. Onde existe, em qualquer lugar da criação, uma arma que possa cortar os caprichos de um rei?

51

Momentos depois, os homens sentavam-se às escrivaninhas no Grande Salão, à espera de que o mensageiro transmitisse as novas.

Anne fora banida e enfurecia-se do lado de fora, esforçando-se por ouvir através da porta. Apertava com força o manto no pescoço e andava de um lado para outro, num padrão tão errático que assustou as carriças que se encontravam numa nogueira próxima.

Dentro do salão, Dibly abriu devagar a bolsa, um leve sorriso nos lábios. Spaulding continuava a proferir, em voz baixa, um úmido protesto. Marbury escolhera a mesa de Lively, e Timon ficou em pé ao lado do lugar antes ocupado por Harrison. Achou imprudente, em vista das recentes premonições, sentar-se na cadeira de um morto.

O emissário do rei comandava do posto que fora de Roger Andrews. Não tinha pressa; saboreava o mal-estar que causava. De repente, enfiou a mão direita na bolsa, pegou uma página e segurou-a no alto para que todos a vissem. Exibia afixado um grande círculo de lacre.

— O selo do sinete real — suspirou Spaulding, em tom reverente.

Sem mais explicação, o criado baixou a página, segurou-a perto da vela e leu:

— "Os tradutores de Cambridge, com relação à Bíblia de Sua Majestade, recebem, por meio desta, a ordem de apressar-se ao máximo a fim de que a obra seja concluída. A copiar, com a maior precisão que lhes permita a erudição, a Bíblia dos Bispos existente, sem nada alterar, acrescentar trabalho algum e eliminar apenas os mais graves dos erros católicos. Essa obra deve ser terminada por volta do Dia de Todos os Santos."

A sala explodiu.

Anne ouviu o barulho do lado de fora, embora só distinguisse palavras e frases desconexas: *Dia de Todos os Santos, Bíblia dos Bispos, erros católicos*. Colou-se na porta externa e escutou com toda a atenção. Examinava os méritos de invadir o salão e exigir saber o que acontecera.

Dentro, o mensageiro ergueu mais uma vez a mão bem ao alto e agitou com ímpeto uma nova página no ar. A luz bruxuleante fazia o papel parecer vivo.

Um por um, os homens notaram o quadro vivo de Dibly e calaram-se.

Depois que retornara a tensa ordem, ele continuou:

— *Este* documento autoriza-me a confiscar todos os chamados textos *secretos* que Sua Majestade enviou para cá, e quaisquer outros documentos que eu julgue aberrantes.

— *Que o senhor* julgue? — exigiu saber Richardson.

— Informaram-me o que procurar — ele respondeu, baixando o papel.

— Vai resgatar todos os livros enviados por James — disse Timon.

— E quaisquer outros de natureza semelhante.

Dibly piscou uma vez.

— Espere um momento... — começou Spaulding, tentando entender o que acontecia.

— Então por que Sua Majestade os enviou todos para cá? — interrompeu Dillingham.

— Roger Andrews requisitou-os. Nosso rei trabalha no momento num segundo volume da obra de arte *Demonologia*, e tinha a ajuda de Andrews. De fato, é a morte de Roger Andrews que causa a minha visita... A morte e as estranhas ocorrências relacionadas a ela.

— Sim — Richardson balançou a cabeça, com prudência.

— Os assassinatos.

— É natural que o rei esteja preocupado com os assassinatos, porém um problema mais imediato provocou minha vinda até aqui. Ontem, os tradutores de Westminster tiveram a visita de um infame assassino, um homem chamado Pietro Delasander. Ele lutou com a guarda, fez ameaças à pessoa do dr. Lancelot Andrews e escapou da prisão de lá. Delasander tentou fazer-se passar pelo diácono Marbury. O dr. Lancelot Andrews informou logo à Sua Majestade. Delasander é com quase toda a certeza o homem que matou Roger Andrews, além de ser aluno e conhecido cúmplice do estranho hóspede dos senhores, irmão Timon... que maquinou os assassinatos.

Todos os olhos caíram sobre o irmão. Spaulding assentiu com satisfação e Chaderton ia falar quando Anne, incapaz de conter-se mais, irrompeu na sala.

— Não se pode permitir isso! — ela gritou.

Dibly virou-se devagar, o sorriso tornando-se uma careta medonha.

— Uma moça? Uma moça levanta a voz contra a ordem do rei?

— Não vejo nenhum rei nesta sala — ela declarou, balançando a cabeça.

— Eu *sou* a voz do rei nesta sala! — rosnou o emissário.

— Vim prender o irmão Timon.

— Eu disse a todos os senhores! — gritou Spaulding, triunfante.

— Não — rebateu a jovem, no mesmo instante. — Sei com toda a certeza que o irmão Timon dormia em nossa cozinha quando Andrews foi assassinado. E sou testemunha desse assassinato.

— Como eu também sou — começou Chaderton —, e o assassino certamente não é o irmão Timon.

— Silêncio! — exigiu Dibly.

Ele rodopiou para enfrentar Timon, sacando uma pistola da bolsa de couro.

— Pólvora e bala instaladas — garantiu a Timon. — Sílex trancado, gatilho armado.

— Não gosto dessas armas novas — Timon deu de ombros. — As balas se espalham, a pólvora não se inflama. Na maioria das vezes, uma arma desse tipo faz mais estrago em quem a segura do que na vítima pretendida. Mas atire, se necessita ou sabe. Não me importa. Não me prenderá nem me levará com o senhor. Pode matar-me, ou provocar-me a matá-lo. São suas únicas opções esta manhã.

— Bom! — entusiasmou-se o serviçal. — Eu sempre quis matar um homem antes do desjejum. Tem um tom de tão deliciosa brutalidade, além de, sem dúvida, assustar meus rivais.

Avançou um passo rápido mais para perto de Timon e apontou-lhe a arma diretamente no rosto.

Num piscar de olhos, Richardson lançou-se da cadeira, livrou-se da capa de arminho e usou-a para cobrir a cabeça de Dibly. No mesmo movimento, derrubou a pistola com um tapa, como se disciplinasse uma criança que roubou uma bala. A arma caiu com força no chão e a bala rolou para fora.

Richardson segurou a cabeça de Dibly e atirou-a com toda a força no topo da escrivaninha mais próxima. À alta pancada, seguiu-se o colapso imediato do mensageiro no chão.

— Pronto — ele disse orgulhoso, e sorriu para Timon. — Amarre-o. Borrife o rosto dele com água fria. Faça-o dizer quem de fato ele é. Ninguém tão grosseiro assim poderia ser um emissário do rei. Eu disse que o socorreria quando chegasse a hora, irmão Timon.

— Disse, de fato, dr. Richardson — respondeu Timon, encarando o desfalecido. — É um homem de palavra. Como os cavaleiros da lenda.

Richardson olhou para Dibly e esfregou uma mão na outra.

— Que rapaz horroroso!

— É.

— Bem... — Richardson afagou a barriga. — Deveríamos desjejuar e elucidar tudo isso.

"Essa é a maior arma da Inglaterra", pensou Timon, encarando o rosto do colega: "a capacidade de seguir em frente. Jamais olhar para trás; *isto* é o que preciso aprender com eles."

— O irmão Timon e eu já desjejuamos — disse Marbury, parando próximo a Dibly. — Talvez o restante dos senhores apreciasse ir até o salão de jantar no diaconato para tal refeição e deixasse que eu cuide desse infeliz sujeito.

Dirigiu os olhos por um breve instante a Anne, que assentiu uma vez com a cabeça.

— Senhores — ela começou. — Vamos?

— Esta pessoa talvez tenha manchado minha capa — observou Richardson, num tom ríspido. — Se o fez, não quero usá-la. Desfaça-se dela.

— Nós nos juntaremos aos senhores em alguns instantes — disse Timon, ajoelhando-se ao lado de Dibly. — Então, como sugeriu, esclareceremos toda essa história.

— Tomara que haja salsichas! — gritou Richardson, uma alegria louca desprendendo-se das palavras. — Santo Deus! *Estou* faminto.

Os outros acadêmicos fulminaram-no com os olhos, sem entender o desenrolar dos acontecimentos. Ele parecia alheio àquela confusão e seguiu a moça até a porta. Um por um, sem saber o que mais fazer, saíram todos em fila. Timon vira rostos semelhantes antes. Homens com tempo demais em combate ou prisioneiros desesperados muitas vezes exibiam o mesmo semblante.

Depois que todos se foram, ele retirou a capa de arminho da cabeça do mensageiro, que exibia na testa uma mossa e já se formava uma equimose, mas sem sangue algum.

— Está morto? — perguntou Marbury, ajoelhando-se ao lado.

Timon apalpou à procura do pulso, lambeu o dedo indicador e levou-o perto do nariz e da boca do mensageiro.

— O coração ainda bombeia — respondeu em voz baixa —, mas detecto pouca respiração. Essa mancha roxa na cabeça significa hemorragia cerebral interna. Talvez ele não sobreviva.

— Que fazer? — perguntou calmamente Marbury. — Ele salvou-me a vida.

— Fez isso como uma tramoia, não como um ato de bondade. Envenenou-o e depois deu-lhe um antídoto para fazê-lo sentir-se grato, garantindo sua lealdade ao rei.

— Não pode ter certeza disso.

— Basta. — insistiu Timon. — Precisamos concentrar-nos no momento presente.

Marbury balançou a cabeça.

— Concentrar-nos em quê?

— Em obter respostas dele — respondeu Timon, e estapeou a face de Dibly.

Dibly abriu os olhos e exalou.

— Quem me atacou?

Timon encarou-o de cima.

— Richardson.

— Aquele charlatão! — tossiu Dibly. — Com que arma?

— A escrivaninha de Harrison. Empurrou-o contra a quina.

Dibly sorriu.

— Ótimo. Que digam que Harrison atacou-me. Tolero a ironia de ser atacado por um morto. É o meu estilo.

— Não se mexa — recomendou Marbury. — Tem uma ferida.

— Ajude-me a levantar — exigiu Dibly.

Timon, em vez disso, prendeu-o no chão.

— O senhor disse que a morte de Roger Andrews foi a causa de sua visita.

— Disse.

— Como poderia o senhor, ou qualquer outro em Londres, saber mesmo dessa morte agora? Ocorreu há apenas poucas horas — pressionou Timon.

— Correto. — Marbury exalou o primeiro suspiro de dor e encostou-se na escrivaninha mais próxima. — Mas e se ele soubesse, *de antemão*, que Andrews seria assassinado?

— Exatamente — afirmou Timon. — Tinha tão grande confiança no assassino... que considerou o assassinato um fato consumado.

Timon tornou a encarar Dibly.

— Se tivesse parado por um instante para pensar, sem dúvida teria compreendido seu erro temporal.

— Então... ele está em conluio com o assassino? — perguntou Marbury, afastando-se, sem perceber, um pouco de Dibly.

— Mais, objetivamente — sussurrou Timon, tapando a boca com a mão —, é o rei James quem está...

Dibly de repente lançou-se para a frente e sacou um pequeno bastão envolto em pano com um único espinho projetando-se da ponta.

Timon jogou-se para trás, frenético.

— Veneno! — gritou.

Marbury saltou e afastou-se o mais longe que pôde, sacando a faca.

Dibly levantou-se, ofegante, o ferimento da cabeça começando a sangrar.

— Não deixe esse espinho tocá-lo — sussurrou Timon. — É muito pior do que qualquer faca.

Dibly espremeu os olhos como se tivesse dificuldade para focalizá-los. Timon aproveitou o momento para agarrar a mesa de Harrison pelos pés e atirá-la contra ele. Jogou-a com tão surpreendente velocidade e força que ela bateu no sujeito e derrubou-o no chão.

Dibly continuava, porém, com o bastão envenenado na mão, e girou-o; o pano desenrolou-se e voou longe. Então ele esforçou-se para ficar de pé.

Marbury recuou para mais longe, porém Timon era o óbvio alvo do ataque, e Dibly lançou-se com todo o ímpeto para a escrivaninha de Harrison em busca de apoio. Empurrou-a para a frente e ficou quase ao alcance do rosto de Timon.

Lançou a garra envenenada no ar. Num *flash*, Timon apresentou duas lâminas, uma em cada mão, e atirou as duas.

Uma enterrou-se na garganta de Dibly; a outra, na barriga.

Dibly gritou, tentou atirar o bastão envenenado, mas deixou-o cair no chão. Rolou para longe da escrivaninha e caiu numa trouxa, contorcendo-se e xingando.

Timon encontrou com a bota o bastão e chutou-o longe. As imprecações de Dibly tornaram-se mais violentas, embora o punhal na garganta impedisse a saída de palavras claras. O sangue fluía dali e vazava da ferida na barriga.

— Maldito seja — sussurrou Timon, correndo para o lado de Dibly. — Eu pretendia atingi-lo no ombro.

Marbury, a cinco metros de distância, apenas piscava.

— Como soube que esse inocente bastão era venenoso?

— Era a arma preferida de Pietro Delasander — respondeu Timon. — Ele costumava pôr uma rosa na ponta. O veneno quase sempre é fatal, muitíssimo doloroso, e leva horas para matar. Trata-se de uma arma do diabo.

— Os ferimentos dele são letais? — começou Marbury.

Timon parou ao lado de Dibly.

— Está morrendo? Preciso saber mais do senhor.

— Mais? — conseguiu gorgolejar o outro. — Jamais.

Timon ergueu-lhe a cabeça.

— Que foi que levou o rei James a voltar atrás na encomenda e enviá-lo aqui para pegar os manuscritos que deu antes aos acadêmicos a fim de ajudar-lhes a fazer o trabalho? Dibly sorriu e encolheu os ombros. Com um espasmo final, exalou o último suspiro. Timon procurou o pulso, mas Dibly jazia morto sob a escrivaninha de Harrison.

— Repito — disse Timon. — Maldito seja.

Era quase uma oração fúnebre.

— Outro corpo nesta sala. — Marbury olhou o Grande Salão ao redor, uma grande preocupação nos olhos. — Não suporto o número de mortos que acumulamos aqui.

Timon fez que sim com a cabeça.

— Então vamos remover este carrasco do rei daqui e enterrá-lo junto com Pietro Delasander, para que os mistérios gêmeos dos dois façam companhia um ao outro até o orvalho do céu despertá-los. O papel deste aqui já foi representado.

— E bem representado — concordou Marbury, em voz baixa. — Tão bem, de fato, que talvez nenhum ser vivente soubesse quem era ele.

— Os assassinos e os servidores fiéis são os melhores atores de Deus — concordou Timon. — Quem e o que são *na verdade,* só o céu sabe.

52

Pouco mais de meia hora depois, os dois rumaram depressa para o salão de jantar do diaconato. O aposento era bem iluminado pela luz do sol matinal, sem precisar da luz de velas. Com um terço do tamanho do Grande Salão, acomodava no máximo vinte pessoas sentadas. As paredes revestidas de madeira pareciam novas, mas o restante do aposento existia há pelo menos duzentos anos. A longa mesa estava entulhada de pratos e canecas, com migalhas de pão espalhadas e manchas de cerveja por todos os lados. Aqui e ali, uma linguiça errante jazia dispersa em algum prato.

Todos grunhiam. Era claro que haviam discutido.

— Senhores — anunciou Marbury —, precisamos agir com a máxima rapidez. Todo o nosso trabalho corre perigo, e um assassino ainda assombra estes terrenos.

Chaderton levantou-se.

— Estivemos debatendo a ideia de que essa pessoa, o alegado emissário do rei, talvez seja um impostor.

— Mas não é! — rosnou Spaulding. — Ele tinha o brasão real. Precisamos obedecer à ordem do soberano. Traga-o aqui. Que seja interrogado.

— Lamentavelmente — disse Marbury, proferindo as palavras como se fossem de vidro —, ele está morto.

— Oh — exclamou Richardson, e limpou a boca. — Peço-lhes perdão. Não tive a intenção de matá-lo.

— Morto, então — açoitou Spaulding, sem a menor compaixão pelo falecido. — Mas o selo real nos documentos...

— Preciso dizer-lhe, diácono Marbury — adiantou-se Richardson, sorrindo —, que revi minhas suspeitas. Não acredito mais que o senhor seja um assassino. Vejo pela visita desse tal de Dibly que uma tramoia da mais diabólica ordem está em ação. Minha nova teoria...

— Eu decidi — insistiu Spaulding, a voz fina deslizando pelos tons mais redondos de Richardson —, que devemos obedecer às ordens do rei! O selo real é indiscutível, e precisamos retornar...

— Não! — gritou Timon. — Se obedecerem a essa chamada ordem real, as verdadeiras palavras da Bíblia de Deus jamais verão a luz do dia. Toda a história de nossa religião depende do que os senhores vão fazer agora!

Todos surpreenderam-se ao ver tamanha paixão.

— Os senhores encontram-se no precipício — ele continuou, lutando pelas palavras —; aqui estão no início de um novo universo. Precisam saltar e ter fé em que Deus lhes dê asas. Chegou a hora de adorar o Pai no espírito e na verdade. Deus é um espírito, mas seus átomos são partículas da Grande Verdade, e precisam servir a essa força, não com o levedo de maldade e perversidade; mas com o pão não fermentado da sinceridade e da verdade. Regozijem-se na verdade, e os segredos do coração de Deus se tornarão manifestos. Não devem tratar a Palavra de Deus de forma enganosa, mas pela manifestação da verdade, recomendando-se à consciência na visão do Senhor. Pela palavra da verdade, pelo poder de Deus, pela armadura da retidão.

O silêncio impregnou a sala por um brevíssimo momento.

— Com esse discurso teatral, o senhor *supõe...* — começou Spaulding.

— O irmão Timon nos fala segundo Coríntios, dr. Spaulding — repreendeu Chaderton, tranquilamente. — Não faz suposição alguma.

— No que se refere a mim, poderia nos falar da sepultura! — respondeu Spaulding. — Ocorreram assassinatos neste lugar, e continuo a sustentar que ele é o culpado!

— *Há* demônios aqui — sibilou Timon. — E o assassino dentro dele continua a matança porque não suporta a verdade; porque não existe verdade alguma nele.

— Por que ele continua insistindo em *verdade*? — perguntou Spaulding a Richardson, sentado à direita.

Richardson respondeu com a boca cheia de comida, o único que continuara a desjejuar:

— O irmão quer que ignoremos a mensagem transmitida pelo grosseiro enviado. Como poderia ser mais claro? — Pegou outra fatia de pão. — Creio que o senhor trabalhe no momento num trecho de especial importância, Spaulding. "As palavras do Senhor são palavras sinceras, puras como a prata acrisolada, sete vezes depurada."

— Preste atenção às palavras dos Salmos, dr. Spaulding — disse Anne, encarando-o com desdém. — Como pode continuar o trabalho se não depurar tudo o que faz?

— Senhorita, não tem a menor compreensão... — Spaulding começou, mal disfarçando o desprezo.

— Por favor, todos os senhores, parecemos ignorar a questão mais imediata — Marbury ergueu as mãos. — O irmão Timon e eu concebemos, há poucos momentos, um plano que envolve a todos. Precisamos avançar à velocidade da luz se quisermos ter alguma esperança. As forças de... muitos grandes poderes estão em ação para derrotar nossa tarefa aqui em Cambridge. Não podemos permitir.

— Em suma — Timon continuou, com quase toda a paciência esgotada —, os senhores precisam traduzir a Bíblia com perfeição, sem deixar nada de fora, corrigindo todos os erros e acrescentando todo texto verdadeiro que foi concebido, a fim de que a Palavra de Deus seja devolvida a toda a humanidade. Essa é a tarefa agora, o único mundo. Minha participação nessa cena específica é agarrar o assassino. Eu o farei. E isso acontecerá, com a ajuda de Deus, esta noite.

Um por um, leu um grau de entendimento em cada rosto. Viu que Spaulding, na verdade, continuava reticente. Mas pelo menos calado. Timon olhou cada erudito nos olhos e prosseguiu:

— A missão dos senhores exigirá todo o conhecimento que possuem. Também precisam orar pela graça da sabedoria de Deus. Meu papel nada mais exigirá de mim que uma natureza temerária e um grau de obstinação concedido a homens da minha idade.

— O assassino entrou no Grande Salão por uma passagem secreta — revelou Marbury, de forma brusca.

Timon suspirou e deu-lhe um olhar de esguelha.

— Vou esperar próximo a essa entrada...

Richardson desatou a rir.

— *Passagem secreta?* Sério? Fazemos parte de alguma *peça* tortuosa? Onde fica essa...

— Escondida atrás das latas de tubérculos no porão do salão — respondeu Timon objetivamente.

— Mas refere-se ao corredor subterrâneo do diaconato ao salão? — Richardson inclinou a cabeça.

Timon encarou-o.

— Já usou essa passagem?

Richardson engoliu um gole de cerveja.

— Todos já a usamos.

Os demais assentiram com a cabeça.

— Mas, quando tentei atravessá-la — disse devagar Timon —, não consegui encontrar uma saída. Há uma parede de pedra no final.

— O diácono não lhe mostrou a tranca? — perguntou Richardson.

— Eu nem sequer sabia da existência do túnel — começou Marbury.

— O falecido Harrison, que descanse em paz, mostrou-me — disse Richardson.

— Mostrou a todos nós — repreendeu Spaulding.

O diácono disparou os olhos na direção de Chaderton.

— A mim não mostrou — ele apressou-se a dizer.

Marbury baixou a cabeça até o peito.

— Como pude eu não ter conhecimento disso?

— É o que me pergunto — disse Timon, sem conseguir esconder a suspeita na voz. — Como pode ter morado tanto tempo no diaconato...

— Moro neste prédio apenas há vários meses. — Marbury respondeu rapidamente.

— Mas é o diácono...

— Sou o diácono da Christ Church, não destes terrenos. Só me mudei para cá quando Sua Majestade me nomeou para ser... qual a palavra? Guardião dos tradutores? Se for mesmo essa a palavra, preciso enfrentar um fracasso muito abjeto.

— Mora na atual residência apenas há vários meses? — Timon balançou a cabeça. — Como eu não soube disso?

— Somos os dois culpados de distração.

— É.

— Mas quanto ao túnel... — insistiu Anne.

— O assassino usou-o para escapar de mim — apressou-se a explicar Timon. — Preciso saber mais a respeito.

— Claro — respondeu de imediato Richardson.

Engoliu o último bocado de comida, levantou-se e encaminhou-se a passos largos para a porta da cozinha.

De repente, Timon lembrou-se da desordem em que ele e Marbury haviam deixado o aposento. Páginas soltas do texto secreto espalhavam-se por toda parte. Quase correu atrás de Richardson e preparou-se para explicar. O acadêmico avançou pela porta até a cozinha. Timon alcançou-o e viu, surpreso, restaurada a ordem na cozinha. Uma pilha de papéis embrulhada num pano branco repousava calmamente na mesa, sem a menor indicação de que fosssem os textos sagrados.

Anne entrou a toda no aposento logo atrás de Timon e ofereceu-lhe o mínimo sorriso que lhe explicou tudo.

Ele acenou o agradecimento com a cabeça.

Richardson encaminhou-se à parede do lado oposto.

— Observem — Richardson disse majestosamente, adorando o papel que representava — a beleza desse segredo. Aonde desejo ir? Às latas de legumes no porão do Grande Salão. Que relevo foi esculpido aqui neste painel da parede? Uma penca de cenouras.

Bateu uma vez nas cenouras, torceu-as no sentido dos ponteiros de um relógio e o painel da parede deslizou para dentro e abriu uma estreita e escura passagem.

Timon espreitou a escuridão para assegurar-se de que ninguém se escondia de tocaia.

Richardson riu, deliciado:

— Menos de uma centena de passos até o salão. Harrison, que descanse em paz, disse-me que o Grande Salão tinha sido outrora a capela de um mosteiro nestes terrenos. O diaconato atual era o dormitório dos monges. Na pior das intempéries, os monges podiam chegar à capela sem caminhar na lama nem na neve. E do outro lado, onde o senhor disse ter encontrado um beco sem saída, vê aquela pedra saliente? — ele apontou.

Timon examinou a pequena gruta. Uma pedra salientava-se mais que as outras.

— Se apalpar embaixo — continuou Richardson —, vai encontrar uma tranca. Aperte-a uma vez e entrará nesta cozinha. De fato, é uma passagem, mas dificilmente secreta, como pode ver.

— Obrigado, dr. Richardson — sussurrou Marbury, principalmente para impedi-lo de continuar. — Agora, senhores — Timon sussurou —, cheguem mais perto, por favor. — Os homens avançaram devagar, Spaulding apenas poucos passos atrás. — Quanto ao meu papel em nosso esquema imediato, porei uma armadilha para pegar um rato: vou disfarçar-me como um dos senhores esta noite e esperar a sós no Grande Salão. Quando o assassino chegar, eu o domino e o agarro. Agora que conheço melhor essa passagem, ele não me vencerá em esperteza se tentar escapar por aqui mais uma vez.

— Insisti em também estar presente no salão — apressou-se a avisar Marbury. — A recente experiência de Anne com o assassino convenceu-me de que é possível esconder-se quase por completo nos cantos escuros daquele lugar.

— Juntos, levaremos o homem à justiça antes do próximo amanhecer. — As palavras de Timon irrompiam com tanta confiança que vários dos ouvintes logo balançaram a cabeça em assentimento.

— Para esse fim, dr. Spaulding — pediu Marbury, uma leve cadência nas palavras —, poderia escolher que manto e capa julga adequados a tal simulação?

— Eu? — arquejou o acadêmico.

— O senhor informou a todo homem, mulher, cão de caça e verme da cidade de Cambridge que é o novo responsável pela tradução — suspirou o dr. Dillingham. — É, portanto, com certeza, o próximo alvo.

Spaulding olhou a cozinha em volta como se jamais a houvesse visto antes, encarando os olhos dos demais, em frenética busca de refúgio.

— Eu? — repetiu, o solitário trinado de um minúsculo pardal.

— O senhor usava um manto cor de ferrugem sem adornos noutro dia — sugeriu Timon —, com um solidéu simples dourado escuro, sem desenho nem insígnia. Reconhece as peças?

— Eu?... reconheço, sim.

— Vão servir com perfeição — continuou Timon —, se eu mantiver o rosto afastado das velas. E... a sua escrivaninha fica de frente para a porta do porão, não?

Anne bateu na mesa como se fosse uma porta fechada.

— Pare! É esse o seu plano? Ficar sentado no salão escuro e esperar um homem chegar e matá-lo? E rezar para que não consiga? A força cerebral de meu tutor e de meu pai criou esse plano capenga?

— Se baixar o tom — alertou Marbury, a voz abafada —, o assassino talvez não a ouça e possamos ter o elemento surpresa a nosso favor.

— Poderiam ter todos os elementos da natureza a favor — explodiu a moça — e esse continuaria sendo um plano malfadado! Timon pretende oferecer-se como um cordeiro de sacrifício. Não percebem? Ele se culpa por ter adormecido ontem à noite. Acha que poderia ter salvo Andrews. É a forma de penitenciar-se.

A cozinha silenciou por um instante. Os homens encararam Anne, o rosto avermelhado, os olhos intensos. Apenas Timon via as partículas de pó quando giraram e rodopiaram à luz do sol que entrava pela única janela.

— Permaneci vivo por mais de cinquenta anos — Timon suspirou, baixo. — Nesse tempo, muitos grandes homens tentaram, de uma ou de outra forma, tirar-me a vida. Nenhum deles conseguiu. Uma divindade forma nossos fins, Anne, modela-os toscamente como desejamos. Nada no universo tem o poder de tirar-me a vida se Deus não quiser. E, claro, nada na criação pode salvar-me se Seu plano para mim for morrer esta noite.

53

Alguns momentos depois, após deixar na cozinha a maioria dos estudiosos ainda discutindo, Timon retirou-se para o quarto. Levava o embrulho dos textos escondido sob o braço esquerdo. Tinha um desejo quase esmagador de lê-los com mais cuidado. O ruído das botas no chão de pedra, o voo da luz matinal pelas altas janelas no corredor e até a percussão de sua respiração pareciam desligá-lo da realidade do momento. Embora não soubesse dizer o porquê, sentia fundir-se no ar rarefeito. Tudo se dissolvia: as torres do céu encimadas por nuvens, o solene templo do cérebro, o próprio globo, tudo um cortejo imaterial, se desvanecia.

Ele abriu a porta do quarto em completo êxtase.

Foi jogado de cabeça de volta ao mundo real por uma única folha de papel que se encontrava em sua cama. Mesmo do limiar, reconheceu a caligrafia. Deixou a porta semiaberta e dirigiu-se à mensagem.

Esperamos a volta da roda na moagem do trigo, sentados, de frente para o leste, esta tarde.

Um encontro convocado para as três horas, quando os ponteiros do relógio mais se assemelhavam a um homem sentado, voltado para o leste. A Trindade Profana propunha debater o progresso e o cronograma da missão dele. Mas era cedo demais para outro encontro. Os homens do Papa tinham outra coisa em mente.

Ao baixar a página, surpreendeu-se com certa conjunção estranha. O Papa ordenara-lhe que terminasse o trabalho de memória no Dia de Todos os Santos. O rei James encomendara a conclusão da Bíblia para o mesmo dia. Que demônio orquestrara essa coincidência? Que vil contágio impelia os acontecimentos para o mesmo dia? Dia de Todos os Santos — poderiam Clemente e James estar em conluio? Timon pôs-se a andar de um lado para outro. Se os dois haviam se unido contra ele, que chance tinha? De repente o plano que concebera com Marbury pareceu, como sugerira Anne, insano. Ou desesperado. Sacrificava-se de propósito?

Naquele pânico cada vez maior, assaltou-o um desfile de visões desordenadas do passado: cinco corpos mortos ao luar da Toscana; calmos inquisidores com pinças ardentes; milhares de aranhas numa cela de prisão.

O sentido desses diabólicos portentos era claro: ele estaria morto pela manhã.

Viu que precisava acalmar-se antes do encontro, senão morreria antes. Disparou duas vezes o olhar para baixo da cama, de onde a caixa acenava-lhe em silêncio. Mas, em vez de pegar o cachimbo, começou a recitar em voz alta o vigésimo segundo salmo, uma prece pessoal. "Não te afastes de mim, pois a angústia está perto, e não há quem ajude. Como água eu me derramei, e todos os meus ossos se desconjuntaram; o meu coração é como cera. Livra a minha alma da espada, e a minha bem-amada da força do cão."

Fitou o bilhete na mão e disse-lhe:

— Os senhores me confundem o cérebro, mas não por muito tempo. Sei do que preciso. Sei onde encontrar a paz de que necessito para enfrentar seus autores.

Sem mais um pensamento, dirigiu-se à escrivaninha. Ocultou os papéis secretos debaixo da pedra solta e dirigiu-se rapidamente à porta. Num segundo, já chegara ao corredor e encaminhava-se à estrebaria.

Do lado de fora, o dia começara — o sol abria asas brancas sobre o anfiteatro do céu. Timon ouvia o ruído das botas golpearem as pedras no pátio ao correr para o estábulo.

A atividade que escolhera para clarear a mente parecia-lhe uma perfeita metáfora. Enquanto seguia, mantinha um olho à procura de um forcado de estrume.

Chegava à estrebaria cedo o suficiente para encontrá-la vazia de pessoas.

— Tanto melhor — continuou a falar em voz alta — para limpar a sujeira dos estábulos.

Os cavalos ouviram-no aproximar-se e começaram a agitar-se, achando que receberiam outro desjejum. Bufaram e arreganharam os beiços.

A estrebaria fora mais de uma vez pintada de branco, mas a brancura do prédio havia muito desaparecera, e agora exibia um confortável cinza. Dentro, sobressaía a sólida construção das oito baias: ripas de corte tosco de madeira envelhecida em linhas tão retas como sulcos arados. O alegre aroma do ar matinal misturava-se ao de palha e ao estrume, um cheiro nítido não de todo desagradável, ou assim ele achou.

A ferramenta de que precisava encontrava-se perto: um cabo cor de cerveja e um garfo de madeira bronzeada e lisa. Pegou-o, fitou-o por um momento e riu, quando uma voz atrás agrediu o ar:

— Que pensa estar fazendo?

Timon virou-se e viu Lankin, o mestre de estábulo. Todo vestido de marrom, encostado na entrada, o homem franzia-lhe os olhos. Tinha a cabeça inclinada mais ou menos como um cão de caça.

— Ouvi-o falar sozinho.

— Bem... — Timon ergueu o forcado de estrume. — Achei que podia retirar a sujeira dessas baias.

331

— Ah, achou, é? E que sugere que eu faça com os cavalariços cujo *trabalho* é pegar nesse forcado, então? — perguntou Lankin após um instante.

— Escovar um pelo, desembaraçar uma crina, verificar um casco, ou qualquer uma das centenas de coisas que sei...

— Mas o que eu quero saber — interrompeu o outro — é que diabos pensa estar *fazendo*?

— Sr. Lankin — disse Timon, o sorriso desfeito. — Um monge está habituado a trabalho pesado; a uma vida mais dura que a maioria dos homens imagina. Eu me sinto farto da gritante inatividade dos estudiosos no prédio além da estrebaria. Se não realizar algumas horas de trabalho honesto, talvez perca o que me resta de juízo.

Lankin pareceu relaxar. A careta que exibia talvez fosse até um tipo de sorriso.

— Bem, sem dúvida falou um bocado. Esses homens no salão nunca reconheceriam o trabalho de um dia mesmo se os agarrasse pelas costas e desse um assobio. Qual é o seu nome mesmo?

Timon hesitou. O cheiro do feno, as cotovias nas árvores altas, um rio de luz de sol transbordante — tudo conspirava para fazê-lo oferecer o que talvez de outro modo fosse uma tola confissão.

— Giordano é meu nome cristão.

— E eu sou Mateus, batizado em homenagem ao melhor apóstolo. — Lankin empertigou a postura e afastou-se. — Talvez eu mande os meninos pescar um ou dois peixes, visto que vai fazer a parte do trabalho que cabe a eles no momento. Gosto de comer um bocado de peixe ao meio-dia.

Timon acompanhou-o com o olhar por um instante e depois dirigiu-se ao instrumento de trabalho.

— Irmão Forcado de Estrume — disse em voz baixa —, o senhor e eu somos instrumentos de Deus, e esta vida nos deu deveres semelhantes. Permita-me confortá-lo com uma única ideia. Deus nos usará, queiramos ou não. Podemos realizar nossa tarefa com alegria e graça, ou berrar e brigar... mas o trabalho d'Ele será feito. — Baixou a voz e colou os lábios no cabo. — O segredo é entregar-se ao trabalho e escolher a alegria.

Sem outra ideia na cabeça durante as horas seguintes, deslizou pela estrebaria até cada baia ficar escovada e limpa como a cozinha de um rei ou o coração de um apóstolo.

E, quando terminou, soube o que precisava fazer com os homens do Papa.

54

Vários minutos antes das três horas naquela tarde, a rua da feira em Cambridge despejava barulho no ar: os homens em ação xingavam, fanfarronavam, acotovelavam-se e arrastavam os pés; as mulheres cantavam. Aqui e ali, uma capa abria-se para exibir as novas roupas embaixo, enquanto outras talvez escondessem um cotovelo quebrado, a pistola engatilhada, ou pedacinhos de prata roubada.

Mas na rua da quadra seguinte reinava um silêncio mortal. Ele parou ali, defronte à taberna onde ocorreria o encontro. Tentava ficar invisível, à procura de um meio de entrar sem ser visto, alguma janela lateral ou entrada dos fundos. Uma ruela estendia-se de um lado da taberna, mas desagradou-o a ideia de inspecioná-la, encontrar um beco sem saída e ficar encurralado. Após um momento, surgiu da ruela um homem com avental de padeiro, o rosto coberto de farinha, com uma bandeja vazia. Desceu a rua em direção a uma padaria na outra ponta da fileira de prédios.

Então havia uma entrada de serviço, ou talvez uma porta de cozinha.

Timon examinou a rua de um lado ao outro. Satisfeito por estar vazia, enfiou o capuz na cabeça, curvou-se para esconder-se e dirigiu-se à ruela. Tão logo entrou, viu, bem nos fundos, uma cozinha. Orou, por algum motivo, para Jenny não estar lá. O beco era úmido, um tanto arrepiante e ainda mais silencioso que a rua. Avançados alguns passos, ouviu os ruídos da cozinha: pratos e canecas que se chocavam, resmungos, risos, chiados.

Timon baixou a cabeça, os ombros ainda mais, e mergulhou na cozinha pela porta aberta. O cheiro de carne fumegante atacou-lhe as narinas. Alguém próximo ao fogo sussurrou:

— Veja: mais um.

Ele continuou andando. Como esperava, poucos passos depois ficava o salão principal, atrás do balcão. Virou logo à direita, erguendo os olhos apenas o suficiente para ver a maçaneta à pouca luz. Pegou-a e entrou sem ser visto no quarto dos fundos, por uma abertura mínima.

Parou por um instante com a porta fechada nas costas e ouviu a respiração dos outros três homens.

— Ah! — sussurrou uma voz — chegou na hora exata.

— Embora de forma meio teatral — disse outra, também baixa.

— É o senhor, irmão Timon? — perguntou Venitelli, hesitante.

Timon inspirou fundo, empertigou-se em toda a altura e puxou para trás o capuz em resposta. Unia as mãos na frente, embora escondidas nas mangas do manto. Encarou os anfitriões.

Os três sentavam-se como antes, no outro lado de uma mesa tosca defronte a ele. O quarto estava mais iluminado. Várias velas pareciam ter sido acrescentadas desde o último encontro.

— Preciso ser franco com os senhores — ele disse, sorrindo. — Eu esperava que me dessem muito mais tempo entre nossos encontros.

— Se tivesse feito o trabalho *certo* — explodiu Isaiah —, não haveria sequer necessidade de encontro!

— Por que permitiu que Marbury visitasse o dr. Andrews em Westminster? — quis saber Samuel.

O sorriso não deixou os lábios do recém-chegado.

— Por que mandaram Pietro Delasander me matar?

O quarto mergulhou em silêncio total. Todos os homens pararam de respirar. Nem sequer um átomo movia-se. Até as chamas de vela pareceram imobilizar-se, temendo o que viria em seguida.

— Já servi ao meu propósito? — continuou Timon, após um ou dois minutos. — É esse o motivo? O complô mal concebido do cardeal Venitelli para difundir o rumor de que o Papa condenou nossa tradução da Bíblia do rei James... talvez tenha dado certo. Só que a natureza humana nunca é muito previsível. Jamais podemos saber ao certo que ameaças e medos curvarão a vontade ou fortalecerão a determinação de um homem. Trata-se de um negócio ardiloso... ou desordenado... a moldagem da alma de um ser humano.

Venitelli tentou falar. Todos os três rostos no aposento esvaíram-se de cor.

— Delasander interpretou mal as instruções — começou Samuel, qualquer sugestão de autoridade desaparecida da voz.

— Decifrei com exatidão os documentos dele — interrompeu Timon. — Usava o código dos senhores... Que, aliás, eu lhe ensinei. As ordens eram muito explícitas.

— Ele está com o senhor agora? — mal conseguiu dizer Isaiah.

— Não. O cadáver foi enterrado sob vários palmos de terra em Cambridge. A alma... quem sabe?

— Morto? — arquejou Isaiah.

— Parecia, quando o pus na terra.

Timon brincava com os dedos no cabo da faca.

Venitelli, pânico enlouquecido na voz, virou-se para os dois comparsas.

— Eu disse aos senhores!

Sem aviso, Isaiah girou o braço direito por debaixo da mesa e arremessou um punhal comprido e fino com incrível velocidade, que voou diretamente para o coração de Timon. Este conseguiu virar-se um pouco para a direita e erguer o ombro o suficiente para impedir a lâmina de perfurar-lhe o peito, mas a arma afundou a ponta na carne da parte de cima do braço.

No mesmo instante ele se acocorou, arrancou da ferida a lâmina e jogou-a fora. Antes que qualquer um dos outros pudesse mover-se, chutou a mesa à qual os três se sentavam, que caiu com estrondo em cima deles.

De um salto, pousou com força no lado de baixo da mesa. Atingiu-os com tanta força que as cadeiras se despedaçaram e desabaram, e a mesa esmagou os três ao mesmo tempo.

Venitelli fechou os olhos e desmaiou no mesmo instante.

Isaiah ofegava e lutava sob o peso do atacante, sem conseguir pegar a outra faca. Samuel não tinha condições sequer de mexer-se, com os braços pregados no peito pela mesa de cabeça para baixo e embaixo de Timon.

O sangue de Timon pingava na mesa. Ele segurava a própria faca na mão esquerda, sugando ar por entre os dentes cerrados e aproximando-a do rosto de Samuel.

Mas não prosseguiu. Deixou a lâmina encostada na garganta do inimigo; os olhos de Samuel ficaram estáticos e arregalados e ele parecia lutar para falar.

— O difícil para um homem recém-convertido a outra fé — explicou Timon, com toda a calma — é que não abandona logo os velhos hábitos. Pela minha nova identidade, não desejo matá-lo, mas a antiga me diz que preciso. Se não o fizer, os senhores continuarão a perseguir-me. E a matar outros homens e mulheres pelos quais sinto algum afeto. Não posso permitir. É certo cometer um pequeno mal por um bem maior? Nunca. Mas creio que este momento em particular foi ordenado por Deus antes do início do mundo. Já estou condenado ao inferno, e, portanto, sou o homem que Deus pôs neste aposento para detê-los e a esse trabalho profano. Achei que deveriam saber disso.

Sem outra palavra, o irmão Timon enterrou a lâmina e cortou a garganta de Samuel de uma orelha à outra, decepando as jugulares nos dois lados e quase as pontas dos feixes nervosos no pescoço. Ele morreu rapidamente, sem um som. Timon limpou a faca no ombro do morto e levantou-se.

Curvou-se e bateu a ponta da lâmina na cabeça de Isaiah.

— Olhe com atenção. É a última coisa que verá.

Manteve a lâmina diante dos olhos dele por tempo suficiente para permitir-lhe a plena compreensão do que via. Então esfaqueou-o pelo olho esquerdo — mergulhou a ponta da faca diretamente no cérebro e deixou-a ali.

Isaiah debatia-se como louco, o movimento da cabeça parecendo um borrão, a língua pendia da boca, mas era incapaz de espremer uma palavra dos lábios, mesmo com a respiração agonizante.

Timon virou-se para o trêmulo Venitelli e agarrou-lhe os cabelos. O cardeal abriu os olhos até a metade.

— Levante-se e venha comigo agora — disse Timon, em italiano —, se quiser sobreviver o restante da tarde.

Recuou da mesa e puxou o cardeal, que olhou uma vez os compatriotas mortos e depois manteve os olhos e a cabeça abaixados, à espera do golpe mortal.

Mas Timon apenas enfiou o capuz e disse:

— Cubra-se também.

O outro obedeceu sem pestanejar.

Timon segurou-o pelo braço e puxou-o até a saída. Abriu uma fresta da porta, inspecionou o ambiente externo, julgou seguro atravessá-lo e deslizou rapidamente para o salão. Virou logo à esquerda, ainda rebocando o cativo, transpôs a cozinha à velocidade da luz e saiu para o beco.

Tão logo chegou ao lado de fora da taberna, no beco, puxou Venitelli para perto e sussurrou-lhe em sua orelha:

— Quando chegar a hora de morrer, acolherei as trevas plenamente nos braços, como faria a uma noiva. Mas esse dia não é hoje. Tenho outro trabalho a fazer. Não sei como receberá sua morte, mas esta também não será agora. Mando-o de volta ao Papa Clemente com uma mensagem. A Bíblia do rei James será o primeiro livro *verdadeiro* da história de nossa religião. Diga-lhe exatamente esta frase. Diga-lhe que nada se excluirá; nada será acrescentado. Os pensamentos e as palavras de Nosso Senhor serão simples, em todo o desconcertante esplendor, para qualquer ser humano ler. Ele nada pode fazer a respeito, pois li e decorei todos os documentos secretos, escondidos e excluídos, até o texto roubado de Padget. Consegue lembrar-se de tudo?

Venitelli acenou o assentimento com a cabeça e sussurrou para si mesmo o que ouvira a fim de não esquecer.

— Então vá, e agora!

Timon empurrou-o em direção à rua com tanta força que ele tropeçou e quase caiu.

— O senhor não vai me matar — percebeu o cardeal devagar.

— Não é um homem mau, cardeal Venitelli. Não é como os inquisidores que me torturaram quando me puseram na prisão deles, os tais Samuel e Isaiah.

— Eles o torturaram?

— O senhor é ingênuo e idiota. Foi usado por outros homens por causa dessas qualidades concedidas por Deus. Acha que pode comunicar mais uma mensagem à Sua Santidade?

Venitelli assentiu devagar com a cabeça.

— O próprio Clemente talvez desconfie disso, mas como não é, de modo algum, o homem mais brilhante que conheço, deixe-me dizê-lo de forma bem simples. — Timon inspirou fundo. — Diga a Sua Santidade que não trabalho mais para ele.

55

    Naquele anoitecer, quando o sol se punha, uma figura solitária dirigiu-se decidida ao Grande Salão. Usava um manto cor de ferrugem sem adornos e um simples solidéu dourado-escuro, sem desenho nem insígnia.

    Várias estrelas tremeluziam como velas, e começava a ascender, no céu, uma branca lua cheia a leste. Essa parte do dia, em particular, parecia a hora mais tranquila para a meditação, o chamado sussurrado de um amante ou o alívio do descanso da noite.

    Assim, quando ouviu o rangido de uma janela que se abria, no segundo andar do diaconato, cada fibra da noite voltou a atenção para aquele lado.

    Anne debruçou-se sobre a janela e chamou:

    — Dr. Spaulding! Que faz aí? Ficou acertado que ninguém deve ir ao Grande Salão sozinho. Sobretudo à noite!

    O vulto parou na alameda, procurou por um momento a origem do barulho e viu-a.

    Emitiu um ruído de absoluta aversão e repudiou-a com um aceno da mão. Continuou sua caminhada rumo ao Grande Salão.

    — Faça como quiser! — ela grunhiu, baixinho, e fechou a janela.

A figura solitária avançou decididamente pelo pátio comum, chegou à porta do salão e atrapalhou-se com as chaves. Coçou o solidéu. Com um pouco de resmungo baixinho, girou, afinal, a fechadura e entrou. Em segundos, acendeu uma vela. A chama entornou no limiar por um momento antes que a porta se fechasse.

O manto cor de ferrugem atravessou ainda mais determinado o piso em direção à escrivaninha de Spaulding.

Ao chegar, sentou-se na alta cadeira de madeira voltada para a porta do porão, pôs a vela no castiçal e recostou-se para examinar o trabalho.

O tampo da mesa era imaculado. Uma única pilha de papéis erguia-se reta próximo a uma limpa pena branca num tinteiro imaculado. Uma fileira de livros alinhava-se lado a lado, em ordem alfabética de acordo com o título, da esquerda para a direita, na borda do tampo.

Predominava a ordem, mas sem nenhum conforto. O homem sentia doerem-lhe os dedos, mantidos prontos para a ação. A nuca era um ferro retorcido, os músculos do rosto pinçados e retesados. Ele rangeu os dentes. As orelhas estremeciam a todo rangido de viga, estalo de escaravelho escondido nas sombras, a cada suspiro de vento no lado de fora.

O desconhecido puxou a vela mais para perto das páginas na escrivaninha e encenou um grande número para começar a ler. Não percebeu que movia os lábios.

A primeira coisa que viu foi uma nota que dizia *Excluído por RJ*, seguida pela citação de um texto secreto, o Evangelho de Filipe. *Os regentes pensavam que era por seu próprio poder e vontade que faziam o que estavam fazendo. Mas o Espírito Santo, em segredo, estava realizando tudo através deles, segundo sua vontade. A Verdade, que existia desde o princípio, está semeada por toda a parte. E muitos a veem sendo semeada, mas são poucos os que a veem sendo colhida.*

A absoluta perfeição dessa ideia absorveu-lhe tanto a mente que ele não notou quando a porta do porão abriu-se com um sussurro. Não percebeu a sombra de ombros caídos.

Na escuridão fora da iluminação da vela, um homem semelhante a uma aranha rastejava de quatro, em silêncio, e chegava cada vez mais perto da figura solitária, que se encontrava numa teia redonda de luz na escrivaninha. O intruso enfiou um capuz negro na cabeça. O espaço onde se achava o rosto tornou-se uma noite sem estrelas. Dedos abaçanados agarravam uma fina faca de pescador, a lâmina, uma comprida navalha. A poeira no chão estendia-se manchada atrás do homem quando ele se aproximou mais para perto da presa, em total silêncio. A vítima próxima à luz, sem perceber, movia os lábios ao ler.

O atacante contornou a escrivaninha para sair do círculo de luz, os dedos das mãos ossudos e os dos pés de unhas compridas alongando a distância entre ele e o prêmio. Ainda de quatro, bem abaixado no chão, apenas a poucos metros de distância, o assassino inspirou longa e silenciosamente. Retesou os músculos, pronto para saltar e agarrar Spaulding por trás.

Sem aviso, o homem à escrivaninha levantou-se ereto e chutou a cadeira para trás, atingindo diretamente o atacante. Ele rodopiou com estonteante velocidade.

— O senhor! — sussurrou o assassino, segurando a cabeça onde a cadeira o atingira.

Timon atirou longe o pequeno barrete do acadêmico, como para confirmar o reconhecimento do outro. Chutou-lhe diretamente a garganta com o pé direito.

O assassino mal evitou o golpe. Rolou para um lado do chão e deu um peteleco na faca fina, que abriu um profundo rasgão pela bota de Timon até a carne do tornozelo. O sangue esvaiu-se no piso.

Timon mostrou a própria faca, recuou e apagou a vela na escrivaninha. O salão retornou ao estado natural, uma penumbra perpétua, sem-graça. Os anos em celas escuras o socorreram. Com as pupilas dilatadas, viu o atacante arrastar-se aos trambolhões para trás, debaixo de várias escrivaninhas.

Timon deu dois passos gigantescos em direção a ele, ignorando a dor no tornozelo. Arremeteu para o lado das mesas com a mão esquerda, mal grunhindo quando destruiu o esconderijo do assassino. As mesas de madeira vazada no chão de pedra encheram o aposento com ensurdecedoras explosões.

O intruso reagiu ao barulho, saltando e pegando um grosso porrete de madeira. Recuou, girando a dura madeira clara como um moinho de vento diante do peito.

Timon hesitou.

O assassino balançava como um louco, sem padrão nem método nos movimentos. Timon ficou o mais imóvel possível, à espera do golpe. Quando desferido, o encontraria pronto. Precisava apenas de um passo à esquerda para não ser atingido.

Por azar, não reconheceu o repentino movimento para trás do atacante. A parte mais grossa da madeira acertou o joelho de Timon e ele sentiu a rótula estalar, solta. Uma varada de fogo incandescente disparou perna acima até o cérebro.

Ao ver o estrago que fizera, o assassino voou para a frente com a confiança de quem tem o controle. Chocou-se com Timon e os dois caíram para trás até a escrivaninha.

A mesa quebrou-se e mandou páginas voando pelo ar ao redor dos dois tombados.

Timon inspirou fundo e rapidamente, e esfaqueou o homem sobre ele, que uivou. A lâmina deslizara-lhe pela orelha, quase cortando-a em duas.

Timon chutou o agressor e libertou-se o suficiente para poder afastar-se rolando. Ergueu-se num cotovelo a tempo de ver o porrete voar em direção à sua cabeça. Levantou o antebraço direito e desviou o míssil, mas um osso no braço estalou alto.

Ele rolou mais uma vez e levantou-se.

O outro também se levantou, segurando a orelha que sangrava. Agora Timon via apenas muito pouco o rosto do adversário. Um homem de 30 anos e feições irregulares. Usava uma diferente cruz de espinheira no pescoço. Timon deu um único passo à frente e, surpreso, o assassino saltou longe. Pousou numa escrivaninha próxima ainda não derrubada. Era a de Harrison, e o criminoso começou a golpeá-la com os punhos, murmurando um estranho bruxedo.

Via-se que enlouquecera. Timon avançou sem dificuldade para ele, mas, antes de poder agarrá-lo, a escrivaninha despedaçou-se e revelou um painel oculto. Pior: escondida ali, uma malévola espada escocesa.

A lâmina da pesada arma de dois gumes tinha mais de um metro de comprimento, e o punho, mais de trinta centímetros. Na ponta via-se um botão do punho da espada, e, próximo à lâmina, um guarda-mão com uma inclinação para baixo. Só o peso da arma bastava para decepar um crânio em dois.

O assassino segurava-a como uma extensão do braço e ergueu-a bem acima da cabeça.

Timon saltou para trás, rodopiando no ar, e caiu de perfil para o assassino. Hesitou apenas um instante antes de desabar como uma trouxa no chão.

Daquela posição nas pedras frias, Timon viu-o baixar a espada, apoiar uma das lâminas na escrivaninha mais próxima e disparar um olhar furioso sobre a massa de manto, mãos e joelhos no chão.

No instante seguinte, um demônio disforme voou para cima do assassino e caiu sobre ele, cobrindo-o, estrangulando-o.

Timon atirara a capa de Spaulding.

O homem ergueu mais uma vez a espada. A audível respiração parecia ajudá-lo a livrar-se da capa. Agachou-se e encarou Timon.

Este levantou-se e revelou-se um homem mudado. Os cabelos em total desalinho na cabeça, um halo diabólico salpicado de cinza. O branco dos olhos parecia brilhar na escuridão. Várias lâminas pendiam de um cinto. Ele usava uma calça de couro de esmerada confecção até a altura dos joelhos e botas caras. Via-se sangue na parte superior de um dos braços em dois lugares, e uma das botas exibia um profundo rasgo.

O assassino piscou.

Timon lançou a mão para a frente e o outro soltou um agudo grito de dor. A espada escocesa caiu no chão como se de repente pesasse duzentos quilos.

O assassino fitou o ombro direito com um ar de descrença. A faca alojara-se ali até o cabo. Um golpe tão limpo e profundo que nem uma gota fluiu da ferida.

O assassino sorriu, revirou os olhos e desabou no chão.

Timon avançou com todo o cuidado para o corpo tombado.

Quando chegou perto o suficiente para sentir o hálito do assassino, a espada de salgum modo surgiu no ar diante de si e abriu-lhe um corte até o osso, no antebraço direito, pouco acima do lugar onde o porrete atingira.

De pé mais uma vez, o assassino continuava a sorrir. Arrancara a faca do ombro, e o sangue borbulhava no peito. Empunhava de novo a espada na mão esquerda.

Timon balançou a cabeça, demonstrando a admiração que sentia pela astúcia do oponente e recuou, pegando outra faca.

O assassino explodiu em gritos incoerentes. Avançou para a frente como um touro furioso. Tinha a espada agora nas duas mãos, erguida alto o bastante para captar um pouco do luar.

O brilho de um golpe mortal.

Timon sabia que não tinha tempo para sutilezas. Atirou-lhe a segunda faca secreta diretamente no meio do corpo, que encontrou o lado do homem, fazendo jorrar o sangue, mas a espada continuou a baixar.

Timon jogou-se para trás, tentando virar-se de lado como antes, mas foi bloqueado por várias das mesas que se encontravam ao redor.

O gume caiu em direção ao seu rosto e Timon viu-o como numa lembrança em devaneio.

"É assim que morro", pensou, "agora me lembro."

Com a lâmina apenas a centímetros do rosto, o repentino clarão de um raio atingiu a espada.

Cego por um instante, caindo para trás, ouviu o assassino uivar.

Timon agarrou o pé da escrivaninha mais próxima e lançou-se embaixo dela, no esforço de proteger a cabeça.

Daquela posição vantajosa, surpreendeu-se ao ver, através da fumaça de pólvora, o rosto de Marbury.

O assassino caíra estendido no chão, o rosto virado para o outro lado, e gemia.

Parado acima de Timon, Marbury sacudiu a cabeça.

— Achei que o plano era — declarou impaciente, a respiração pesada, e baixou um mosquete — para eu instalar-me aqui *primeiro*. Ficaria escondido nas sombras *antes* que o senhor entrasse. Eu jamais teria sequer sabido que veio primeiro se Anne não me dissesse que o viu. Que tinha na cabeça?

— Quis começar mais cedo — admitiu Timon, em voz baixa, e desviou o olhar. — Não suportava a ideia de adormecer de novo.

— Ninguém o culpa.

— É o mosquete de Lively? — foi só o que Timon conseguiu perguntar.

Marbury sorriu.

— É. Um quê de excelente ironia, concorda?

— Após um ajuste — o irmão lutava para sentar-se. — Atirou no assassino?

— Não, na espada; ia rachar-lhe a cabeça ao meio. Atirei na lâmina para derrubá-la de lado. Se tivesse atirado no assassino, a lâmina teria continuado a cair e o senhor estaria morto.

— Talvez me esquivasse do golpe.

— Claro. — Marbury exibia o ceticismo mais claro possível. — Pareceu de fato que faria isso.

O assassino grunhiu de novo e rolou um pouco.

Desviando a atenção para ele, Marbury anunciou em voz alta:

— Afinal, verei a cara do monstro! Que tipo de demônio é o senhor?

Pegou uma vela comprida e largou o mosquete vazio. Acendeu o pavio, e um lago de luz branca derramou-se no rosto do assassino.

Marbury arquejou, quase sufocando. Deu um passo involuntário para trás.

— Que foi? — sussurrou Timon.

Examinou o rosto. O homem era um estranho total.

Marbury continuava boquiaberto e lutava para soltar a língua e mover os lábios.

Por fim, virou-se de olhos arregalados para o colega.

— É Harrison! — ofegou, em completa descrença.

— Como? — Timon levou um instante para entender o que ouvia. — O primeiro tradutor assassinado?

— Sim! — Marbury balançou a cabeça, e tornou a voltar-se para olhar o assassino. — Este homem é *Thomas Harrison*!

56

Harrison lutava para sentar-se.

— Diácono Marbury?

— Sr. Harrison? — respondeu Marbury, com enorme assombro em cada sílaba.

— Teria a bondade — esforçou-se para dizer o assassino — de recarregar o mosquete e atirar nesse outro homem? Ele está me impedindo de terminar a obra de Deus.

Timon surpreendeu-se com o som da voz. Era culta, mas saturada de sotaque escocês, áspera para alguns ouvidos. Sem dúvida um som irritante para homens como Lively e Spaulding, mas achou-a cheia de vigor; mais genuína que a da maioria dos homens que conhecera na Inglaterra.

— Não... não pode ser o senhor — gaguejou Marbury.

— E, no entanto — fungou Harrison —, sou.

— Mas... eu vi seu cadáver. Ajudei a *enterrá-lo*.

— Eu sei. — O assassino ria, com óbvio deleite, apesar de sangrar por dois ferimentos. — Foi um logro muito bom da minha parte, ora se foi.

— Como o senhor...?

Marbury não conseguia encontrar as palavras para concluir a pergunta.

— Maldita espetada — disse Harrison, estremecendo ao tocar o lado do corpo. Baixou os olhos, tentando decidir se retirava a segunda faca. — Dói, mas o senhor não acertou um único órgão vital, *irmão Timon*. Sua reputação é valorizada em excesso.

— Não tive a menor intenção de matá-lo — respondeu Timon, e pegou mais uma das facas, vigiando a mão de Harrison enquanto ele apalpava a ferida do lado. — Com certeza há de entender que eu queria interrogá-lo.

— Queria impedir-me de matá-lo — corrigiu Harrison.

— Também.

— O que eu teria feito, caso Marbury não o tivesse ajudado — Harrison suspirou, zombando de Timon. — Observava-o das sombras. Soube alguma coisa de sua vida. Alegam que é um grande assassino. Mas lutou comigo como uma menina.

— Um assassino, sr. Harrison — protestou Timon —, mata pessoas. Eu tentava *não* matá-lo. Dois talentos distintos.

— Besteira.

— Como ressuscitou da sepultura para cometer esses assassinatos? — interrogou Marbury, os olhos ainda assombrados. — Isso é obra demoníaca.

— Não! — contorceu-se Harrison, o olhar fulgindo. — Nunca diga isso. *Eu* concebi um plano perfeito. Perfeito porque era simples. A simplicidade é a melhor regra. Os demônios não tiveram parte nisso.

— Seu plano não parece *muito* perfeito — corrigiu Timon —, ou não estaria aí prestes a sangrar até morrer.

— Azar — declarou Harrison. — Casualidade. Nada mais.

— É possível. Vamos tapar as feridas desse homem e mandá-lo para a prisão, ou apenas deixá-lo morrer? — perguntou Timon a Marbury, com um olhar casual.

— Suas ameaças nada significam para mim — apressou-se a rebater Harrison.

Marbury, ainda estupefato, só pôde dizer:

— Como?

Os olhos de Harrison dançaram enlouquecidos, depois ele suspirou e desabou para a frente.

— De fato, não imagina como desejei contar a alguém o que fiz. Um homem de meu intelecto precisa de certo grau de aclamação pública — disse.

— Um ator precisa de um público — acrescentou Timon.

— Isso mesmo. Tenho tanto a dizer, e ninguém para ouvir...

— Então, por favor, permita-nos ouvir seu solilóquio — pediu Timon, a gentileza na voz surpreendendo a todos.

Harrison olhou várias vezes de um para o outro, numa óbvia tentativa de decidir o que fazer.

— Por favor — Marbury pediu simplesmente.

— Por onde começar? Várias noites atrás, quando decidi dar os passos finais neste trabalho sagrado, fui a certa rua em Cambridge. Acho que sabe qual é, onde há uma taberna à qual os senhores dois foram.

— Como soube disso? — sussurrou Marbury.

— Disseram-me, não importa — Harrison esquivou-se à pergunta.

"É o outro agente", pensou Timon. "O homem de quem falaram os enviados do Papa."

— O que importa — continuou Harrison, tossindo — é que fiquei lá durante muito tempo, num esforço para escolher a vítima perfeita.

— Vítima? — Marbury franziu a testa.

— Shhh — repreendeu Harrison. — Vi-o, afinal, um bêbedo que saía cambaleando da taberna que acabei de mencionar. Segui-o até a parte mais escura da rua. O ambiente estava silencioso e as portas, vazias. Agarrei-o por trás, tirei-lhe a vida, estrangulando-o, e enfiei-o num saco de batata. Depois roubei um carrinho de mão e trouxe-o para cá.

— Matou um estranho ao acaso? — arquejou Marbury.

— Não ao acaso. — Harrison respondeu impaciente. Tinha de ser de tamanho e forma exatos.

— Sim. — Timon apoiou-se na escrivaninha mais próxima, segurando o braço direito. — A vítima precisava ter a mesma altura e o mesmo peso do sr. Harrison.

— Exato.

Harrison de repente segurou a faca enfiada no flanco e, com um violento espasmo, arrancou-a.

Timon pegou outra das dele e ia atirá-la, quando o viu largar a que acabara de retirar. O assassino desabou de novo no chão, grunhindo.

— Praga, isso dói! — rosnou.

— Por que a vítima tinha de ser...? — Marbury parou no meio do pensamento. — O senhor o trouxe de volta para cá. Mutilou o rosto dele para ninguém reconhecer.

— E todos pensarem que era eu. Vesti-o com minhas roupas; cheguei até a deixá-lo usar minha cruz de espinheira. Mas só após uma luta mental. Minha mãe deu-me aquela cruz quando eu era pequeno.

— Parece que a usa agora — observou Timon.

— Escavei minha própria sepultura e recuperei-a — ele explicou com um sorriso.

— Bem — concordou Timon, a faca ainda nas pontas dos dedos —, *foi* um plano perfeito. Ninguém jamais suspeitaria que a primeira vítima na verdade era o assassino.

— Exato! Depois, poderia matar todos os tradutores em completo anonimato, um por um. Matá-los tão devagar ou tão rápido quanto eu quisesse.

"Como podia ele ser o agente dos homens do Papa?", perguntou-se Timon. "Como os conhecia?"

— Mas agora — Timon disse, tranquilamente — acabou capturado. Logo morrerá de tanto sangrar. Já começa a enfraquecer. É melhor contar-nos tudo antes de morrer.

— Por que o sr. Harrison ia querer matar os tradutores — perguntou Marbury a Timon — se não estivesse insano?

Perdeu o bom-senso. Mentes nobres às vezes são derrubadas por tributos excessivos. Talvez o trabalho aqui fosse demais para a capacidade dele.

— Jamais tive as faculdades mais apuradas! — Harrison pareceu ofendido pela afirmação de Marbury. — Afirmo que tenho um trabalho sagrado a fazer. Apesar do que diz o irmão Timon, talvez reste-me vida suficiente para terminá-lo.

— Não! — Marbury estremeceu. — Só um louco retalharia um rosto como o senhor fez. — Horrível!

— Delicioso — corrigiu Harrison —, e necessário. Como eu disse, claro, fiz isso para ninguém reconhecer o rosto; todos me julgariam morto. A visão de uma mutilação tão grotesca apavoraria os tradutores e os distrairia do trabalho. E, por fim, com cada retalhada eu proferia certa maldição ao rei James. Essas também foram um presente de minha mãe: maldições à vida, à obra, ao reinado, à saúde e à família dele.

— Mas James é seu compatriota — protestou Marbury.

— Foi também quem garantiu sua posição aqui com os tradutores!

Harrison conseguiu mais uma vez levantar-se, vermelho como um pôr do sol em maio, e cuspiu no chão. O rosto, a voz, toda a postura havia mudado. Então, de fato, parecia louco, como sugerira Marbury. Punhos cerrados; respiração ofegante, hesitante; a cabeça paralisada e agitada, ele forçou a saída de uma linguagem humana da garganta:

— James é Satanás — declarou, afinal, com tanta raiva, veneno e total convicção, que os dois ouvintes emudeceram, pasmados. — Talvez, se eu explicar, os senhores me ajudem — ofegou, exausto de ressentimento. — Verão justiça no meu plano.

Timon viu que não havia a menor necessidade do punhal nas pontas dos dedos e relaxou. Sentiu uma espécie de piedade avolumar-se na barriga.

— Eu era filho de um grande clã das Terras Altas quando ele era rei da Escócia. Minha família morava num vale chamado Jardim de Deus, porque tinha o paraíso em toda a volta. Conhecem as palavras de Jesus: "Na verdade, o Reino do Pai está espalhado pela Terra e os homens não o veem." — Do Evangelho de Tomé — lembrou Timon a Marbury.

— Sim! — Harrison regozijou-se. — Eu esperava que soubesse os versículos.

— Seu clã conhecia a família de James... — começou Marbury.

— Não. No meu clã todos eram crentes de um antigo costume. Minha mãe ensinou-me a conhecer a paz e a força da floresta crescente. A própria terra em redor tinha raízes. A um quilômetro de minha casa, havia centenas de fontes de água cristalina, carvalhos gigantescos e frutos de roseira-brava roxa. Eu via que a natureza estendia toda aquela plenitude diante de mim em cada moita e em cada ramo. Uma centena de vezes ou mais ouvi meu pai dizer: "Aqui não sentimos a punição de Adão. Aqui aprendemos tudo com a Grande Mãe. A vida encontra línguas em árvores, livros nos córregos, sermões em pedras e o bem em tudo".

— Mas alguma coisa aconteceu à sua família — disse Timon — que arruinou o Paraíso.

— Nós, seres humanos, sempre vivemos perdendo o Paraíso — suspirou Harrison, com esmagadora tristeza. — Repetidas vezes, a perfeição escapole despercebida.

— Que aconteceu? — perguntou Marbury, em tom abafado.

— Quando eu tinha 13 anos, James começou a *pesquisa* sobre as feiticeiras. Conhecia nosso clã, e usou nosso conhecimento. Isso resultou no livro dele, *Demonologia*. Quando ficou pronto, James proclamou que os costumes de nossa família eram uma perversão de qualquer verdadeira religião. Declarou-nos um congresso de bruxos. Sabem alguma coisa dos julgamentos de Berwick?

— Os julgamentos de Berwick... — estremeceu Timon à menção deles.

— Há quinze anos — disse Marbury, hesitante —, Escócia, igreja de Santo Andrews... Setenta pessoas acabaram sendo julgadas. A maioria, do meu clã. O primeiro caso condenou meus parentes de sangue de usarem a feitiçaria para fazer uma tempestade afundar um navio.

Marbury arquejou.

— Um navio onde viajavam James e Anne da Dinamarca. Ele levava a recém-casada para casa.

— Você soube da história — suspirou Harrison.

Marbury tentou fazer que sim com a cabeça. Só conseguia pensar no desvario do monarca na cozinha em Hampton, com a mente brincando sobre a imagem de centelhas que voavam de uma lenha, espalhadas por um atiçador na mão.

— As confissões eram extraídas pela mais extrema tortura. Minha tia, Geillis Duncan, foi interrogada pelo próprio James. Prenderam-na na parede da cela com um dispositivo de ferro, com quatro dentes de forcado que lhe foram empurrados à força na boca: dois na língua; os outros dois nas faces. Deixaram-na ali sem dormir e amarrada com uma corda no pescoço. Por fim, ela *confessou*, foi estrangulada e depois queimada.

— Disseram que ela pegava um sapo preto — explicou Marbury, a Timon, quase em transe — e que extraía do animal um tipo de veneno... acumulando-o numa concha de ostra.

— Conhece os pormenores do caso? — Harrison levantou-se um pouco mais.

— Contaram-me a história — respondeu Marbury — quando estive há pouco em Hampton Court.

Timon balançou a cabeça devagar.

— É em alguns círculos uma história famosa — tossiu Harrison. — Logo depois, James e os capangas levaram meus pais. Obteve confissões dos dois pelos mesmos métodos. Foi pior com minha mãe que com meu pai. Ele era sempre mais violento com as mulheres. Sei disso porque James amarrou-me numa cadeira e obrigou-me, mediante a máscara de beliscar, a olhar.

— Olh... olhar enquanto ele torturava seus pais? — gaguejou Marbury.

— Disse que me ensinava. "É nisso que resulta a feitiçaria", repetia sem parar. Vou poupar os detalhes, se não se importam.

Marbury teve o impulso de reconfortá-lo de algum modo. Mas antes de ele pensar no que fazer, Harrison continuou, a voz cada vez mais sem vida:

— Preciso dizer-lhes que, em vida, minha mãe teve miraculosos poderes de cura. Atuou como parteira para quase todas as mulheres de nossa parte da Escócia. Estas foram as mais destruídas por essa loucura de James: Agnes Sampson, Barbara Napier, Effie MacCalya... tantas. Tantas. Podem imaginar o que aconteceu com nossas colinas quando todas as mulheres que podiam dar à luz um filho e impedir uma morte desapareceram? O ar acima da igreja ficou cinzento durante um ano com as fogueiras que as queimaram. O cheiro ainda perdura no mato e nas urzes, como se os espíritos de todas aquelas mulheres se agarrassem a eles como a última esperança.

— Harrison — começou Marbury, suavemente...

— E depois — enfureceu-se Harrison, ganhando diabólica força da grande dor — esse monstro tornou-se rei da Inglaterra!

— Paz, Harrison — rogou Marbury.

— James acabou por soltar-me — ele continuou, a respiração cada vez mais árdua e os olhos, vazios. — Mudei de nome várias vezes. Fui para Edimburgo. James começou a fazer circular *Demonologia*, na esperança de revelar os planos de Satanás. Comecei a estudar a religião cristã, esperando descobrir por que incitaria um homem a assassinar meus pais. Tornei-me um grande erudito ainda muito jovem, e passei quase toda a vida tentando vingar a morte deles.

— Fez outras tentativas antes de vir para Cambridge? — perguntou Timon.

— Fiz. Houve certo incidente envolvendo o padre Henry Garnet.

— O Complô de Bye contra James! — engoliu em seco Marbury.

— É, Marbury, sei que acredita que ajudou a desvendar esse plano para sequestrar o rei.

— *Acredita?* — apressou-se a perguntar Timon.

— Meus compatriotas — declarou Harrison — são os mais inteligentes dos homens.

Timon lutava, de repente desesperado, para levantar-se.

— Compatriotas?

— Não se encontram nesta sala, garanto-lhes. Mas meu grupo nunca cessará os esforços, mesmo que eu morra.

— Seu grupo? — sussurrou Marbury.

— É. Eles virão a mim — delirou Harrison. — Encontraram-me em Edimburgo e falaram-me da Bíblia do rei James. Deram-me um perfeito meio de vingar-me. Mostraram-me que essa Bíblia será um livro mais influente que *Demonologia*. Irá, de fato, criar gerações de cristãos como James. Ajudar a destruir mais pessoas como meus pais. Não posso permitir isso.

— Esses colegas o ajudaram a conseguir um cargo aqui em Cambridge a fim de assassinar os tradutores? — perguntou Timon, levantando-se, afinal.

— Não. A princípio tentei apenas deter o trabalho por meios acadêmicos, inserindo absurdas traduções erradas, usando de propósito palavras e frases incorretas. Por isso meus três amigos trabalharam com tanto afinco para pôr-me na posição de testar os outros no trabalho de tradução. Mas esses homens de Cambridge são todos excelentes estudiosos. O conhecimento que possuem superou minhas expectativas. Logo, ficou claro que a única forma de detê-los era matá-los. Meus amigos convenceram-me.

— Mas continuo a não entender — reclamou Marbury, esforçando-se.

— Cristãos! — cuspiu Harrison. — Essa nova Bíblia vai criar inúmeras gerações de crentes como James, homens que se sentirão seguros de sua retidão. Vão matar, torturar e destruir em nome da religião. Nada de *bom* restará na Terra! Precisam ser detidos! Precisam ser *detidos*!

— Mas matar esses bons estudiosos sem dúvida não é o caminho — rogou Marbury.

— Eles convenceram-me! — Harrison elevou a voz, engrossada e cheia de espinhos. — Meus colegas!

— Diga-nos quem são esses homens — pediu Marbury, com a maior calma que conseguiu. — Onde estão eles?

— Vão continuar meu trabalho! — Harrison tentava levantar-se. Tinha a face afogueada e o sangue do braço gotejava no chão. — Eles virão a mim! Não fazem a menor ideia da lealdade que existe entre os sobreviventes do meu clã!

— Deus do céu! — Marbury segurou-se na escrivaninha mais próxima. — Há outros! Homens como o senhor infiltraram-se nos grupos de Westminster e Oxford.

Timon viu o sangue latejando nas têmporas do colega.

— *Agora* entenderão? — A voz de Harrison de repente tornou-se uma lamúria. — Agora me ajudarão? Minha sabedoria é certa, minha sentença é justa. Não prestaram atenção às palavras: "Vagando pelo mundo como carrascos de Deus?"; "O inimigo da salvação do homem usa todos os meios que pode?".

— Deus do céu! — sussurrou Timon, fechando os olhos.

— Que foi? — perguntou Marbury.

— São as palavras encontradas na boca dos tradutores mortos — Timon murmurou consigo mesmo. — Só agora percebi que os bilhetes deixados eram citações de *Demonologia*. Tinha razão de preocupar-me com minha memória. Podia ter lembrado antes...

— Até este momento — maravilhou-se Harrison — não sabiam a origem de minhas citações? Como é possível? São claras como o dia! Eu tinha certeza de que o senhor ou Marbury entenderiam. São imbecis?

— Eram frases de *Demonologia*? — explodiu Marbury.

— Achei que deixava isso *claro*! James é o responsável por essas mortes! Deve ser culpado pelos assassinatos! O rei James é o assassino!

Mas, antes que os dois pudessem responder, a porta do Grande Salão abriu-se com barulho, e um choque de luar branco interrompeu a escuridão ao meio.

57

— *Disparo* de mosquete! — gritou Spaulding de dentro da luz.

Com total falta de ar, embrulhara-se numa capa de lã cinza.

Os outros tradutores chegavam acotovelados atrás. Todos pararam alguns passos após o vão da porta. Uns bons dez metros os separavam dos homens no outro lado do Grande Salão.

Marbury baixou os olhos.

— É o mosquete do sr. Lively. Usei-o para ajudar o irmão Timon na captura do assassino. Se tiverem a bondade de vir até aqui, acho que vão ficar tão estupefatos quanto eu.

Spaulding espichou o pescoço. Entre a escuridão e as escrivaninhas que lhe tapavam a visão, não via o homem no chão.

Chaderton forçou a passagem pelo colega.

— Disse que capturaram o assassino?

Adiantou-se correndo. Logo, um por um, os outros o seguiram, murmurando entre si.

Richardson foi o primeiro a chegar ao círculo de luz da vela. Examinou o ferido ao lado da escrivaninha de Harrison. Virou a cabeça em descrença.

Quando se reuniram, os outros calaram-se, boquiabertos.

Da rabeira do grupo, uma voz mais delicada fez a pergunta óbvia:

— É o sr. *Harrison*? — adiantou-se Anne.

— É — respondeu o próprio. — Anne, convença seu pai a ajudar-me. Quando ele contar-lhe minha história, a senhorita ficará do meu lado. A senhorita pode imaginar o que faria se um rei matasse seu pai.

— Um rei matou...? — perguntou a moça, cuja voz sumiu quando ela olhou para seu pai.

— O sr. Harrison primeiramente alterou grande parte do trabalho que os tradutores fizeram aqui — Marbury explicou, devagar, a voz petrificada —, depois assassinou e mutilou Lively e Andrews... além de um completo estranho da cidade.

O silêncio que se seguiu a essas palavras ganhou vida própria e extinguiu-se nas sombras mais escuras de cada canto.

— Por quê? — sussurrou Chaderton, afinal.

— "Renegado da graça divina, ele continua pelo mundo como carrasco de Deus" — entoou Timon, movendo apenas um pouco os dedos da mão — "e, sendo o inimigo da salvação do homem, usa todos os meios que pode para prendê-los até agora nas suas armadilhas."

— São as palavras que encontramos na boca das vítimas — disse Chaderton, a voz ainda abafada.

— São as palavras do próprio James — açoitou Harrison. — Mas parece que nenhuma mente *brilhante* na sala lembrou nem decifrou o sentido. Se isso é o melhor que a Inglaterra sabe fazer...

— Decifre para nós, então — pediu Spaulding com desdém —, *sr.* Harrison.

— Os senhores, bons homens — cuspiu Harrison de volta. O som de sua voz era doentio. — Cristãos. Chamam-se de os seguidores do Messias, mas não têm a menor ideia do que Ele disse. Disse que *não podem* erguer um mosquete e ser cristãos.

Nem reivindicar força para governar este mundo quando é visível que se declararam os *mansos* bem-aventurados, porque eles herdarão a Terra. Cuspo minha mais vil maldição aos senhores, homens que se dizem uma coisa e agem como outra.

— Creio que o sr. Harrison pretende dizer que James — disse Marbury, a voz falhando — e qualquer cristão como ele foram renegados da graça de Deus. Ele é um carrasco neste mundo e o inimigo da salvação do homem.

— E depois? — interrogou Harrison.

Marbury olhou-o.

— Tem mais?

— São todos *idiotas*? — grunhiu Harrison. — Deixei uma pista *dizendo* aos senhores o que tinha feito; como entrava neste salão para matá-los. Outra citação de James: "Por que caminho ou passagem podem esses Espíritos entrar nessas casas? Se assumiram um *corpo morto*, sabem abrir sem dificuldade qualquer porta ou entrada oculta". Onde puseram os cadáveres? Onde fica a porta oculta? Santo Deus!

— Não encontramos isso na boca de ninguém — ridicularizou Spaulding.

Harrison buscou com os olhos desvairados os de Timon.

— Não revistou as coisas em meu quarto depois que morri? Não viu *nenhuma* das pistas que deixei? As frases de *Demonologia* que pus no travesseiro: "Se a carcaça do morto for cuidada pelo assassino, esguichará sangue, como se este clamasse ao céu por *vingança*".

— Nunca vi nada do seu quarto — admitiu Timon, sentindo-se tolo.

— Irmão Timon — ele gemeu —, o *senhor* pelo menos tem de ajudar-me. Precisamos destruir todos eles. Sabe ver a verdade de tudo isso.

— Ele destila blasfêmia e traição! — gritou Spaulding. — Precisa ser preso sem demora!

— Vamos prendê-lo agora pelos assassinatos que confessou — interferiu Timon — e preocupar-nos com o restante amanhã.

O cotovelo de Harrison falhou e sua coxa escorregou no chão.

— Não vai me ajudar? Não vai me ajudar a concluir meu trabalho sagrado?

Timon curvou-se mais para perto.

— Deixemos isso para Samuel e Isaiah.

Harrison lançou a cabeça na direção dele.

— O senhor os conhece?

— Sei que são seus compatriotas. Eles o inspiraram a tomar esse curso de ação. Informaram-no da nova tradução quando o senhor estava em Edimburgo.

Harrison fechou os olhos, o lado do corpo emPapado de sangue, o rosto branco como leite.

— Graças a Deus que os conhece. Conte-lhes o que aconteceu. Saberão o que fazer.

— Eu os vi hoje mesmo — tranquilizou-o Timon, com delicadeza. — Já estão fazendo o trabalho de Deus.

— Todos os senhores — ordenou Spaulding —, ajudem-me a pegar o sr. Harrison. Precisamos confiná-lo e chamar as autoridades competentes.

— Leve-o para meu quarto — disse Timon a Anne. — Cubra-lhe as feridas; deixe-o dormir.

— E tranque a porta depois — insistiu Spaulding. — Vamos todos com a srta. Marbury para ajudá-la nos curativos e garantir-lhe a segurança.

Quando a jovem virou-se para Timon, notou que também ele sangrava.

— O senhor também precisa de...

— Meus ferimentos são leves. Posso cobri-los sozinho. Faço isso há trinta anos. Trinta ou mais.

A solidão na voz dele pegou-a desprevenida. Anne sentiu um repentino aperto nos cantos dos olhos, uma rápida constrição na garganta. Antes que pudesse pensar no que dizer em resposta, Spaulding e Richardson chegavam a Harrison. Tentaram segurá-lo pelos pés sem tocar as partes manchadas de sangue.

Anne virou-se de repente e retirou a mão de Spaulding com um tapa. Segurou Harrison, sem se importar com a forma como o sangue lhe manchava a túnica de tecido matelassê azul.

Diante disso, os outros ajudaram-na e conseguiram erguê-lo.

— Queremos saber mais disso, mais do que aconteceu aqui! — ordenou Spaulding a Marbury. — E sem demora!

— Vamos nos reunir na sala de jantar do diaconato tão logo tratem dos cortes de Harrison — concordou Marbury, exausto.

— E o tranquemos num quarto — Spaulding garantiu a Harrison, com o rosto apenas a poucos centímetros dele — com uma guarda armada na porta.

Harrison já quase perdera a consciência. Procurou um momento com os olhos, encontrou o rosto de Anne e repetiu:

— Ajude-me.

— É o que estou fazendo — ela tranquilizou-o, meiga, claramente sem entender a verdadeira natureza da súplica.

Timon viu o estranho grupo afastar-se a duras penas pelo piso para a iluminada entrada. Spaulding ladrava pequenas ordens: afaste essa cadeira, vire para aquele lado. Anne continuava a sussurrar palavras afetuosas a Harrison, estimulando-o a permanecer desperto, a avançar — uma cama e um pouco de repouso achavam-se a poucas centenas de passos.

Quando se foram, Timon pegou uma cadeira, sentou-se e examinou o braço.

— Fomos mesmo tão idiotas como disse Harrison? — perguntou Marbury em voz baixa. — Não deciframos o sentido das mensagens, nem sequer encontramos metade das pistas que ele nos deixou.

— A maioria das *pistas* resultava de uma mente desequilibrada. Significavam mais para ele do que para qualquer outro. Eu próprio vejo tantas coisas com tanta clareza na mente que nenhum ser humano vivo entende, e sou quase tão são quanto o senhor.

— Sim. — Marbury aproximou-se mais. — Como o senhor soube?

Timon não ergueu os olhos.

— Soube o quê?

— Que foram aqueles homens que convenceram Harrison a seguir esse insano curso de ação?

— Que homens?

— Samuel e Isaiah... e Daniel — respondeu Marbury, de forma inequívoca.

— Ah. Ouviu-me dizer isso a ele?

— Ouvi.

— Foi um palpite. — Timon encontrou com os olhos os de Marbury. — Mas pareceu óbvio. Harrison foi à mesma taberna onde o senhor e eu nos reunimos com aqueles homens, quando quis procurar um corpo conveniente para substituir o próprio. Por que aquele lugar? Supus que ele se havia encontrado no quarto dos fundos com os dois.

— O Papa sabe que Harrison está vivo?... E o que ele fez?

— Não creio que Harrison soubesse que os compatriotas eram homens do Papa. Ficou com a impressão de que eram amigos. Os dois encontraram-no como um homem destruído na Escócia, aí está a genialidade deles: sabem como usar o desespero pessoal de um ser humano, como torcê-lo para os próprios fins. Os sujeitos que o senhor conhece como Samuel e

Isaiah eram expertos nessa arte. Parecem ter assumido o controle da empreitada. É possível que Sua Santidade não tenha pleno conhecimento dos detalhes de *qualquer* desses fatos.

Marbury sorriu.

— O senhor é muito inteligente mesmo.

— Não o bastante para ter me lembrado de que as citações na boca dos assassinados eram de *Demonologia* — suspirou Timon.

— O senhor percebe o que fez? Não apenas capturou um assassino, mas salvou a Bíblia. Tornou possível realizar o impossível. Tudo será corrigido. Nada será excluído. A nossa será a primeira Bíblia verdadeira na história do homem.

— Há dois outros grupos de tradutores — Timon lembrou-o.

— Sim! — O entusiasmo de Marbury intensificava-se. — E precisamos procurá-los. Agora que temos a confissão de Harrison, Lancelot Andrews terá de nos ouvir. E dr. Harding, em Oxford, também.

— Esqueceu que, para Andrews, o senhor é Pietro Delasander?

Marbury exalou um suspiro.

— Ah. Bem... — Após mais um suspiro, tornou a animar-se. — O senhor poderia ir. Fazer o que fez aqui.

Timon puxou um pedaço de pano do cinto e enxugou de leve o ferimento no braço.

— Receio que haja um pequeno problema.

Marbury examinou o corte.

— Esse corte? Não parece tão grave.

— O corte? Não. O problema é que eu... Esta tarde, em Cambridge, na taberna que acabei de mencionar. Receio ter matado aqueles homens, Samuel e Isaiah.

— Como?

Marbury lançou a cabeça para trás.

— Com toda a justiça, pois eles tentaram matar-me primeiro. — Timon ergueu a manga e mostrou a atadura na parte superior do braço. — Este ferimento veio da faca de Isaiah, que a atirou em meu coração. Julguei-me justo em matá-lo com ela. Os dois enviaram Pietro Delasander para matar-me e teriam me perseguido até o trabalho ser concluído. Nada os deteria na realização de tão bizarros planos. Vejo-me em absoluta afinidade com a causa de Harrison, embora não com os métodos.

Marbury escancarou a boca. Milhares de pensamentos confundiam-lhe a mente, nenhum coerente.

— Deixei o terceiro ir embora — continuou Timon. — Chamavam-no de Daniel, mas é o cardeal Venitelli, sabia? Um simples servidor do Papa, homem cujo dever e honra são puros, por mais desencaminhados que estejam. Enviei-o com uma mensagem a Clemente. Disse que renunciava à minha missão nos exércitos Papais dos amaldiçoados.

Marbury conseguiu dar um sorriso.

— Foram essas as palavras?

— Bem, não exatamente. — Timon amarrou o pano em volta da ferida no antebraço. O corte da espada escocesa e o inchaço do porrete haviam-se misturado. — Sangue de Deus, isso dói.

— Talvez não possa usar o braço por algum tempo.

Marbury estremeceu ao ver o outro apertar com força o pano no inchaço.

— Sem dúvida, bem, entenda... o verdadeiro problema é que *não posso* mesmo mais usar este braço. Muito em breve serei objeto de uma secreta ordem Papal. — Deu um nó no pano e puxou a manga por cima. — Serei tão inútil quanto este braço para a causa que o senhor acabou de mencionar. Preciso fugir da Inglaterra ou perder a vida. O estranho é que se trata de uma vida que passei a apreciar apenas há muito pouco tempo. Preciso partir esta noite, se puder. Porei o senhor e Anne em perigo se ficar.

— Como sua presença nos poria em perigo?

Timon desviou o olhar.

— Aqueles homens que matei na taberna não são os únicos agentes do... haverá outros. Eles me encontrarão. Preciso despistá-los para longe dos senhores.

— Outros... — compreendeu Marbury, baixinho. — Então é possível que homens como eles... e como o senhor... visitem-nos de novo; ponham Anne em perigo.

— E o senhor. E os tradutores. Eles não se detêm diante de nada, como já vimos. Eram demônios, infectando o coitado do Harrison até enlouquecê-lo, e depois usando-o como arma.

— O senhor os matou — disse Marbury, quase para si mesmo — e, ao fazê-lo, abriu mão da própria vida. Eles vão persegui-lo.

— Sim.

Timon inspirou de uma forma entrecortada e levantou-se, firmando-se na mesa de Harrison. Sem outra palavra, dirigiu-se à porta aberta e ao luar.

— Espere — pediu Marbury de repente. — Espere um instante.

— Se eu ficar, serei um grande obstáculo ao trabalho que precisa ser feito aqui.

— Dê-me tempo para pensar.

— Pensar em quê? — perguntou Timon, ainda encaminhando-se a passos largos para a saída.

— O senhor salvou minha vida — disse Marbury, com firmeza. — Eu gostaria de retribuir o favor.

58

Vinte minutos depois, Marbury abriu a porta da sala de jantar. Como esperara, Anne e todos os tradutores discutiam em torno da mesa, calando-se ao vê-lo entrar.

— Harrison ficou no quarto do irmão Timon? — ele perguntou, a ninguém em particular.

— Preso à cama — garantiu-lhe Spaulding —, com dois homens de guarda na porta.

Marbury olhou Anne, com a esperança de nada revelar na expressão.

— Filha, talvez pudesse ter a bondade de retirar os parcos bens de Timon daquele quarto, sobretudo de debaixo da cama e da escrivaninha.

— Onde está o irmão Timon? — exigiu saber Spaulding.

— Tratando dos ferimentos — rebateu Marbury, com deliberado exagero de irritação na voz. — Ferimentos que recebeu enquanto salvava a sua vida.

Spaulding, sem encontrar palavras, olhou para Richardson.

— O irmão Timon é um verdadeiro cavalheiro — anunciou Richardson, imponente —, e será recompensado.

— A melhor recompensa para ele — apressou-se a responder Marbury, adotando a pompa do acadêmico — seria a retomada do trabalho por todos os senhores. O homem lutou para salvá-lo. Vamos terminar nossa parte da tradução, como ele exortou: traduzir a Bíblia com perfeição, sem deixar nada de fora, corrigir todos os erros e acrescentar todo o texto que foi concebido a fim de que a verdadeira Palavra de Deus possa ser dada a todos.

Façamos um juramento! — Richardson urrou.

— Não! — Spaulding levantou-se e bateu na mesa. — Não, por Deus! Recebemos uma ordem direta do nosso rei!

Enfiou a mão no casaco de lã cinza e retirou a página entregue por Dibly. Apontou o selo real.

— É autêntico — garantiu Richardson a todos. — Vi, por certo, o selo real muitas vezes.

Spaulding levou o papel próximo aos olhos.

— O documento declara: "Os tradutores de Cambridge, com relação à Bíblia de Sua Majestade, recebem, por meio desta, a ordem de apressar-se ao máximo a fim de que a obra seja concluída. A copiar, com a maior precisão que lhes permita a erudição, a Bíblia dos Bispos *existente*". — Spaulding ergueu os olhos. — Não devemos nada alterar, nem acrescentar trabalho algum, e sim eliminar apenas os mais graves dos erros católicos.

Baixou o papel e disparou o olhar pela sala.

— Mas não... — começou Marbury.

— Pretende dizer, diácono Marbury — perguntou Spaulding em voz baixa, após um momento —, que subverteria os desejos do rei?

— É verdade — disse Chaderton, evitando com os olhos os de Marbury. — Se formos contra a ordem do rei, haverá falatório de traição com relação a todos nós.

— No mínimo — suspirou Dillingham —, o rei nos substituiria por homens que lhe *fariam* a vontade, e a tradução seria fiel à sua ordem. Temo que qualquer trabalho em contrário seja inútil.

— Mas a Bíblia dos Bispos — protestou Anne, hesitante — é um instrumento da Coroa da mesma forma como a Bíblia Latina é do Papa.

Um longo silêncio uniu-se, afinal, em assentimento, uma concordância com a afirmação da moça.

— Podemos acrescentar poesia ao texto — arriscou-se Chaderton, embora meio triste. — O que já se fez com os Salmos e com o Cântico de Salomão... Há uma grande beleza que não se encontrava ali antes.

— Podemos corrigir os erros mais crassos nos textos existentes — suspirou Dillingham. — Isso deve contar para alguma coisa.

— A palavra de Deus é inviolável! — irritou-se Spaulding, retesando o rosto, os olhos mais escuros. — Não importa como esteja escrita nas páginas de um livro.

— Mas os assassinatos... — protestou Anne.

— Esses precisam ser silenciados! — Spaulding bateu de novo na mesa. — Eu disse isso desde o início. Precisamos admitir que Edward Lively morreu para que todos possam saber por que assumi o comando. Vamos dizer que ele morreu de uma angina, após quatro dias de enfermidade.

— Ele deixou onze órfãos — intrometeu-se Chaderton.

— Vamos, um por um, nos encarregar do cuidado deles. Cada um poderia contribuir...

— Parem com isso! — gritou Anne. — Não podem decidir em segundos uma questão pela qual homens morreram; pela qual meu pai e Timon arriscaram a vida. Não podem apenas aquiescer com esse caminho de covardia, sem, pelo menos...

— Caminho de covardia? — cobrou Spaulding. — Que queria que fizéssemos? O rei ordenou.

— Mas esses belos livros de Tomé, Filipe e Maria... — ela implorou.

— Foram expurgados por alguma razão — disse Richardson em voz baixa —, por homens muito mais próximos que nós no tempo e no elemento da pessoa de Nosso Senhor. Seria demasiada presunção tentarmos sobrepujar esses imortais.

A jovem voltou-se para o pai. Os olhos escreviam no ar e suplicavam milhares de perguntas.

Marbury, lamentavelmente, baixou os dele.

Diante disso, o desespero dela tornou-se raiva. Empurrou a cadeira ao levantar-se e correu para a porta.

— O irmão Timon precisa saber logo de sua decisão — resmungou. — Acenderá uma fogueira sob essa pilha de intelectuais petrificados!

— Anne — o pai chamou, seguindo-a com os olhos.

Os homens à mesa logo recomeçaram a discutir; o barulho das vozes elevou-se: ruídos de desafios ameaçadores que poderiam encher com mais propriedade uma abarrotada rua de feira que um salão de saber.

Marbury correu atrás da filha.

Ela precipitou-se porta de madeira afora e saiu para a noite escura, os punhos cerrados com força. A ira queimava-lhe o rosto.

Marbury correra para alcançá-la.

— Anne — ele implorou, segurando-a pelo cotovelo.

— Vou contar a Timon agora mesmo.

— Não — ele corrigiu-a, a voz uma parede de granito. — Não vai.

A menina deu meia-volta para encará-lo.

— Acha que pode impedir-me? — desafiou-o, os olhos estreitados e a voz uma longa agulha, um fino espinho.

Marbury inspirou de uma forma assustadora:

— Ele foi embora.

Anne de repente tomou consciência de que a noite tecera uma rede para imobilizá-la, obrigando-a a olhar o céu infinito.

— Foi embora? — conseguiu dizer.

— Dei-lhe os meios para garantir a passagem a bordo de um navio que deixará Londres pela manhã. Ele levou o anel de sinete de Dibly e o coche do rei da estrebaria. Também o obriguei a levar uma grande soma e uma carta. Escrevi a alguns amigos leais, donos de um navio mercante. Naquele coche, com o anel e a carta, ele ficará tão seguro quanto o rei, até embarcar.

— Que navio mercante? — gaguejou Anne. — Sem dúvida não se refere...

— Vou contar-lhe tudo de manhã, mas por ora você precisa pegar todos os documentos que ele talvez tenha escondido sob a pedra no pé da mesa. Pediu-me que jogasse fora a caixa e o cachimbo. Disse que foi a causa de ter adormecido e permitido a morte de um homem. Terminou com isso.

— Não — ela soluçou.

— Precisa acreditar em mim quando lhe digo que se fez tudo para salvar a vida dele — tranquilizou-a o pai. — Timon corre perigo mortal. Explicarei o restante amanhã. Basta dizer que partiu e não vai voltar.

— Esse navio mercante vai para...

— Não deve dizer a alma alguma para onde ele foi! — sussurrou Marbury. — Nem lá ficaria seguro se a verdade viesse a público.

— Mas é um lugar selvagem — ela lamentou —, cheio de feras e de semi-homens assassinos. Ninguém jamais deveria ir para lá. Deus do céu!

— Está feito, Anne.

De repente, percebeu que falava com a filha como se ela tivesse 7 anos.

— Pai...

— Shhh! — ele suspirou. Sentiu uma repentina saudade daquela época que parecia tão distante, de quando ela era menina. Suavizou o olhar e os frios gumes deixaram-lhe a voz. — Partiu para a América do Norte. Você e eu logo retornaremos à nossa vida mais trivial de paz e altercações insignificantes aqui em Cambridge.

Anne olhou os estábulos, os olhos molhados.

— América do Norte. O que pode salvá-lo agora, em nome de Deus?

Sussurrou uma única prece ao vento. Rogou que ele encontrasse o irmão Timon onde estivesse, e que lhe enchesse os sentidos do conhecimento seguro de que sua discípula lhe desejava felicidades.

Logo depois da aurora, na manhã seguinte, à luz rósea e âmbar, as docas de Londres alvoroçavam-se com atividades. Timon tiritava de frio no vento salgado, as costas apoiadas num poste. Livrara-se do hábito de monge em Cambridge. Uma fina camisa branca pouco fazia para poupá-lo do úmido ar matinal. Anos usando um manto negro haviam-lhe roubado a natureza robusta inata.

"O tempo reparará essa deficiência", pensou.

A viagem a Londres passara como um *flash*. Um garoto chegara à estrebaria em Cambridge e arreara os cavalos, mas o mestre de estábulo Lankin servira de cocheiro. Timon estava exausto demais para perguntar o porquê. Adormecera antes que a carruagem partisse do pátio. Despertara ao lado do Tâmisa à luz antes do amanhecer. Cada padeiro, livreiro ou mendigo parecia chamá-lo, como se soubessem que ele jamais tornaria a passar por ali.

No fim da jornada, nas imediações de Londres, perto do campo aberto de Finsbury, descera do coche do rei.

— Adeus, sr. Lankin — dissera, estendendo-lhe a mão.

— Andei estudando a noite toda como dizer isso — respondera o mestre da estrebaria. — Aqueles homens em Cambridge? Conhecem apenas dever, medo e a pequena tempestade que paira numa desavença não maior que um dedal. Pior de tudo: o bem que tentam fazer é quase sempre destruído pelo demônio da autopreservação.

Timon fizera o melhor possível para despertar.

— Que está dizendo, sr. Lankin?

— Acho que entende — respondera o outro, olhando os cavalos. — Assim, Deus o guarde. Preciso ir. Marbury encarregou-me de uma missão tola: encontrar meninos na floresta. Não o verei mais.

Com isso, açoitara de leve os cavalos, que o levaram embora.

Timon, então, seguira a Ratcliffe Highway, para o norte da zona portuária de Wapping. Ratcliffe era uma rua imunda, infestada de marinheiros beberrões e mulheres devassas.

As prostitutas continuavam bem despertas e ativas, estendiam as mãos, chamavam. A presença dele era uma raridade, pois ele sorria com delicadeza e dizia:

— Não, obrigado.

Uma delas até suspirou quando ele passou.

Mantendo-se à esquerda da rua principal de Wapping, chegara afinal à Prospect Whitby. A plaqueta acima da porta dizia, orgulhosamente: FUNDADO EM 1520.

Atrás do balcão de metal do bar, o calado e antigo senhorio. Não deixou dúvida de que julgou o recém-chegado um contrabandista ou ladrão, com as várias facas visíveis que ele trazia na cintura. O velho manteve os olhos firmes; tinha a mão num porrete oculto e muito usado que se encontrava atrás do balcão, o avental quase tão manchado quanto os dentes, e inspirou aborrecido quando o estranho aproximou-se.

— Francis Marbury enviou-me — sussurrou Timon, embora fosse o único no bar, além do senhorio.

O velho exalou. Após um segundo, inclinou a cabeça.

— Marbury também instruiu-me a dizer-lhe que Bridget Dryden pede que me dê o item em questão.

Timon manteve os olhos travados nos do taberneiro. Aquelas eram as palavras que ele precisava ouvir. Estendeu uma nota de passagem aberta, assinada pelas autoridades certas, com o espaço vazio onde se devia exibir o nome. Timon não pôde deixar de notar que os olhos do senhorio abrandaram-se à menção do nome da falecida esposa de Marbury. Perguntou-se que história haveria por trás daquele laivo de ternura.

Evocar um fantasma para garantir uma fuga, Timon pensou consigo, parecia um portento arriscado.

Mesmo assim, Timon dera ao homem algum dinheiro, recebera o documento e saíra logo do bar.

Depois, serpeou entre multidões que caminhavam arrogantes, embaralhavam-se, xingavam-se, empurravam-se e escarneciam-se. A massa de homens e mulheres intensificava-se à medida que aumentava a luz no leste: cafetinas de chapéus emplumados, rapazes com barbas recentes, cuspindo. Toda voz parecia causar barulho e construir uma invisível torre de Babel até o telhado do céu que amanhecia. Pé por pé, cotovelo por cotovelo, ele chegou, afinal, ao poste no qual se recostou. Via o navio, o *Concord*, ser carregado de suprimentos para a longa viagem à América do Norte.

Só então deu-se tempo para pensar nas estranhas palavras de despedida do sr. Lankin. "O bem que tentam fazer é quase sempre destruído pelo demônio da autopreservação."

Os tradutores de Cambridge ignorariam quinze séculos de prevaricação em favor do conforto imediato? Decerto não.

Foi impedido de mais introspecção. Um marinheiro, em péssimas condições, chocou-se com ele. Tinha sob o braço uma prostituta coberta de pó de arroz e com o cheiro suave de madressilva francesa.

O homem grunhiu-lhe um insulto incoerente, empurrou a mulher para longe e rumou cambaleante para o *Concord*. A prostituta era a mesma que antes suspirara à passagem de Timon, naquela mesma manhã. Lembrou-se do forasteiro e sorriu.

— Embarca no *Concord*.

A voz delicada surpreendeu-o. Ele olhou o navio.

— É.

— Vai partir nele, então?

— Vou.

— Que pena.

Timon sorriu-lhe.

— É uma bela manhã — disse, com uma deliberada profusão de boas maneiras —, e, num dia como este, talvez eu passeasse com a senhora à beira do rio, para apreciar os cisnes que deslizam. Mas vou partir. — Enfiou a mão no bolso, retirou uma coroa de ouro, presente de Marbury, e estendeu-a à mulher. — Mas gostaria de deixar uma boa impressão.

Ela encarou a moeda como se esta fosse mordê-la.

— Isso é o alojamento de dez semanas para as da minha espécie.

— Eu quisera poder dar-lhe mais.

Pôs o dinheiro na mão dela.

— Mas... — protestou a mulher, fechando o punho sobre a coroa.

— Só peço que devolva a bolsa do marinheiro antes que ele embarque em nosso navio — disse ele, com toda a delicadeza.

— Vi-a tirá-la quando ele a empurrou agora mesmo.

— Oh! — Ela baixou os olhos. — O senhor viu, é?

— Sim, mas a coroa que lhe dei deve compensar a perda muito mais.

— Compensa, compensa... — A meretriz examinou-o de cima a baixo. — É um ministro do evangelho, então? Um padre em algum disfarce de rufião, é?

— Era — ele sussurrou. — Vai devolver ao marinheiro a...

378

— Johnny! — ela cantou.

O marinheiro parou atônito. Levou um momento para encontrar a direção de onde viera a voz. Virou-se e deu o melhor de si para focalizar a moça, que ergueu a bolsa.

— Deixou cair isso na rua, querido.

O rapaz bateu na calça onde deveria estar a bolsa, olhos esbugalhados. Olhou ao redor por um instante e voltou cambaleando.

— É isso o que quer? — ela sussurrou asperamente Timon.

— Vou contar-lhe um segredo — ele respondeu, vendo o marinheiro aproximar-se aos tropeços. — Aconteceu um milagre. Fui recém-batizado, com a mesma certeza como se o próprio João me houvesse jogado nas águas do deserto. Só que fui mergulhado em *palavras*. Meu antigo eu morreu em tinta preta. O novo ressuscitou das letras de uma página. As mais antigas palavras de minha religião trouxeram-me a este novíssimo amanhecer. Fui mudado pelas sílabas dos santos. Melhor de tudo: lembro-me de cada versículo. Sou, a senhora entende, a Bíblia nova e viva.

O marinheiro interrompeu o solilóquio. Olhos arregalados, parou diante da moça e disse:

— É a minha bolsa.

— Tome aqui, meu bem — ela disse, um pouco impaciente. — Vai precisar dela na América. — Suspirou e entregou-lhe a bolsa, com um tapinha no rosto.

— Se algum dia eu retornar, Nancy, juro que farei de você minha noiva. Cuida bem de mim toda vez que estou em Londres, vejo agora. Podia ter ficado com ela, mas não. De tão boa que é. Assim, preste atenção à chegada do *Concord* ao fim de seis meses. Encontre-me. Navegaremos os dois juntos. Combinado?

— Feito — ela respondeu, delicada, e, claro, sem a mínima esperança de que fosse verdade.

O marujo balançou duas vezes a cabeça, tentou beijar o rosto dela, errou e retornou em direção ao navio.

A mulher virou-se, então, em busca da aprovação do estranho.

Mas ele se fora.

Nancy avançou três passos e vasculhou a variegada multidão à procura de uma fina camisa branca: marujos listrados, gaivotas ruidosas, galos tumultuados, um assassino com uma cicatriz, um cafetão e sete mulheres da vida, mas em lugar algum entre eles encontrou aquele que desejava.

Julgou por um momento ter visto os desgrenhados cabelos negros no meio daquela gente e gritou:

— Espere!

Mas o jovem marinheiro, seu Johnny, equivocou-se com o chamado e achou que era para ele. Virou-se de novo, sorrindo e acenando.

— Não tema, Nancy! Voltarei algum dia!

Ela sorriu-lhe distraída, e quando tornou a olhar à procura do rosto de Timon, ele mais uma vez desaparecera. Na multidão ou no navio, não dava para dizer.

Avançou correndo, sem entender de fato a intensa vontade de ver mais uma vez o estranho. Revistava os rostos e as roupas. Ficou parada no cais durante a hora seguinte, a coroa fechada no punho.

Uma vez julgou vê-lo na rua, pelo canto do olho. Não seguia a bordo do navio, mas rumava de volta a Londres! Que pena, quando virou-se para aquele lado não viu ninguém. Por certo embarcara.

O *Concord* ergueu a âncora e zarpou, afinal. Nancy viu-o mover-se devagar e afastar-se do cais, virando-se em direção ao mar. Ergueu o olhar para as gaivotas de asas negras que sobrevoavam em círculos ao redor do mastro do meio. Depois varreu com os olhos todos os lados da embarcação, da popa ao leme, mas não encontrou o homem que procurava.

E, quando as velas brancas encheram-se de luz solar e o rio pareceu avolumar-se para ajudar o navio a partir, ela soprou um único beijo ao vento. Pediu que encontrasse aquele homem, onde estivesse, e que lhe inundasse os sentidos com o conhecimento de que uma moça chamada Nancy desejava-lhe felicidades.

Alguns dados históricos

A Conspiração do Rei James é, claro, uma obra de ficção. Não existe prova alguma de que o Papa Clemente VIII tenha contratado assassinos, nem nada semelhante. (Os Papas Borgia talvez tenham empregado meios não muito corretos para realizar seus fins, mas a deles é outra história.) Neste livro, o Santo Padre envia o irmão Timon a Cambridge não para matar ninguém, mas para memorizar o trabalho ali feito. Os assassinatos resultaram de homens insanos, alguns associados à Inquisição. Há amplos indícios históricos de que a Inquisição empregava homens com perfeita capacidade de assassinar. Além disso, o verdadeiro Clemente morreu em março de 1605, sucedido nesse ano pelo Papa Leão XI, que morreu logo depois, no mesmo ano, sendo sucedido em seguida por Paulo V.

James VI viveu de 1566 a 1625. Foi rei da Escócia como James VI até 1603, quando tornou-se rei da Inglaterra e da Irlanda como James I. Sucedeu Elizabeth I, último monarca da Inglaterra e da Irlanda. Morreu aos 58 anos.

Extraiu-se a maioria do diálogo de James em *A Conspiração do Rei James* de seus próprios textos (parafraseados ou citados com relativa precisão). O rei, de fato, escreveu *Demonologia*; e a descrição dos julgamentos das feiticeiras de 1590, no norte de Berwick, que incluíram a participação dele (então como James VI da Escócia), encontra-se bem documentada no volume *Newes from Scotland*. Um exemplar do livro existe na biblioteca de John Ferguson (1837-1916), bibliógrafo e régio professor de Química na Universidade de Glasgow. Pode-se ver um fac-símile do volume no *site* da *Web* http://special:lib.gla.ac.uk/exhibns/month/august2000.html.

As Personagens Principais

1. O irmão Timon é a única personagem fictícia em *A Conspiração do Rei James*, mas se baseia, em parte, na figura histórica de Giordano Bruno (1548-1600). A *expertise* deste na arte da memória levou-o à atenção dos patronos, e ele viajou a Roma para demonstrar seus talentos ao Papa. Inventou um novo sistema de memorizar, baseado no erudito medieval Ramon Llull, usando rodas de memória circular. Conseguia decorar milhares de páginas de texto com perfeita exatidão. Viveu algum tempo na Inglaterra e talvez tenha trabalhado para Philip Sidney; esteve, sem dúvida, na Universidade de Oxford. Acabou preso pela Inquisição, mantido encarcerado durante oito anos e interrogado de vez em quando. Em 1600, foi queimado na fogueira com a língua pregada à mandíbula, um saco preto na cabeça e outro de pólvora no pescoço. Perderam-se as acusações específicas pelas quais o executaram, e seu corpo ficou tão destruído pela explosão da pólvora que não pôde ser identificado com nenhuma certeza. Os pormenores da memória também se perderam para a história.

2. Francis Marbury foi diácono na Christ Church, em Cambridge. Como falava francamente sobre a crença em que a maioria dos ministros da Igreja da Inglaterra ganhava posições mais por meios políticos que por mérito acadêmico, acabou muitas vezes preso, cumprindo pena. Casou-se com Bridget Dryden (ancestral de John Dryden) e acabou por estabelecer-se na Igreja como reitor de St. Martin's Vintry, de St. Pancras, e, por fim, de St. Margaret.

3. Anne Marbury nasceu em 1593 e teria na verdade 14 anos na época do romance. (Embora, na época, essa idade fosse considerada mais ou menos adulta, o pensamento geral foi de que o público contemporâneo talvez não a aceitasse como tal.) Educada em casa, adquiriu do pai agudo interesse pelos estudos teológicos. Casou-se com Will Hutchinson, aos 21 anos, e tornou-se ávida seguidora dos sermões do ministro puritano John Cotton. Em 1634, o casal, com os quinze filhos, embarcou para a América do Norte, acompanhando Cotton, na esperança de liberdade religiosa. Assim como Anne Hutchinson, citam-na com frequência como a primeira feminista americana, pioneira dos direitos femininos nas colônias.

Os oito tradutores de Cambridge

1. Edward Lively foi membro do Trinity College, em Cambridge, e professor de hebraico do rei. Como um dos maiores linguistas do mundo na época, gozava de enorme admiração do rei James e envolveu-se na tradução da Bíblia desde o início. Infelizmente, morreu em maio de 1605, de angina, deixando os filhos, segundo um relato, "destituídos do necessário para manter-se, o que apenas Deus e bons amigos fariam".

2. Dr. Robert Spaulding foi membro do St. John's College, em Cambridge. Sucedeu Edward Lively como régio professor de hebraico.

3. Dr. Lawrence Chaderton nasceu em 1537 numa rica família católica, e o pai enviou-o a Londres para ser advogado, mas em vez disso ele seguiu um caminho religioso protestante. Quando pediu ao pai ajuda econômica, em 1564, para os estudos, o velho mandou-lhe um saco com um vintém — o menor valor possível. Chaderton tornou-se mestre em ciências humanas, em 1571, e bacharel de Teologia, em

1584. Vivia em termos amigáveis com muitos dos rabinos da Inglaterra. Morreu em 1640, aos 103 anos, como um dos mais respeitados estudiosos da época.

4. Dr. John Richardson nasceu em Linton, Cambridgeshire. Foi primeiro membro do Emmanuel College, depois mestre de Peterhouse. Gostava de realizar debates públicos em latim que exibissem o seu talento e considerava-se semelhante aos antigos cavaleiros e gladiadores romanos. Morreu em 1625.

5. Francis Dillingham foi membro do Christ's College, em Cambridge. Ficou conhecido como o "grande helênico" após um debate público com William Alabaster, realizado em grego. O espetáculo foi tão famoso na época que muitos estudiosos o usaram como ponto de referência.

6. Dr. Roger Andrews foi mestre de Jesus College, em Cambridge, e tornou-se prebendado de Chichester e Southwell, por causa da influência de um irmão mais velho. Embora linguista famoso na época, era menos respeitado que o primogênito Lancelot, também bispo de Winchester e presidente do primeiro grupo de tradutores.

7. Thomas Harrison acabou sendo vice-mestre do Trinity College, em Cambridge. Embora demasiado humilde, foi, de fato, um dos examinadores na Universidade que testavam o conhecimento de grego e hebraico dos outros professores.

8. Dr. Andrew Bing, não citado em *A Conspiração do Rei James*, foi o último membro da equipe de Cambridge. Membro de Peterhouse, em Cambridge, tornou-se subdiácono de York em 1606 e arcediago de Norwich, em 1618.

Outros

1. Lancelot Andrews (1555-1626) foi um dos favoritos da rainha Elizabeth, que o nomeou diácono de Westminster. O rei James o reverenciava e tornou-o bispo de Chichester, em 1605. Encabeçou a lista dos tradutores do rei para a Bíblia.

2. O Papa Clemente VIII foi eleito em 1592, mesmo ano em que Shakespeare recebeu a primeira crítica, que Tintoretto pintou "A Última Ceia", e que a peste matou 15 mil em Londres. Durante o famoso jubileu de 1600, quando 3 milhões de peregrinos visitaram os lugares santos, Clemente presidiu uma conferência para determinar as questões da graça e do livre-arbítrio. Em 17 de fevereiro do mesmo ano, aprovou o veredito de culpado contra Giordano Bruno, defensor do livre-arbítrio, que, então, foi executado. O Papa morreu em 1605 e elegeu-se um Médici como Leão XI para ocupar o seu lugar.

A tradução

1. Do discurso de abertura de rei James na Conferência de Hampton Court em 17 de janeiro de 1604, onde se decidiu a criação da nova Bíblia do Rei James: "Garanto-lhes que não convoquei esta assembleia para nenhuma inovação, pois reconhecemos que o governo eclesiástico como o é agora foi aprovado por inúmeras bênçãos do próprio Deus, para ampliação do Evangelho, e com uma mui feliz e gloriosa paz. Contudo, como nada pode ser tão absolutamente ordenado, embora se possa acrescentar alguma coisa, e a corrupção em qualquer estado (como no corpo do homem) crescerá sem cessar com o tempo ou as pessoas, e porque recebemos muitas queixas, desde nossa primeira entrada neste reinado, de várias desordens, e muita desobediência às leis, com grande apostasia para o papismo, nosso propósito, portanto, é, como um bom físico, examinar e julgar as queixas, além de eliminar por completo as ocasiões, se escandalosas; curá-las, se perigosas; e delas informar-nos, se apenas frívolas, e, em consequência, enfiar um bocado na boca de Cérbero para que não ladre mais".

2. Seis grupos de tradutores trabalharam na Bíblia do rei James: dois em Westminster, dois em Oxford e dois em Cambridge. Atribuiu-se a cada grupo o trabalho em determinada parte da obra, mas todos partilharam a pesquisa o tempo todo antes de tomarem as decisões finais.

3. Da introdução à Bíblia, escrita por rei James: "Tradução que abrirá uma janela para permitir a entrada de luz. Vai quebrar a casca para podermos comer a semente; abrir a cortina, para permitir-nos examinar o mais sagrado lugar; retirar a tampa do poço, para passarmos perto da água, pois até Jacó rolou a pedra de cima da boca do poço e deu de beber às ovelhas de Labão. Na verdade, sem tradução para a língua vulgar, os incultos são apenas crianças no poço de Jacó, sem um balde".

Uma história resumida da tradução inglesa da Bíblia

A Bíblia cristã começou sobretudo em hebraico e grego, e, daí em diante, durante mil anos, em latim. A primeira notável para o inglês foi produzida na década de 1380 por John Wycliffe, feita com base na Vulgata Católica Latina.

Em 1516, o estudioso Erasmo começou a corrigir a Vulgata Latina e publicou o Novo Testamento Paralelo Greco--latino revisado. Insistiu em que a Vulgata se tornara inexata e que era importante consultar as línguas originais para criar uma verdadeira tradução inglesa.

William Tyndale usou o texto de Erasmo como fonte para traduzir e imprimir o primeiro Novo Testamento em inglês, em 1525. Por esse trabalho, foi perseguido pelos inquisidores e caçadores de recompensa, mas um dos textos chegou a Henrique VIII. Tyndale acabou sendo capturado, julgado, estrangulado e queimado na fogueira em 1536. Consta que suas últimas palavras foram: "Senhor, abri os olhos do rei da Inglaterra".

Parece que isso aconteceu em 1539, quando Henrique VIII financiou a impressão de uma Bíblia inglesa conhecida como a "Grande Bíblia".

João Calvino publicou uma Bíblia completa em inglês em 1560. Tornou-se conhecida como a Bíblia de Genebra, além de ser a primeira a acrescentar versículos numerados aos capítulos, para tornar mais fácil a consulta a textos específicos. Cada capítulo também vinha acompanhado de extensas notas e referências marginais. Essa foi a Bíblia de Shakespeare, que a cita centenas de vezes nas peças, e a mais apreciada pela população geral da Inglaterra.

A rainha Elizabeth tolerava a Bíblia de Genebra, mas as notas marginais eram um problema: opunham-se fortemente a qualquer Igreja institucional e eram críticas aos governantes em geral. A rainha preferia a dos Bispos, também em inglês, uma versão menos inflamatória usada pelo clero anglicano.

Quando Elizabeth morreu, o príncipe James VI da Escócia tornou-se James I da Inglaterra. O clero anglicano abordou-o em 1604, exigindo uma nova tradução que agradasse a todos, sacerdotes e paroquianos. Muitos propuseram uma combinação das Bíblias de Genebra e dos Bispos.

De 1605 a 1606, os acadêmicos de James empenharam-se numa pesquisa privada. De 1605 a 1609, reuniu-se o trabalho. Em 1611, publicaram-se os primeiros exemplares impressos da Bíblia do rei James.

O nome Jesus e a história de sua tradução

O nome de Cristo talvez tenha começado como o hebreu *Yehoshua*, traduzido para o aramaico como *Yeshua*, depois para o grego como *Iesus*, e por fim, em inglês, como Jesus. A raiz básica do nome vem do nome hebraico Yshua (Joshua), que significa *salvação*. Há alguma controvérsia, porém, segundo a qual uma explicação mais completa para o nome *Jesus* vem em parte da autoridade de Moisés. Em Números 13:1-16, o Senhor diz a Moisés: "Envia homens que espiem a terra de Canaã, que eu hei de dar aos filhos de Israel. De cada tribo de seus pais enviarás um homem, sendo cada qual príncipe entre eles... mas a *Ho-shea*, Oseias, filho de Num, Moisés chamou *Yeho-shua*, Josué".

Os primeiros cristãos citaram a capacidade de Moisés para inventar nomes, e inventaram nomes para o Salvador e Seus doze discípulos (Marcos 3:16-19). No quinto século antes da era cristã, o nome *Yeho-shua*, Oseias (que significa *Deus Salva*) fora abreviado para *Yeshua*, Josué (Neemias 8:17). No primeiro século AD, *Yeshua*, Josué, foi mais uma vez abreviado para *Y'shua*, depois para *Y'shu*.

Do Evangelho de Filipe, o Evangelista: "*Jesus* é um nome oculto; *Cristo*, um nome revelado. Por isso, Jesus não está particularmente ligado a nenhuma língua; seu nome é sempre *Jesus*. *Cristo*, porém, em siríaco, é *Messias* e, em grego, *Cristo*. Sem dúvida todas as outras línguas referem-se a ele com suas próprias palavras. O *Nazareno* é aquele que revela o que está oculto".

Os primeiros evangelhos foram muitas vezes escritos em grego, e havia duas maneiras de transformar um nome hebraico num nome grego: tradução ou transliteração. As traduções gregas tentaram aproximar o som do nome hebraico e produziram *IhsouV*, grosso modo, pronunciado *ee-ai-suus*.

Em 382, quando traduziu a Bíblia do grego para a Vulgata ou Bíblia Latina Comum, Jerônimo transliterou o nome grego do Salvador como *Iesus*, por causa das diferenças entre os alfabetos grego e latino. (Em 1229, o Concílio de Toulouse tornou o latim a língua oficial da Bíblia, proibindo a tradução para qualquer outra.)

Por fim, em 1696, com a invasão normanda da Inglaterra, introduziu-se a letra *J*, que não existira em inglês antes dessa época, e começou-se a substituir por *J* o *I* ou *Y* nos nomes que começavam com essas letras (porque, como se sugeriu, o J soava mais masculino). *Iames* tornou-se *James*. *Iesus* tornou-se *Jesus*.

Em 1382, porém, quando John Wycliffe apresentou a primeira tradução do Novo Testamento do latim para o inglês, manteve a grafia e a pronúncia latina de *Iesus*. Parece que só em 1525 surgiu na Bíblia o nome *Jesus*.

Tyndale mandou contrabandear 18 mil exemplares de sua tradução inglesa ilegal para a Inglaterra. Foi capturado na Bélgica, julgado pela Igreja católica por heresia, executado em 1536 por estrangulamento e depois queimado na fogueira. Por fim, o rei Henrique VIII patrocinou uma Bíblia em língua inglesa, dando a James um precedente régio à sua tradução.

Outros textos

1. Da introdução ao livro *Demonologia*, escrito pelo rei James (literalmente, sem nada alterar, *no original em inglês*):

"A temerosa abundância neste tempo e neste país dessas detestáveis escravas do Diabo, as Feiticeiras ou encantadoras, induziram-me (amado leitor) a despachar pela posta o seguinte tratado de minha autoria, de modo algum (como eu protesto) para servir de demonstração de meu saber e engenhosidade, mas apenas (levado pela consciência) para impressão por meio deste, na medida em que eu possa solucionar o duvidoso coração de muitos; tanto tais ataques de Satanás com absoluta certeza são praticados, quanto os instrumentos desses devem ser mui severamente punidos."

2. Um livro intitulado *Enemies of God: the Witch-Hunt in Scotland* (1981), de Christina Larner, é em geral considerado referência sobre a caça às bruxas escocesa. Uma boa discussão dos julgamentos de Berwick encontra-se em *Witchcraft in Early Modern Scotland: James VI's Demonology and the North Berwick Witches* (Lawrence Normand e Gareth Roberts eds., 2000). Também achei prazeroso consultar (como sempre acho) *The Golden Bough*, de Sir James Frazer (Nova York: Macmillan, 1922), sobretudo o capítulo referente a magia e religião.

Mas saber os detalhes na fonte é uma citação de "News from Berwick", documento histórico que noticia os julgamentos do norte de Berwick de 1590, nos quais James se envolveu. Também aqui (literalmente, sem nada alterar, *no original em inglês*). "Geillis Duncan ocupava-se em ajudar todos os atormentados ou aflitos com algum tipo de doença ou enfermidade: e num breve espaço de tempo realizou de fato várias ações mui miraculosas" [*por essa atividade tornou-se suspeita de ser feiticeira*]. "Geillis Duncan foi torturada com alicates de torturas nos dedos e amarrando-se ou suspendendo a cabeça com um cabo ou corda. Ela só confessou depois que os torturadores declararam haver encontrado sua 'marca do diabo' — acreditando-se naquela época que por devida investigação de feitiçaria e Feiticeiras na Escócia, descobrira-se que o diabo em geral as marca com um sinal secreto."

3. Os evangelhos de Tomé, Maria e Filipe citados em *A Conspiração do Rei James* são reais. Fazem parte de um corpo de trabalho intitulado *Os evangelhos gnósticos*. As citações vêm de *The Nag Hammadi Library in English*, da Harper & Row, 1977; James Robinson era o editor geral.

De O evangelho de Tomé:

Estas são as palavras secretas que Jesus o Vivo proferiu e que Dídimo Judas Tomé registrou: 1. E ele disse: "Quem descobrir o significado interior destes ensinamentos não provará a morte". 2. Jesus disse: "Aquele que busca continue buscando até encontrar. Quando encontrar, ele se perturbará. Ao se perturbar, ficará maravilhado e reinará sobre o Todo". 113. Seus discípulos disseram-lhe: "Quando virá o Reino?" "Ele não virá porque é esperado. Não é uma questão de dizer: 'Eis que ele está aqui' ou 'eis que está ali'. Na verdade, o Reino do Pai está espalhado pela Terra e os homens não o veem".

De O evangelho de Filipe

Alguns dizem: "Maria concebeu por obra do Espírito Santo". Mas estão enganados. Não sabem o que dizem. Quando uma mulher algum dia concebeu por obra de outra mulher? Maria é a virgem que nenhum poder conspurcou [...] os poderes violaram a si mesmos. O Senhor não teria dito: "Meu Pai que está no Céu" (MT. 16:17) se não tivesse outro pai, mas teria simplesmente dito "Meu pai".

Os que dizem que o Senhor morreu primeiro e (depois) se levantou estão enganados, pois Ele primeiro se levantou e (depois) morreu. Se alguém primeiro não alcança a ressurreição, ele não morrerá. Como Deus vive, iria [...]. Ninguém esconde um grande objeto de valor num lugar de destaque, mas muitas vezes alguém atirou milhares tais objetos numa coisa que não vale um centavo. Compare com a alma. É uma coisa preciosa que ganha existência num corpo desprezível.

De O evangelho de Maria:

[Pedro] os inquiriu sobre o Salvador: "Será que ele falou mesmo primeiro com uma mulher em particular e não abertamente conosco?". Maria chorou e disse a Pedro: "Pedro, meu irmão, que pensas: achas que... que estou mentindo sobre o Salvador?". Levi respondeu e disse a Pedro: "Sempre foste exaltado. Agora te vejo competindo com a mulher como adversário. Mas se o Salvador a fez merecedora, quem és tu para rejeitá-la? Certamente o Salvador a conhece bem. Por isso a amou mais que a nós".

De O trovão, mente perfeita

Sim, eu sou a primeira e a última. / Sou a honrada e a desdenhada. / Sou a meretriz e a sagrada. / Sou a esposa e a virgem. / Sou a mãe e a filha.

O Complô de Bye

O Complô de Bye foi uma conspiração meio confusa arquitetada pelo padre católico William Watson para sequestrar o rei James e obrigá-lo a rejeitar a legislação anticatólica então vigente na Inglaterra. A trama acabou descoberta por jesuítas ingleses, sobretudo o padre Henry Garnet, que a denunciou à Coroa. Ele não tinha motivos inteiramente altruístas. O plano estava condenado ao fracasso e Garnet temia retaliação régia contra todos os católicos.

Thomas Dekker

Parte da linguagem que descreve as ruas de Londres foi extraída de *The Seven Deadly Sins of London*, 1606, do autor acima citado: "Em cada rua, carroças e carruagens causavam tamanho estrondo que era como se o mundo corresse sobre rodas...", e *The Dead Team*, 1608: "... que capas se abriam para exibir as novas roupas...". Para as citações de Dekker, usou-se o volume *Shakespeare's England*, editado por R. E. Pritchard e publicado pela Sutton Publishers LTD Gloucestershire, em 2000.

Shakespeare

Embora nunca mencionado pelo nome, Shakespeare é citado por várias personagens em *A Conspiração do Rei James*. Incluíram-se versos de *Hamlet*, *Romeu e Julieta*, *Contos de uma noite de verão, a Tempestade* e *MacBeth*. Muita especulação diz respeito à participação de seres humanos na poesia (Salmos, Cântico de Salomão) da Bíblia do rei James. Cita-se às vezes como prova uma numerologia meio forçada. Diz-se que o dramaturgo e poeta inglês nasceu em 23 de abril de 1564 e morreu em 23 de abril de 1616. A soma de 23 mais 23 é 46. A Bíblia do rei James foi publicada em 1611, quando Shakespeare tinha 46. O nome *William Shakespeare* pode ser um anagrama, em inglês: *Here I was, like a salm* (Lá estava eu, como um salmo).

E, se examinarmos o Salmo 46 na Bíblia do rei James, em inglês, descobriremos que a 46ª palavra a partir do início é *shake* (sacudir) e a 46ª a partir do fim é *spear* (lança).

Para as citações de Shakespeare, usou-se *Riverside Shakespeare*, publicado pela Houghton Mifflin Company, em 1974.

Uma breve bibliografia de fontes e outras leituras:

The King James Bible. Plume Books, 1974.

Demonology, rei James da Escócia. Originalmente editado em Edimburgo, 1957. E. P. Dutton & Company, 1966.

The Nag Hammadi Library in English. Nova York: Harper & Row, 1977. James Robinson, editor geral.

Riverside Shakespeare, Boston: Houghton Mifflin Company, 1974.

A citação da peça *As Aves*, de Aristófanes, foi lembrada de uma produção de 1966, na qual fiz o papel de Tereu, a poupa. Que pena, não lembro qual tradução se usou para essa produção. Cotejei a citação com várias traduções atuais (em inglês) da peça e guarda relativa exatidão.

The Nag Hammadi Library in English (capa dura) pelo Coptic Gnostic Library Project (autor corporativo), James McConkey Robinson (editor), Richard Smith (editor). Boston: Brill Academic Publishers, 4. ed. revisada, 1997.

The Timetables of History, Bernard Grun. Nova York, Simon & Schuster, 1991.

Shakespeare's England. Editado por R. E. Pritchard Gloucestershire: Sutton Publishers LTD, 2000.

Shakespeare, Anthony Burgess. Chicago: Ivan R. Dee, Inc., 1970.

Giordano Bruno's The Heroic Frenzies. Uma tradução com introdução e notas de Paul Eugene Memmo, Jr. Chapel Hill: The University of North Caroline Press, 1964.

O livro seguinte foi publicado tarde demais para usá-lo em *A Conspiração do Rei James*, mas é um excelente volume sobre a vida de Giordano Bruno.

Giordano Bruno: Philosopher/Herectic. Ingrid D. Rowland. Nova York: Farrar, Straus e Giroux, 2008.

Fontes online

The Geneva Bible online, em
http://www.genevabible.org/Geneva.html.

Translators of the King James Bible online, em
http://www.learnthebible.org/king_james_translators.htm.

Uma cronologia da história da bíblia inglesa *online*, em
http://www.greatsite.com/timeline-english-bible-history.

Nag Hammadi library online, em
http://www.gnosis.org/naghamm/gop.html.

Life in Elizabethan England online, em
http://elizabethan.org/compendium/home.html.

Life of King James online, em
http://www.luminarium.org/sevenlit/james/jamesbio.htm.

Este livro foi impresso pela Prol Editora Gráfica
para a Editora Prumo Ltda.